Martin W. Schütz

Die Trennung von Jung und Alt in der Stadt

BEITRÄGE ZUR STADTFORSCHUNG   BAND 9

Herausgegeben von Prof. Dr. Jürgen Friedrichs
Institut für Soziologie der Universität Hamburg

MARTIN W. SCHÜTZ

DIE TRENNUNG
VON JUNG UND ALT
IN DER STADT

Eine vergleichende Analyse der Segregation
von Altersgruppen in Hamburg und Wien

CHRISTIANS VERLAG

Umschlagbilder: Keystone Pressedienst

Für O.H.,
er weiß schon warum

CIP-Kurztitelaufnahme der Deutschen Bibliothek

Schütz, Martin W.:
Die Trennung von Jung und Alt in der Stadt:
e. vergleichende Analyse d. Segregation von
Altersgruppen in Hamburg u. Wien / Martin W. Schütz. –
Hamburg: Christians, 1985.
(Beiträge zur Stadtforschung; Bd. 9)
ISBN 3-7672-0887-3

NE: GT

Gesamtherstellung Hans Christians Druckerei, Hamburg
ISBN 3-7672-0887-3
Printed in Germany

Inhaltsverzeichnis

ABBILDUNGEN

TABELLEN

ABKÜRZUNGEN

a	absolute Zahlen	ID	Index der Dissimilarität
AG	Altersgruppe(n)	IS	Index der Segregation
AV	Altersverteilung	SBZ	Sowjetische Besatzungszone
BRD	Bundesrepublik Deutschland	SES	Social Economic Status,
CBD	Central Business District,		Sozialökonomischer Status
	zentraler Geschäftsbezirk	SMSA	Standard Metropolitan
CMA	Canadian Metropolitan Area,		Statistical Area,
	metropolitanes Zensus-Gebiet		metropolitanes Zensus-Gebiet
	(Kanadas)		(der USA)
DDR	Deutsche Demokratische	St	Stadt
	Republik	TG	Teilgebiet(e)
GWZ	Gebäude und Wohnungszählung	VZ	Volkszählung
d.h.	das heißt	z.B.	zum Beispiel
IA/.	Index der Abweichung vom Typ .	z.T.	zum Teil

DANK

Das Statistische Landesamt Hamburg und der Magistrat der Stadt Wien haben mir die Daten zur Verfügung gestellt; mit großer Aufgeschlossenheit ertrug und erfüllte mir Dipl.-Ing. Christian Sischka von der Magistratsverwaltung Wien Daten-Sonderwünsche.

Dipl.-Soz. Thorsten Scharnberg hat das EDV-Programm für die Indizes geschrieben. Das Aufbereiten der Datenbänder besorgten Rainer Busch und Dipl.-Soz. Petra Hartmann. Teile der EDV-Berechnungen führten die Diplom-Soziologen Otmar Hagemann, Steffen Kühnel und Bernd Martens durch. Wichtige Anregungen für die Analyse der beiden großen Datensätze erhielt ich von Prof. Dr. Peter Schmidt, Universität Giessen, und Dr. Jörg Graff, Universität Hamburg. Letzterer hat darüberhinaus die Arbeit durch geduldige und sehr hilfsbereite Beratung gefördert. Schließlich hat mein Kollege Dr. Manfred Murck auf seine Art die Fertigstellung der Arbeit beschleunigt.

Den genannten Personen und Institutionen danke ich für ihren unmittelbaren Beitrag zur Anfertigung dieser Studie. Darüberhinaus bin ich vielen Personen zu Dank verpflichtet, die, nie in Erscheinung tretend und dennoch wirksam, die Arbeit an dieser Studie unterstützt haben.

Mögliche Mängel und Fehler bleiben in meiner Verantwortlichkeit.

0. Gegenstand und Problem

Gegenstand der vorliegenden Untersuchung ist die Tatsache, daß die
städtische Bevölkerung nicht mehr nur nach ihrem sozialökonomischen Status
getrennt voneinander wohnt, sondern auch nach ihrem Alter: Segregation von
Altersgruppen in der Großstadt.
Die in den 60er und 70er Jahren zu beobachtende starke Wanderung der
Stadt-Bewohner aus den innerstädtischen Wohnvierteln an den Rand der Stadt
oder in das Umland war nicht nur selektiv nach dem Merkmal sozial-ökono-
mischer Status, sondern auch nach dem Merkmal Alter. Vereinfacht: Die
jungen einkommensstarken Familien mit Klein- und Schulkindern ließen sich
in den außerhalb der innerstädtischen Wohnviertel liegenden Neubau-Gebieten oder in den in der Regel dünner besiedelten Gemeinden des städtischen
Umlandes nieder. In der Innenstadt blieben die Alten sowie die Jungen mit
im allgemeinen nur geringem Einkommen zurück.
Aber auch die nicht einkommensstarken jungen Familien fanden ihre
Wohnungen eher nur am Rand der Stadt, da nur dort der für sie notwendige
Wohnraum im Rahmen von Neubau-Vierteln bereitgestellt werden konnte. Die
einseitig junge Altersstruktur dieser Neubau-Viertel macht dies deutlich.

Die Effekte einer solchen wohnräumlichen Trennung von Jung und Alt in der
Stadt liegen auf der Hand:
In den von jungen Familien entvölkerten innerstädtischen Wohngebieten
unterliegt die altersspezifische Infrastruktur einer Unterauslastung oder
es herrscht übergroßer Mangel an ihr. So müssen Kindergärten schließen und
Schulen zusammengelegt werden; es fehlt gleichzeitig an Altentagesstätten
und entsprechenden Sozialstationen.
Für die Rand-Gebiete mit ihrer jungen Bevölkerung entsteht ein neuer
Bedarf an öffentlicher altersspezifischer Infrastruktur, der sich wellen-
förmig ändert. Zunächst Kindergärten, Schulen und Jugendtagesstätten, dann
Altentagesstätten, Sozialstationen und Altenheime.
Öffentliche Infrastruktur aber ist träge, sie bedarf langfristiger Planung
und leidet stets unter Finanzknappheit. Fehlende Infrastruktur ist aber
folgenreich, wie z.B. die Probleme von Jugendlichen in ausgedehnten
Neubau-Gebieten zeigen, in denen jugendspezifische Einrichtungen erst mit
allzu großer Verspätung ihre Arbeit aufnahmen.

1. Zielsetzung und Vorgehen

Daß die verschiedenen Sozial-Schichten der Bevölkerung an den Migrations-
prozessen disproportional beteiligt sind, ist auf politischer Ebene bekannt und ist eine fachwissenschaftlich belegte Tatsache. Ähnliches gilt
für die ungleiche Beteiligung der verschiedenen Altersgruppen an der Migration. Bisher ist allerdings im deutschsprachigen Raum vernachlässigt worden, daß sich die altersspezifische Migration über eine räumliche Entmischung der Bevölkerung nach ihrem Alter in einer räumlichen Trennung der
Altersgruppen niederschlägt. Ziel der Untersuchung ist es, den theoretischen Zusammenhang zwischen altersspezifischer Migration und Segregation
von Altersgruppen herzustellen sowie - ausgehend von der allgemeinen Annahme, die Wohnungsstruktur des städtischen Teilgebietes beeinflußt dessen
Altersstruktur - das Ausmaß der Segregation und deren zeitliche Entwicklung am Beispiel zweier Städte zu beschreiben und zu erklären.

Zunächst wird in den Kapitel 2 und 3 der theoretische und empirische Forschungsstand dargestellt, der sich ganz überwiegend auf anglo-amerikanische Studien stützt. Der theoretische Teil ist kurz gehalten und auf die
Frage abgestellt, welche Hinweise für den Fortgang der vorliegenden Studie
gewonnen werden können. Der empirische Teil ist dagegen sehr ausführlich
gehalten. Hier soll zunächst über das in anderen Ländern vorfindbare Ausmaß der altersspezifischen Segregation berichtet und geprüft werden, ob
die Ergebnisse Vergleiche zulassen. Zum anderen soll ein Überblick gegeben
werden, auf welche Art die Segregation von Altersgruppen beschrieben wird
und welche empirischen Erklärungen dafür gegeben werden.
In Kapitel 4 wird die Diskussion um die Bevölkerungs-Suburbanisierung aufgenommen und versucht, vor diesem Hintergrund Gründe für die altersspezifische Migration innerhalb eines metropolitanen Gebietes herauszuarbeiten.
Die hier herangezogene Literatur über den Zusammenhang zwischen Stellung
im Lebenszyklus und altersspezifischer Bevölkerungsverteilung in der Stadt
ist ihrerseits in noch zu geringem Maße elaboriert. Ihre Rezeption erfolgt
hier überwiegend unter dem Aspekt, hypothetische Zusammenhänge bündig vor-
zustellen, um sie für die empirische Beschreibung (Kapitel 6) und Analyse
(Kapitel 7 und 8) fruchtbar zu machen.
Kapitel 5 benennt und begründet das Vorgehen in der empirischen Beschreibung. Die Messung des Ausmaßes der Segregation erfolgt mittels verschiedener Indizes, wobei die untersuchten Raumeinheiten in Gruppen von räumlichen Teileinheiten unterteilt werden, die sich in verschiedenen Merkmalen voneinander unterscheiden.

Die Beschreibung und Analyse der Segregation von Altersgruppen erfolgt am
Beispiel der Städte Hamburg (1961, 1970, 1981) und Wien (1961, 1971,
1982). Der Vergleich dieser beiden Städte erlaubt es, das Ausmaß der Segregation und die empirischen Kausal-Effekte unabhängig von den vorliegenden
anglo-amerikanischen Ergebnissen zu bewerten. Beiden Städten liegt eine
unterschiedliche nationale und historische Entwicklung zugrunde: Hamburg
mit seiner - 1984 erschütterten - ökonomischen Stärke und Ausrichtung,
Wien mit seiner vergangenen, aber in der städtebaulichen Struktur immer
noch wirksamen Residenz-Funktion, die sich heute in dem Bemühen, eine
internationale Dienstleistungs- und Verwaltungs-Stadt zu werden, niederschlägt.

Für das hier behandelte Problem der Segregation der Bevölkerung nach ihren
Altersgruppen werden sich insbesondere die unterschiedlichen Einwirkungen
des Zweiten Weltkrieges auf die Wohnbebauung als bedeutsam erweisen:
Während in Hamburg 300.355 Wohnungen, das waren 52,3 %, durch Luftbomben
schwer beschädigt oder vernichtet wurden und nur 22,6 % unbeschädigt blieben (ARCHITEKTEN 1953:31), wurden in Wien "nur" rund 20 % des Wohnungsbestandes total vernichtet oder schwer beschädigt (CZEIKE 1981:288).

Diese Unterschiede spiegeln sich wider in den kausal-analytischen Ergebnissen für Hamburg und Wien im Kapitel 8, dem die Bildung eines Kausal-
Modells in Kapitel 7 vorangeht.

2. Theoretischer Forschungsstand:
Erklärungsansätze zur Segregation von Altersgruppen in der Stadt

Gegenstand der Betrachtung der Chicagoer Schule der Sozialökologie
(BURGESS, MCKENZIE, PARK) war die komplexe Organisation der Stadt und die
in ihr wirkende Wechselbeziehung ihrer Teile. In ihrem Forschungsziel,
die Komplexität zu erklären, bezog sie sich ganz überwiegend auf soziale,
rassische und ethnische Segregation. Eine explizite sozialökologische Theorie zur Erklärung der Segregation von Altersgruppen liegt nicht vor. (Eine
vollständige Darstellung dieses theoretischen Ansatzes gibt FRIEDRICHS
1981:24ff.)
In seinem Aufsatz "The Growth of the City", in dem er die Beschreibung seines Stadtmodells der konzentrischen Zonen vorlegte, gab BURGESS (1925)
erste ungenaue Hinweise über den Standort bestimmter Haushalte innerhalb
der Stadt; diese wurden dann später (BURGESS & LOCKE 1953:100ff) etwas
deutlicher ausgeführt: In der Zone um den CBD halten sich ältere, alleinstehende Männer auf; die zweite konzentrische Zone enthält junge, in
Appartements wohnende Männer und Frauen, aber nur wenige Kinder; in der
dritten Zone wohnen Ehepaare der unteren Mittelschicht mit ihren Kindern;
in der vierten Zone finden sich viele verheiratete Paare, aber ebenfalls
wenige Kinder; in der äußeren, suburbanen Zone wohnen Ehepaare mit ihren
Kindern in eigenen Einfamilien-Häusern.
In der Kritik zur Sozialökologie entwickelten SHEVKY & WILLIAMS (1949) und
SHEVKY & BELL (1955) das Konzept der Sozialraumanalyse (vgl. FRIEDRICHS
1981:197ff). Es basiert auf der Annahme, daß sich die Struktur der Stadt
auf wenige grundlegende Dimensionen zurückführen läßt: SES, Urbanismus sowie rassische und ethnische Segregation. In bezug auf die Dimension Urbanismus wird eine Differenzierung der Funktionen in Industrie-Gesellschaften
angenommen, die zu einer Struktur-Veränderung der Produktionstätigkeit
führt: Abnahme der Bedeutung des Primären Sektors, Zunahme der Bedeutung
von Tätigkeiten, die sich in Städten konzentrieren, Abnahme der Bedeutung
des Haushaltes als ökonomischer Einheit. Daraus resultieren Veränderungen
in den Lebensumständen, zunehmende Erwerbstätigkeit von Frauen in Berufen,
die an die Stadt als Organisationseinheit gebunden sind, Ausbreitung von
neuen Familienformen. Als Indikatoren für die Dimension Urbanismus werden
daher die Geburtenquote, der Anteil erwerbstätiger Frauen und der Anteil
von Einfamilien-Häusern angesehen. Mit diesen Indikatoren werden die Teileinheiten einer Stadt (in der Regel sind es statistische Zählbezirke,
census tracts) als "urban" beschrieben, die eine niedrige Geburtenquote,
einen hohen Anteil erwerbstätiger Frauen und einen geringen Anteil von Ein-

familien-Häusern aufweisen. Die Zusammensetzung der Wohnbevölkerung in den Teilgebieten ist hinsichtlich der Dimension Urbanismus am instabilsten (FRIEDRICHS 1981:203); nach HERBERT (1972:174ff) wird mit dieser Dimension die Stellung im Lebenszyklus gekennzeichnet (vgl. Abschnitt 4.2.).

Eine ausschließlich sozialpsychologisch argumentierende Erklärung für die freiwillige Absonderung der "suburbanites" legten RIESMAN (1957) und WHYTE (1956) vor. RIESMAN unterstellt den Bewohnern der Vorstädte eine bewußte Flucht vor der industriellen Lebensweise ("industrialism") und der Vielfältigkeit des Lebens in der Stadt. Für RIESMAN sind damit Kriminalität, Umweltverschmutzung, verstopfte Straßen und unzulängliche Schulen verbunden. Die suburbane Familie sei am besten charakterisiert durch ihren starken Bezug auf die eigene Familie und ihre Aktivitäten in freiwilligen Vereinigungen. WHYTE argumentierte, suburbane Familien zeichneten sich durch ihren ethischen Gegenwartsbezug ("social ethic") aus, der im Gegensatz zur protestantischen Ethik stünde.

Die Sozialraumanalyse läßt sich mit ihrer allgemeinen Annahme, die Bevölkerungs-Segregation beziehe sich auf die differenzierte Wohnungsstruktur der Stadt, auf die Sozialökologie zurückführen. Aber auch der sozialpsychologische Ansatz hat seine sozialökologischen Elemente dort, wo er sich auf die suburbane Konzentration von jungen Familien mit ihren Wohn- und Lebenswünschen bezieht. Der sozialpsychologische Ansatz sieht in dem Entschluß zum Wohnen in den Vorstädten eine Lebensphilosophie der dort Wohnenden.

Nachfolgend wenden wir die vorliegenden Ansätze zur Erklärung des Prozesses der Segregation auf das spezielle Problem der Segregation von Altersgruppen an. Es sind dies der ökologische Ansatz (PARK et al. 1925; HAWLEY 1950), der kulturelle Ansatz (WIRTH 1938; FIREY 1945; MICHELSON 1970; MILGRAM 1970) und der politische Ansatz (FORD 1950; TAEUBER & TAEUBER 1965). Dabei betonen wir den ökonomischen Aspekt, den sozial bewertenden Aspekt der freiwilligen Segregation sowie den Aspekt der unfreiwilligen Segregation. In dieser Darstellung folgen wir weitgehend der von LA GORY et al. (1980) gegebenen.

Ökologischer Ansatz

Dem zonalen Modell der Stadt von BURGESS liegt die Verbindung des städtischen Wachstums und der Strukturveränderung in der Stadt zugrunde. Der infolge des Wachstums der Stadt zunehmende Wettbewerb um die zentralen Standorte schlägt sich in einer selektiven Wanderung der Bevölkerung nach außen nieder. Dieser Dezentralisierungsprozeß führt zu periodischen Wechseln der Bevölkerungszusammensetzung von Quartieren, indem neue Bevölkerung in die verlassenen Quartiere nachströmt. Damit wird die Veränderung der Bevölkerungsstruktur eines Quartiers als "natürliches" Resultat von Sukzessions-Prozessen beschrieben, welche durch Bevölkerungswachstum und räumliche Ausdehnung der Stadt hervorgerufen werden. Beide erfolgen in Abhängigkeit vom ökonomischen Druck auf die Verwertung des städtischen Bodens. Je stärker das Wachstum, desto größer der ökonomische Wettbewerb um den Boden. Die soziale Segregation ist daher Ergebnis der Unfähigkeit, am Boden-Markt teilnehmen zu können oder auf bestimmte, niedrig bewertete Markt-Segmente beschränkt zu sein.
In dem Maße, in dem das Ausmaß, am Markt teilnehmen zu können, abhängig ist vom Alter, in dem Maße fallen soziale und altersspezifische Segregation zusammen (z. B. bei den Jungen und Alten). Insoweit bestimmte Altersgruppen mobiler sind als andere, die Altersgruppen also ungleich am Wachstums- und Ausdehnungsprozeß der Stadt beteiligt sind (selektive Migration), insoweit ergibt sich daraus altersspezifische Segregation. Die Migration ist sehr stark gebunden an die Stellung im Lebenszyklus: In dem sich die Familie konstituiert, wächst und sich schießlich wieder verkleinert, steigt und sinkt die Wahrscheinlichkeit der Wanderung in Abhängigkeit von altersspezifischen Wohnbedürfnissen, um diese zu realisieren. Die morphologische Struktur der Stadt und die notwendige Fähigkeit, am Wohnungs(teil)markt teilnehmen zu können bedingen, daß nicht an jeder gewünschten Stelle der Stadt die Wohn-Niederlassung erfolgen kann.

Kultureller Ansatz

Im kulturellen Modell der altersspezifischen Segregation wird zwar akzeptiert, daß der städtische Boden durch das Allokationsmedium Markt strukturiert ist, jedoch wird dieser ökonomische Aspekt vernachlässigt und betont, daß der Raum einen symbolischen und sentimentalen Wert habe. Segregation ist hier eine Anpassung an durch Urbanisierung hervorgerufene Probleme. Durch zunehmende Dichte und Größe der Stadt erfährt der Stadtbewoh-

ner eine Menge an Stimuli der städtischen Umwelt, die er zu verarbeiten un-
fähig ist. Eine Anpassungstrategie ist, die Menge der Stimuli zu reduzieren. Der Stadtbewohner neigt dazu, sich eine homogene, weniger komplexe
Umwelt zu schaffen, die sein städtisches Leben vereinfacht und "unerwünsch-
te" oder "schwierige" Situationen vermeidet. Retirement towns für Alte und
uniforme Vorstädte mit ihrer einseitig auf Familien ausgerichteten Bevölkerungsstruktur sind zwei Beipiele dafür.

Diskriminatorischer Ansatz

Im Gegensatz zum ökonomischen und kulturellen Modell, welche die Segregation als freiwillige Reaktion auf vorgefundene Bedingungen ansehen, geht
der diskriminatorische Ansatz von der Unfreiwilligkeit der Segregation
aus. Segregation wird hier als Resultat eines nicht jedermann frei zugäng-
lichen Marktes angesehen. Auf ihm werden per Diskriminierung bestimmte
Nachfrager ausgeschlossen, um diese auf für sie bestimmte Markt-Segmente
zu verweisen oder von solchen fernzuhalten. So ist z.B. die rassische
Segregation für zahlungskräftige Nicht-Weiße in den USA nicht allein mit
den beiden zuerst genannten Modellen erklärbar. In bezug auf altersspezifische Segregation sind retirement towns mit ihren rigiden altersspezifischen Zuzugsschranken das beste Anwendungsbeispiel für den diskriminatori-
schen Ansatz. Einen anderen Zugang zur Segregation von Alten findet der Ansatz, der die Alten als stigmatisierte Minorität begreift: Sie haben
Schwierigkeiten, der zunehmenden technischen und gesellschaftlichen Komplexität sowie den wechselnden Anforderungen an die beruflichen Fähigkei-
ten und Kenntnisse zu entsprechen; aufgrund dessen verlieren sie ihren ursprünglichen Status. Die daraus resultierende Stigmatisierung schlägt sich
nieder in sozialer Distanz zu jüngeren Generationen, die sich über den
Wohnungsmarkt auch als altersspezifische Segregation äußert. Je stärker
der Minoritäts-Status, desto stärker die Segregation.

Zusammenfassung

Zur Bewertung der vorgestellten Ansätze lassen sich verschiedene Kriterien
heranziehen: Anwendbarkeit auf westdeutsche Verhältnisse, Komplexitäts-
grad, Realitätsnähe oder Anwendbarkeit auf alle Altersgruppen der Bevölkerung. In Beziehung zum Gegenstand der vorliegenden Untersuchung ist das
letztgenannte Kriterium das spezifischste und daher trennschärfste:
Es ist dem Gegenstand der Untersuchung - Segregation aller Altersgruppen -

nicht angemessen, jede Altersgruppe als stigmatisierte Minorität oder als diskriminiert anzusehen.

Im kulturellen Modell führt die freiwillige Segregation zur unfreiwilligen der Nicht-Wandernden, auf letztere (z.B. Alte und junge Alleinstehende) ist dieser Ansatz nicht anwendbar.

Dagegen erscheint der ökologische Ansatz in Verbindung mit den vom Alter abhängigen Wohnbedürfnissen der umfassendere. Mittels des Lebenszyklus-Konzeptes, in das kulturelle Aspekte stark eingehen, lassen sich nach theoretisch relevanten Kriterien über die ganze Lebensspanne Altersgruppen abgrenzen, für die über ihre wohnräumliche Nutzung der Stadt und deren räumliche Ausdehnung ein Zusammenhang zur altersspezifischen Segregation hergestellt werden kann. Dies soll in Kapitel 4 näher ausgeführt werden.

3. Empirischer Forschungsstand: Beschreibung und Analyse

Die ungleiche Verteilung von Altersgruppen über den städtischen Raum ist
kein Phänomen der allerjüngsten Zeit; es wurde schon früher festgestellt,
aber nicht als soziales Problem angesehen. Die anglo-amerikanische Literatur über die Segregation der städtischen Bevölkerung bezog sich bis in die
70er Jahre ausschließlich auf die Segregation von sozialen und ethnischen
Gruppen. Die Feststellung der ungleichen Verteilung von jungen und alten
Familien, etwa durch MCKENZIE (1933), bezogen auf "central city" und
"outer areas", wurde zunächst als eine der vielen Folgen des städtischen
Wachstums angesehen und lediglich registriert. Noch 1959, als HOOVER &
VERNON ihre Studie über das metropolitane Gebiet von New York veröffentlichten, war die ungleiche Verteilung von Familien nur eine Tatsache, der
weiter keine Beachtung geschenkt wurde. Erst als die amerikanische Sozialwissenschaft das Altern der Bevölkerung und die Zunahme der Alten als soziales Problem auffaßte und dies zu ihrem Gegenstand gemacht wurde ("social
gerontology"), erhielt die Frage Gewicht, ob dem sozialen Abseitsstehen
der Alten eine räumliche Besonderung entspricht. Den sich daraus ergebenden Fragen, wo, wie und warum sich Alte in der Stadt konzentrieren, folgte
dann später die Frage nach der räumlichen Trennung der Alten von anderen
Altersgruppen. So ist zu verstehen, warum sich Theorie und Empirie in den
USA bis vor wenigen Jahren fast ausschließlich auf die Segregation der
älteren Bevölkerung (60 Jahre und älter) konzentrierte und sich als Gegenstand der sozialwissenschaftlichen Gerontologie die Alten-Segregation eta-
blierte, aber keine allgemeinere Theorie der altersspezifischen Segregation entwickelt wurde. Das erklärt auch, warum neuere Ansätze zwar theoretisch auf alle Altersgruppen abzielen, empirisch jedoch die schwierige
Dimension "Altersstruktur" auf den Anteil der über 64jährigen an der Bevölkerung reduzieren.
Um nicht ausschließlich auf die gerontologische Literatur angewiesen zu
sein, wurde bei der Durchsicht der bereits vorliegenden Studien nicht der
enge Segregations-Begriff zugrunde gelegt, sondern die Frage: "Welche
Altersgruppe wohnt wo unter welchen Bedingungen?". Zur Eingrenzung der
Literatur wurde im nachfolgenden deskriptiven Teil solche herangezogen,
die sich ausdrücklich auf die empirisch begründete Klassifizierung von
Raumeinheiten bezieht. Die Darstellung konzentriert sich dabei auf die
empirischen Ergebnisse und die angewendeten Methoden.
Die dargestellte empirisch-analytische Literatur bezieht sich überwiegend
auf die Alten-Segregation. In diesem Abschnitt werden nur solche Arbeiten
behandelt, die ein analytisches Instrumentarium der Auswertung verwenden.

Faktorenanalytische oder clusteranalytische Arbeiten werden hier nicht behandelt, weil sie keine Auskunft darüber geben können, welche Effekte von
einer unabhängigen Variable auf die abhängige Variable, z.B. Anteil einer
Altersgruppe an der Wohnbevölkerung einer Raumeinheit, ausgehen.

3.1. Beschreibungen

3.1.1. Ebene Region

Die Arbeiten von COWGILL (1978) und LA GORY et al. (1981) über die USA und
HILL (1976) über Kanada sind bisher die einzigen, die das Ausmaß der Segre-
gation von Altersgruppen auf der Ebene einzelner Regionen untersuchten. In
den beiden erstgenannten Arbeiten wurde dazu ein Segregations-Index von
TAEUBER & TAEUBER (1965) verwendet, der aber identisch ist mit dem von
HILL verwendeten Index der Segregation (IS) von DUNCAN & DUNCAN (1955).
HILL betrachtete die 21 urbanisierten Census Metropolitan Areas (CMA) von
Kanada für das Jahr 1971; COWGILL untersuchte alle SMSA (N=241) der USA
für 1970 (LA GORY et al. daraus eine Stichprobe von 70 SMSA für dasselbe
Jahr) sowie deren statistische Vorläufer in den Jahren 1940 (N=60), 1950
(N=64) und 1960 (N=174).

COWGILL kann zunächst zeigen, daß das durchschnittliche Ausmaß der Segregation der über 64jährigen von 1940 an dekadisch zunimmt um 2,0, 5,4 und 1,6
Prozentpunkte auf 23,1 % im Jahre 1970 (zur Konstruktion und Interpretation des Index' siehe Abschn. 5.3.1.). Im Jahre 1970 hat der Index eine
Spannweite von 44,4 %. im SMSA Fayetteville bis 10,9 % im SMSA Wilkes-
Barre-Hazleton. Die sehr hohen Werte dieser Studie - sie sind im Vergleich
mit anderen Studien exorbitant - zeigen sich in solchen SMSA, in denen ent-
weder umfangreiche militärische Einrichtungen stationiert sind oder in
denen ein sehr hoher Anteil Pensionäre leben wie z.B. in Phoenix und
Miami. Von der hohen Segregation einer Bevölkerungsgruppe kann also nicht
umstandslos auf ihren hohen Anteil an der Gesamt-Bevölkerung geschlossen
werden. Umgekehrt gilt dasselbe: Der SMSA New Jersey zeigt 1970 einen überdurchschnittlichen Anteil älterer Menschen, aber einen unterdurchschnittlichen Segregationwert für diese Bevölkerungsgruppe.
Die von COWGILL vorgelegten Korrelationskoeffizienten weisen auf mögliche
Bestimmungsgründe für die Varianz der Segregationswerte. So korrelierte
der Indexwert 1970 hoch mit dem Bevölkerungs-Wachstum des SMSA (+.530) und
mit der Bevölkerungsgröße (+.283); der Zusammenhang zwischen der Veränderung des Indexwertes von 1960 auf 1970 einerseits und dem Bevölkerungs-

wachstum im gleichen Zeitraum (+.312) oder der Bevölkerungsgröße (+.207) andererseits sind ebenfalls deutlich. COWGILL nimmt an, daß das Ausmaß sowie die Zunahme der Altersgruppen-Segregation am stärksten durch das Bevölkerungswachstum und durch die Bevölkerungsgröße bestimmt ist. Zwar sei die Differenzierung der Stadt umso größer, je größer die Stadt sei, aber die Differenzierung sei in erster Linie eine Funktion ihres Wachstums: Die zuwandernde Bevölkerung sei eher jung und suche sich ihren Standort am Rande; verlangsame sich das Wachstum, so stabilisiere sich die Altersstruktur.

COWGILL unterstellt bei seiner Argumentation, daß tendentiell jeder Wohnstandort innerhalb des SMSA erreichbar ist und die Wohnungssuchenden keinen Beschränkungen unterliegen, wie z.B. durch Einkommen, altersspezifische Infrastruktur und Hautfarbe. Der angenommene kausale Zusammenhang zwischen altersspezifischer Segregation und Bevölkerungswachstum ist plausibel, aber die Annahme einer kausalen Beziehung zwischen Segregation und Bevölkerungsverlust ist ebenso plausibel (siehe dazu Kapitel 4). -

Tabelle 3-1: Index der Segregation für Altersgruppen der Bevölkerung Montreals (N=560 census tracts), Torontos (N=447) und Vancouvers (N=178), 1971

Altersgruppe von...bis unter ...Jahren	Montreal	Toronto	Vancouver	Durch-schnitt[1][2]
0- 5	14,6	13,8	14,9	12,0
5-10	14,9	15,0	16,0	13,1
10-15	12,5	14,5	14,9	11,3
15-20	8,8	9,9	9,4	7,1
20-25	11,5	13,6	17,1	12,8
25-35	11,5	13,4	12,9	10,1
35-45	6,8	7,7	7,8	8,4
45-55	9,8	10,4	9,0	9,1
55-65	19,3	18,4	14,6	16,8
65-70	22,5	23,7	19,0	22,0
70+	27,7	28,6	24,5	26,8
Durchschnitt[1]	14,5	15,4	14,6	13,6
Einwohner in Mio	2,74	2,63	1,08	11,87

1) arithmetisches Mittel; 2) bezogen auf alle 21 CMA
Quelle: HILL 1976:28f

In der Beschreibung sehr aufwendig liefert HILL (1976) einen ausgezeichneten und sehr umfangreichen Überblick über sozialräumliche Phänomene der 21 urbanisierten CMA Kanadas. Betrachtet werden die Dimensionen Familien-Lebenszyklus, Einkommens-Disparitäten und ethnische Vielfalt (dazu liefert der dritte Band von RAY 1976 Kartenmaterial über die census tracts aller 21 CMA).

Tabelle 3-1 nennt den Index der Segregation für die drei größten CMA Montreal, Toronto und Vancouver. In allen drei CMA sind die über 54jährigen Personen am stärksten segregiert, es folgen die Kinder unter 15 Jahren. Deren in bezug auf die Eltern-Altersgruppe der 25-55jährigen stärkere Segregation ist deutlicher Hinweis auf eine Segregation nach der Stellung im Familien-Zyklus.

Der Zusammenhang zwischen Segregationsgrad und Bevölkerungsgröße ist in dieser Untersuchung nur schwach positiv, der Zusammenhang zwischen Segregationsgrad und Anteil der Nicht-Wanderer stark negativ. Beide Variablen erklären zusammen 65 % der Varianz des Segregationsgrades aller CMA (HILL 1976:26f).

Um die Verteilung der Bevölkerung nach ihrer Stellung im Lebenszyklus innerhalb jedes CMA prüfen zu können, verwendete HILL (1976:27ff) auf der Ebene der regionalen census tracts einen Familien-Zyklus-Index, in dem die Quotienten verschiedener Altersgruppen gewichtet eingingen. Die Ergebnisse wurden - in Klassen eingeteilt - pro CMA kartiert. Auf diese Weise tritt ein deutliches Verteilungsmuster zutage: Das Alter der Bevölkerung nimmt zum Rand des CMA hin ab. Auch hier erscheint ein Zusammenhang zum Bevölkerungswachstum: Dieses Muster ist dort am deutlichsten, wo die census tracts der CMA, auch solche innerhalb städtischer Teilgebiete, einen überdurchschnittlichen Bevölkerungszuwachs verzeichneten (vgl. RAY 1976:III).

EDWARDS (1970) prüfte die Segregation von Familien-Typen. Ziel seiner Untersuchung war der Nachweis, daß die farbigen Familien in bezug auf Einkommen und Stellung im Lebenszyklus die gleichen Segregationsmuster zeigen wie die weißen Familien. EDWARDS teilte die Bevölkerung des Milwaukee County (258 census tracts) 1960 in vier Familien-Typen ein, unterschied sie nach weißer/nicht weißer Hautfarbe und berechnete den Index der Dissimilarität nach DUNCAN & DUNCAN (1955), der auf dem IS beruht. Für die weiße Bevölkerung ergaben sich die folgenden ID-Werte (Tabelle 3-2).

Tabelle 3-2: Index der Dissimilarität 1960 für Familientypen in Milwaukee County, USA; alle Familien der "white comunity"

FAMILIEN-TYPEN	1	2	3
1 Junge Ehepaare: Ehemann unter 45 J., keine Kinder unter 18 J.	-		
2 Junge Familien: Ehemann unter 45 J., mind. 1 Kind unter 18 J.	17	-	
3 Alte Familien: Ehemann über 45 J., mind. 1 Kind unter 18 J.	18	17	-
4 Alte Ehepaare: Ehemann über 45 J., keine Kinder unter 18 J.	18	23	14

Quelle: EDWARDS 1970:190

Die alten Ehepaare und die jungen Familien sind am stärksten voneinander segregiert, dagegen die alten Familien und die alten Ehepaare am schwächsten. EDWARDS geht auf die Gründe für dieses Segregationsmuster nicht weiter ein, das als Beleg für die Annahme herangezogen werden könnte, daß die jungen Familien dort keine Wohnung gefunden haben, wo die Altersgruppe ihrer Eltern wohnte. Wir werden darauf noch zurückkommen.

Ohne die Verwendung spezieller Segregations-Indizes konnte SCLAR (1976)
eine überdurchschnittliche Zentralisierung der über 64jährigen nachweisen.
Er untersuchte die 78 census tracts des SMSA Boston für die Jahre 1930,
1940, 1950, 1960 und 1970, indem er die census tracts mittels eines einfachen Altersindexes (SCLAR 1976:268) in drei Klassen einteilte: (a) census tracts mit einem überproportionalen Anteil der Bevölkerung über 64 Jahren, (b) mit einem proportionalen und (c) mit einem unterproportionalen Anteil. Es zeigte sich über die vier Dekaden eine absinkende Anzahl der census tracts des Typs (a) und (b) und eine zunehmende Zahl der census tracts
des Typs (c). Das herausragende Ergebnis ist die völlig eindeutige, fast
vollständige räumliche Trennung der census tracts des Typs (a) von den anderen census tracts bei gleichzeitigem Klumpen im Zentrum des SMSA an der
Küste. Nur noch 10 census tracts haben einen proportionalen Anteil (1930
= 23), diese sind dispers verteilt. SCLAR interpretiert dieses Muster mit
der geringen Mobilität der Alten und mit der Herausbildung eines unterschiedlichen Standortes der jungen und der alten Familien nach dem 2. Weltkrieg. Die Alten verblieben in ihren älteren Eigentums-Häusern mit geringerem Wert oder sie blieben in ihren alten Mietwohnungen nahe dem Stadtzentrum wohnen. Die jungen Familien ließen sich mit ihrem vergleichsweise
höheren Einkommen am Rande des SMSA in neueren Häusern nieder. Die Regressionsanalyse SCLARs konnte diese Annahmen allerdings aufgrund der mangeln-
den Datenqualität nicht bestätigen.

3.1.2. Ebene Stadt

COX & BHAK (1980) unterstellen einen Zusammenhang zwischen Einkommen und
altersspezifischer Segregation. Sie zeigten zunächst in ihrer Studie über
eine ungenannte "middle size midwestern city of approximately 80,000 resi-
dents", daß die "abhängigen" Altersgruppen der 20-24jährigen und der über
64jährigen in gleichem Ausmaß stärker segregiert sind als die dazwischen
liegenden Altersgruppen der "Unabhängigen", sich also eine U-Kurve für
diesen Zusammenhang ergab (Tabelle 3-3). Sie fanden weiterhin einen signifikanten negativen Zusammenhang zwischen Segregation und Einkommen bei der
jüngsten Altersgruppe und einen positiven bei der ältesten, aber einen positiven Zusammenhang zwischen Segregation und Nicht-Besitz eines Eigen-
heimes für die beiden ältesten Altersgruppen. Die nachfolgende Aussage,
die beiden Altersgruppen der "Abhängigen" wohnten in unterschiedlichen
Zonen der Stadt, ist nicht gut belegt. Die Anzahl der census tracts ist
mit 28 zu gering, um mit den daraus eingeteilten 7 konzentrischen Entfer-

nungszonen zu solchen gültigen Aussagen zu kommen. Zum anderen machen die beiden Autoren den Fehler, von der Höhe des Indexwertes auf die relative Größe einer der beiden betrachteten Altersgruppen zu schließen (abgesehen davon, daß die Bildung von "mean segregation scores" nicht dokumentiert wurde). Daher ist der zusammenfassende Schluß von COX & BHAK nicht zwingend, wenn sie sagen, die Alten würden eher im Stadtzentrum in Mietwohnungen leben.

Tabelle 3-3: Index der Segregation für Altersgruppen, 28 census tracts, 1970

Altersgruppe von...bis unter ...Jahren	Index der Segregation
20-25	26,5
25-35	10,5
35-45	12,0
45-55	8,0
55-65	10,0
65-75	13,5
75+	21,0

Quelle: COX & BHAK 1980:35

Tabelle 3-4: Index der Segregation (IS) für die Altersgruppe der über 64jährigen verschiedener US-amerikanischer Städte, 1960 und 1970

Stadt[*]	Einwohner in 1000 (1970)	Anteil der über 64j.	Index der Segregation 1960	1970
Altoona, PA	63	14,3	8,7	7,6
Atlanta, GA	497	9,1	20,8	26,3
Des Moines, IA	201	11,4	21,0	20,3
Detroit, MI	1.511	11,4	16,2	20,2
Houston, TX	1.231	6,4	25,9	26,1
Pittsburgh, PA	520	13,5	13,4	14,9
Pueblo, CO	97	10,0	31,0	24,8
Sacramento, CA	254	11,0	28,0	32,0
Scranton, PA	109	13,8	10,0	10,4
Stockton, CA	108	11,1	31,3	21,0
Cleveland[**]				29
San Diego[**]				46

* soweit nichts anderes angegeben: gemessen auf der Ebene von census tracts; Quelle: KENNEDY & DE JONG 1977:98ff
** gemessen auf Baublock-Ebene; Quelle: PAMPEL & CHOLDIN 1978:1133

Neben COX & BHAK (1980) haben lediglich KENNEDY & DE JONG (1977) und PAMPEL & CHOLDIN (1978) das Ausmaß der Segregation (für jeweils die Alten) auf der Ebene der Stadt gemessen (Tabelle 3-4).
Auf die kausalanalytische Arbeit von PAMPEL & CHOLDIN gehen wir später ein. Deren Segregationswerte für Cleveland und San Diego sind kaum mit den von KENNEDY & DE JONG mitgeteilten vergleichbar, letztere sind auch nicht untereinander vergleichbar: Die Messung der Segregation auf Baublock-Ebene erbringt höhere Werte als die Messung auf Ortsteil- (census tract-) Ebene (CORTESE et al. 1976); der IS ist nicht unabhängig von der Zahl der Einwohner und der Teilgebiete (KESTENBAUM 1980). Ein direkter Vergleich setzt daher annähernd gleiche Anzahl der Einwohner in der Stadt und in den Teilgebieten sowie annähernd gleiche Anzahl der Teilgebiete voraus. Die von KENNEDY & DE JONG gezogenen Schlüsse, (a) die Segregation der Alten sei

direkt verknüpft mit dem Bevölkerungswachstum der Stadt in der sie leben, und (b) die Segregation der Alten korreliere negativ mit dem Alter der Stadt, können daher keinen Bestand haben.

In bezug auf die Beschreibung der Segregation von Altersgruppen für Städte im deutschsprachigen Raum sind zu nennen: KAUFMANN (1978) mit seiner maßgeblichen, sehr detaillierten Beschreibung der Bau- und Bevölkerungsstruktur der sechs Großstadt-Regionen Österreichs, FRANZ & VASKOVICS (1982) und VASKOVICS et al. (1983) mit ihrer Untersuchung der Segregation von alten Menschen in mehreren Städten der BRD sowie die Arbeiten des Autors für Hamburg (SCHÜTZ 1982a,b), die zusätzlich auch die Beschreibung von Teilgebieten beinhalten.

Tabelle 3-5: Index der Dissimilarität für Altersgruppen der Bevölkerung sechs österreichischer Großstädte, 1971

Altersgruppen in Jahren	15 bis unter 30	30 bis unter 45	45 bis unter 60	60 und älter	15 bis unter 30	30 bis unter 45	45 bis unter 60	60 und älter
		Wien				Graz		
bis unter 15	12,2	7,4	16,8	23,9	13,8	7,8	15,4	23,4
15 bis unter 30	-	9,1	11,1	16,4	-	10,0	9,7	15,1
30 bis unter 45		-	13,0	20,1		-	11,6	19,6
45 bis unter 60			-	12,8			-	12,3
		Linz				Salzburg		
bis unter 15	16,5	9,9	21,0	30,5	14,7	6,5	16,4	25,4
15 bis unter 30	-	14,5	17,1	23,2	-	10,5	12,4	17,6
30 bis unter 45		-	17,7	28,2		-	13,5	21,7
45 bis unter 60			-	18,6			-	14,2
		Innsbruck				Klagenfurt		
bis unter 15	18,2	8,8	18,6	27,7	9,7	6,8	14,0	21,6
15 bis unter 30	-	24,7	14,2	19,9	-	7,7	11,2	15,6
30 bis unter 45		-	13,4	23,6		-	11,2	17,4
45 bis unter 60			-	14,1			-	13,6

Quelle: KAUFMANN 1978:31

KAUFMANN (1978:28ff) stellt den kleinräumigen Unterschied in der Altersstruktur Wiens und anderer Großstädte auf zwei Wegen dar: zum einen mit dem Index der Dissimilarität (ID) und zum anderen mit dem Altersstruktur-Index J von BILLETER (1954). Der ID gibt an, wie stark zwei einzelne Altersgruppen voneinander segregiert sind. Der genannte BILLETER-Index ist das Verhältnis der Anteile der unter 15jährigen und der über 49jährigen zu den anderen Altersgruppen. Da der letztgenannte Index zu grob ist, nennt die Tabelle 3-5 nur die ID-Werte der sechs von KAUFMANN untersuchten österreichischen Großstädte. Diese Tabelle zeigt, daß in diesen Städten die Alten und die restlichen Altersgruppen deutlich stärker voneinander segregiert sind als dies für die Segregation der Altersgruppen unter 60 Jahren untereinander gilt. Aber auch die Segregationswerte für die jüngste und die drittälteste Altersgruppe sind, verglichen mit den bisher bekannten, bemerkenswert. Leider teilt KAUFMANN nicht mit, ob die Messung auf der Ebene der Zählbezirke oder der der kleineren Zählgebiete erfolgte.

VASKOVICS et al. (1983) untersuchten 12 westdeutsche Städte mit 58.000 bis 686.000 Einwohnern auf der Ebene von Baublöcken sowie Hamburg (1,7 Mio Einwohner) auf der Ortsteilsebene, Gelsenkirchen und München auf Bezirksebene. Da ihre Ergebnisse in der Beschreibung sehr umfangreich sind, sollen hier nur die Segregationswerte für die Altersgruppe der über 64jährigen referiert werden, weil so der Bezug zu den bisher mitgeteilten Segregations-Werten hergestellt ist (Tabellen 3-6 und 3-7).

Tabelle 3-6: Index der Segregation (IS) für die Bevölkerung über 64 Jahre in 12 bundesdeutschen Städten, auf Baublock-Ebene

Stadt	Jahr	Einwohner in 1000	Anzahl der Baublöcke	Anteil der über 64j.	IS
Augsburg	1977	255	1675	16,5	23,8
Bamberg	1981	76	618	18,5	21,8
Dortmund	1977	646	3871	16,1	24,3
Erlangen	1977	105	1019	11,8	31,1
Heidelberg	1972	129	482	16,0	19,0
Herne	1978	193	872	15,5	20,1
Hof	1981	556	663	19,2	23,3
Ingolstadt	1981	100	1458	13,5	28,8
Nürnberg	1977	514	2580	16,8	22,9
Regensburg	1976	119	1294	16,3	28,0
Schweinfurt	1981	58	462	17,7	23,8
Stuttgart	1977	581	4985	16,4	23,5

Quelle: VASKOVICS et al. 1983:18

Tabelle 3-7: Index der Segregation (IS) für die Bevölkerung über 64 Jahre Hamburgs, Münchens und Gelsenkirchens; 1950, 1961, 1970, 1977

Stadt	Anzahl der Ortsteile/Bezirke	Index der Segregation			
		1950	1961	1970	1977
Hamburg	179	8,0	10,0	13,3	13,1
München	37	9,8	9,8	10,8	9,1*
Gelsenkirchen	18	4,5	8,2	8,3	.

* Datenstand 1978
Quelle: VASKOVICS et al. 1983:21

Wie oben bereits ausgeführt, sind die Werte beider Tabellen unvergleichbar, weil die Städte in ihrer Einwohnerzahl zu sehr differieren, die Ebene der Messung unterschiedlich ist und die Anzahl der räumlichen Teileinheiten verschieden sind. Wenn man den ersten Einwand für die Tabelle 3-6 einmal beseite läßt, so zeigt sich, daß das Ausmaß der Segregation sowohl un-

abhängig von der Stadtgröße (R=-.16) als auch unabhängig von dem Anteil
der über 64jährigen (R=.08) ist. Die Spannweite des IS liegt deutlich unter den Werten, die PAMPEL & CHOLDIN (1978:1133) 1970 für San Diego (46,0)
und Cleveland (29,0) auf Baublock-Ebene gemessen haben (beide Städte
hatten rd. 4.900 Baublöcke).
Die Tabelle 3-7 zeigt für die Ortsteils-Ebene deutlich geringere Segregationswerte. Die von VASKOVICS et al. für Hamburg errechneten Werte stimmen
mit den von SCHÜTZ (1982a:294) veröffentlichten überein; weiterhin nennen
sie noch empirische Befunde zur Konzentration und räumlichen Distanz alter
Menschen, auf die hier jedoch nicht eingegangen werden soll.

3.1.3. Ebene Teilgebiet

In diesem Abschnitt werden Arbeiten vorgestellt, die zum Ziel haben, einzelne städtische Teilgebiete nach ihrer Altersstruktur, nach der Stellung
ihrer Bewohner im Lebenszyklus oder nach dem Ausmaß der altersspezifischen
Segregation zu beschreiben. Zunächst geht es um die Typisierung von Teilgebietsgruppen, anschließend um die Beschreibung jedes einzelnen Teilgebietes in der Stadt.

Typisierung von Teilgebietsgruppen

Eine grobe Beschreibung der ungleichen Alters- und Geschlechter-Struktur
versuchte SCHMID (1968) für census tracts von Seattle. Er bildete für neun
ausgewählte census tracts, die er für "typisch" erachtete, die demographische Alters- und Geschlechter-Pyramide. Die Benennungen (wie z.B.
"apartment and rooming area", "public housing project area") und detaillierten Beschreibungen SCHMIDs verknüpfen Eigenschaften der demographischen Struktur mit Merkmalen der baulichen Struktur. Es herrscht also ein
Vorverständnis über den Zusammenhang von demographischer und baulicher
Struktur, das selbst nicht der Betrachtung oder Analyse unterliegt.
In einer ebenfalls die demographische Struktur von Stadtteilen verwenden-
den Arbeit SHEPHERDs et al. (1974) über die boroughs von London geht es
darum, den Gründen für die Unterschiedlichkeit der demographischen Struktur nachzuspüren. So führen die Autoren z.B. den überproportionalen Anteil
der 15-29jährigen und der 30-44jährigen in bestimmten boroughs im Norden
und Westen von Inner London auf die dortige Wohnungsstruktur zurück, ohne
allerdings eine empirische Analyse zu beabsichtigen.

Das Problem der Abbildung von Altersstrukturen liegt in der Schwierigkeit,
sie so zusammenzufassen, daß keine Information über die einzelnen Altersgruppen verloren geht. WESTERGAARD (Abb. 3-1) versuchte die Typisierung

Abbildung 3-1: Ausgewählte Altersstruktur-Typen für London 1951

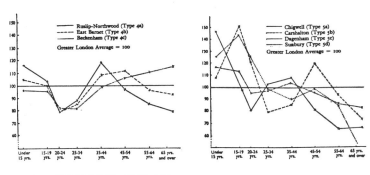

Quelle: WESTERGAARD 1964:144

von Teilgebieten Londons ("local authority areas") der Londoner "Census
Conurbation" für 1951, indem er auf der Basis der Londoner Altersstruktur
für die Teilgebiete Kurven der Abweichung der Teilgebiets-Altersstruktur
von der gesamt-städtischen Alterstruktur ermittelte. Das Ergebnis war, daß
die Altersstruktur von mehr als einem Drittel der Teilgebiete kaum von der
Londons abwich; sie lagen in einem Gürtel zwischen den inneren und äußeren
Gebieten Londons. Die restlichen zwei Drittel versuchte WESTERGAARD mittels einer Kombination von sozio-demographischen und baulichen Merkmalen
zu typisieren. Dabei gingen auch hier Annahmen über die Determinanten der
Altersstruktur in die Beschreibungen ein, ohne sie jedoch zu begründen,
wie z.B. bei der Klassifizierung der Altersstruktur des Zentrums und des
West End mit ihren unnormalen Anteilen junger Leute zwischen 20 und 34
Jahren als "stabil", weil diese Teilgebiete "entsprechende altersspezifische Gelegenheiten anbieten" (WESTERGAARD 1964:122).

Dieselbe Methode wendet MUSIL (1974) für Prag an, er faßt jedoch die
städtischen Teilgebiete zu Gruppen nach ihrer Entfernung zur Stadtmitte
zusammen (Abb. 3-2). Der Vergleich über die Jahre 1930 und 1950 zeigt die
Veränderungen: Im Jahre 1950 hatten sich die Altersstruktur-Kurven kontra-
hiert, die Altersstruktur der Zonen hatte sich dem Prager Durchschnitt
sehr deutlich angenähert. 1950 (und 1961) wohnten in der Zone 1, alter
Stadtkern von Prag und Zone der höchsten Mobilität, überproportional viele

Alleinstehende und kinderlose Haushalte. Die Haushalte mit 1 bis 3 Kindern
waren 1961 in der (äußeren) Zone 3 überproportional vertreten. Interpretiert man die Altersstruktur-Kurven als Segregations-Kurven, so hat sich
die altersspezifische Segregation in Prag zwischen 1930 und 1950 klar
erkennbar verringert; erst durch die Aufnahme von Wohnungsneubau, der auch
in Prag eher am Stadtrand durchführbar war, ergab sich ein erneuter Segregationsprozeß.

Abbildung 3-2: Altersstruktur der Bevölkerung Prags nach Zonen, 1930, 1950

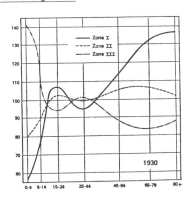 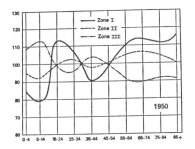

Maßzahl 100 = Gesamt-Prager Durchschnitt
Quelle: MUSIL 1974:139f

Methodisch aufwendiger ist die Arbeit von SALINS (1971) zur Bildung von
lebenszyklus-phasenspezifischen Teilgebietsgruppen. Er untersuchte die
metropolitanen Gebiete von Buffalo, Indianapolis, Kansas City und Spokane
auf der Basis von census tracts für die Jahre 1940, 1950 und 1960. Ziel
dieser Arbeit war, die SHEVKY-BELL-Typologie auf ein sozialräumliches
Grundmuster, wie z.B. des konzentrischen Stadt-Modells von BURGESS, zu beziehen. Dazu wurden die Dimensionen SES und Stellung im Lebenszyklus herangezogen und entsprechende Variablen für eine Faktorenanalyse ausgesucht.
Die Faktorenwerte wurden kartiert, so daß sich große homogene census-
tract-Gruppen ergaben, die SALINS zu typischen Mustern vereinfachte (Abb.
3-3). Er stellte fest, daß das strukturelle Raum-Muster des Sozialen
Ranges über die Zeit gleichförmig sektoral blieb (er unterstellte dazu zunehmende räumliche Ausdehnung und ließ dabei geographische Richtung und
Lage unberücksichtigt), das räumliche Muster der Stellung im Lebenszyklus
aber variierte. Es war eher konzentrisch, die Standorte der einzelnen

Lebenszyklus-Positionen variierten unabhängig von der Entfernung zum CBD. Die jüngste Position hatte den zentralsten Standort, die älteste lag am Stadtrand. Letzteres bedeutet, ganz im Gegensatz zu ROSSI (1955), daß die Alten in ihren Wohnstandorten bleiben und in späteren Jahren keine Anpassungswanderung in Richtung Zentrum vollziehen. Als Grund für die Veränderung des räumlichen Musters nennt SALINS die Ausdehnung der Stadt entlang radialer (Verkehrs-)Achsen und das Vorhandensein von Subzentren, womit er dem monozentrischen Modell von BURGESS widerspricht.

Abbildung 3-3: Idealisiertes räumliches Muster des Sozialen Ranges (li.) und der Stellung im Lebenszyklus (re.)

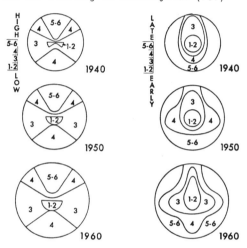

Quelle: SALINS 1971: 243,245

Die Verzerrung des ursprünglich elliptischen Raum-Musters der Stellung im Lebenszyklus beruht nach SALINS auf städtischem Wachstum. In seinem Blick liegt jedoch nicht die Möglichkeit, daß sich CBD und Subzentren räumlich ausdehnen und die angrenzende Bevölkerung verdrängen, so daß die räumliche Ausdehnung der Stadt ohne Bevölkerungszunahme zustandekommen kann. Ungeklärt bleibt bei SALINS auch die Frage, warum sich das Wachstum nicht auch auf das räumliche Muster des Sozialen Rangs auswirkt, besteht doch auch in seinem Ansatz eine Verbindung zwischen beiden Dimensionen dergestalt, daß Familien mit hohem SES weiter entfert vom CBD wohnen als Familien mit niedrigerem SES, aber gleicher Stellung im Familien-Zyklus.

Die Messung der altersspezfischen Segregation für Teilgebiets-Gruppen unternahm SCHÜTZ (1982a). In dieser Arbeit wurden die 179 Orteile Hamburgs entsprechend der Stadtplanungspraxis zusammengefaßt in die Gruppen Innere und Äußere Stadt sowie in drei konzentrische Gruppen nach Entfernung zum CBD. Diese Betrachtungsweise wird in der vorliegenden Arbeit noch einmal aufgenommen, aktualisiert und zum Vergleich auf eine zweite Stadt angewendet (Abschnitt 6.1.4., 6.1.5., 6.2.4. und 6.2.5.).

Beschreibung der einzelnen Teilgebiete

In dem bereits zitierten "Social Atlas" von SHEPHERD et al. (1974) klassifizierten die Autoren die Londoner wards (N=655) nach dem Anteil derjenigen Personen, die nicht im Produktionsprozeß stehen: der unter 15jährigen und der über 64jährigen. Die kartierten Anteile zeigen für die City und für alle (innenstädtischen) wards von Camden, Westminster und Kensington-Chelsea einen unterdurchschnittlichen Anteil (London: 34 %), mehr als dreiviertel der wards von Nordwest über West und Süd bis nach Ost um die innenstädtischen Wohngebiete herum haben überdurchschnittliche, die meisten wards im Londoner Osten durchschnittliche Anteile. Die Autoren führen diese Art der altersspezifischen Segregation auf die Verhinderung der innerstädtischen Migration durch fehlendes, altersspezifisches Wohnungsangebot zurück.

Auch KAUFMANN (1978) behandelte in seiner umfangreichen sozialräumlichen Studie den Aspekt der Überalterung. Er verwendete dazu den bereits genannten Altersstruktur-Index von BILLETER (1954), den er kartierte; so kommt er für Wien 1971 zu einem deutlich konzentrischen Muster der Überalterung dergestalt, daß sich hohe Index-Werte für das Zentrum Wiens zeigen, die dann zum Stadtrand nicht allmählich, sondern eher steil abfallen, die junge Bevölkerung also überwiegend in den Zählbezirken am Stadtrand zu finden ist.

Einen interessanten Vorschlag zur Abbildung der Altersstruktur einer städtischen Teileinheit mittels eines Index legte COULSON (1968) vor. Ausgehend von der Überlegung, daß die Quoten aller Gruppen einer Alterspyramide als Regressionsgerade beschreibbar sind, empfahl COULSON, den Winkel der Regressionsgeraden als Altersstruktur-Index zu verwenden: je steiler die Gerade, desto älter die Bevölkerung; umgekehrt/umgekehrt. Die Regressionsgleichung lautet:

$$Y = a + bX$$

Y = Altersgruppe
X = Klassenmitte von Y
a = konstanter Wert wenn X = 0
b = Winkel der Trendlinie, Regressionskoeffizient

Mittels dieses Index' beschrieb COULSON für 1960 jeden der 225 census tracts von Kansas City; er eliminierte durch Standardisierung die Vorzeichen und kartierte die Meßwerte als isometrische Linien (Abb. 3-4). Der CBD und die innenstädtischen Wohnviertel sind überaltert (= geringer Indexwert), das Alter der Bevölkerung nimmt nach außen in unregelmäßigem Muster ab. Unter Verwendung des Indexwertes fand COULSON einen positiven Zusammenhang zwischen Indexwert (je geringer der Indexwert, desto älter die Bevölkerung!) und Anteil Einfamilienhäuser (r=.585) und einen negativen in Beziehung zum Anteil Mietshäuser (r=-.579) und Bevölkerungsdichte (r=-.443).

Abbildung 3-4: Isometrische Verteilung des Altersstruktur-Index für SMSA Kansas City, 225 census tracts, 1960

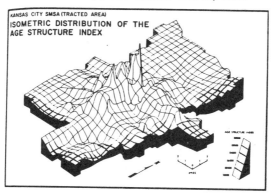

Quelle: COULSON 1968:165

Dieser Index wirft einige Probleme seiner Verwendbarkeit auf. Die Regressionsgerade verdeckt Sprünge in der Alterspyramide. Die Frage der Segregation von Altersgruppen impliziert aber gerade die Frage nach diesen Sprüngen in der Altersstruktur eines Ortsteils. Zum anderen setzt sie Altersklassen gleicher Klassenbreite voraus, was immer dann unpraktikabel ist, wenn es um einzelne Altersgruppen geht. Die Betrachtung einer einzelnen Altersgruppe mittels dieses Index' ist daher ebenfalls nicht möglich, zumal er keine standardisierte Spannweite kennt.

Die nachfolgend genannten Arbeiten von BRATZEL und FRIELING untersuchen die städtischen Teilgebiete unterhalb der bisher behandelten Ebene von census tracts bzw. Ortsteilen. Ortsteile als Untersuchungseinheit haben sich in der soziologischen Forschungspraxis als nicht optimal herausgestellt, weil sie meist zu groß an Fläche oder Bevölkerung sind; sie als in sich homogene Teilgebiete der Stadt anzusehen, müßte aufgegeben werden (siehe aber dazu für Hamburg MANHART 1977:60). Aus diesem Grunde werden auch für die Stadtplanungspraxis kleinere Gebietseinheiten definiert, wie z.B. der Baublock, und als Planungs- oder Untersuchungseinheit verwendet.

BRATZEL (1981) führte im Rahmen seiner umfangreichen Beschreibung der Sozial- und Wirtschaftsräume Karlsruhes eine Faktorenanalyse durch, mit deren Hilfe er die 1207 Baublöcke der Stadt auch nach der Dimension Stellung im Lebenszyklus klassifizierte. Die Wohngebiete in den an den CBD angrenzenden Bereich sind stark überaltert; der dabei von BRATZEL angeführte "Altersgradient" (Kern/Rand-Gefälle des Bevölkerungsalters) erscheint aber fraglich. Das räumliche Muster ist zu uneinheitlich, die Annahme der Linearität ist nicht haltbar: Karlsruhe ist mit seinen alten Ortskernen innerhalb des Stadtgebietes nicht monozentrisch, die Ortskerne weisen in sich ein zentrisch erscheinendes Muster auf. Am Stadtrand stehen große Blöcke mit junger Bevölkerung selten als solche allein (BRATZEL 1981:200f). Von "junger Bevölkerung" kann aber strenggenommen nicht gesprochen werden, weil in die Analyse die Altersgruppen der über 16- und unter 60jährigen nicht eingegangen sind, die Dimension "Stellung im Lebenszyklus" wurde reduziert auf Kinder und Pensionäre.

Im Abschnitt "Sozialräumliche Gliederung" versucht BRATZEL (1981:203ff) eine Zusammenführung aller drei Ergebnis-Faktoren "Sozialstatus", "Familienstatus" und "Dichte" zu "möglichst homogenen Sozialraumtypen" (BRATZEL 1981:203). Diese Sozialraumtypen könnten in dem hier interessierenden Zusammenhang Aufschlüsse geben über die Beziehung zwischen der altersspezifischen Segregation und dem Faktor "Dichte", in den Variablen eingegangen sind wie "Anteil der Wohngebäude mit 3 und mehr Wohnungen" und "Anteil Wohnungen mit 6 oder mehr Räumen". Dieser Teil der Arbeit ist allerdings nicht ergiebig. Nach einer Cluster- und Diskriminanz-Analyse tritt eine Vielfalt von interpretatorischen Unter- und Oberbegriffen auf, die das gewünschte Ergebnis der Klassifizierung nicht nachvollziehbar machen. Die Auswahl der Cluster-Anzahl (zehn) wird weder methodisch noch inhaltlich begründet, aber im nächsten interpretatorischen Schritt nicht empirisch, sondern theoretisch zu drei Raumtypen kondensiert. Dadurch erhält die wortrei-

che Interpretation einen arbiträren Charakter. Dafür zwei Beispiele:
BRATZEL (1981:211) verwendet die Kategorien "untere Mittelschicht", "unterste Mittelschicht", "obere Unterschicht" im Sinne eines Ergebnisses der
Analyse, obwohl es evident ist, daß die öffentliche Statistik (wie die
hier verwendete VZ 1970) zu solchen feinen Differenzierungen nichts her-
gibt. Oder aber er schreibt von "hoher Alterssegregation" (206) oder "ex-
tremer Alterssegregation" (209) ohne diese gemessen zu haben. Von daher
können die angebotenen Ergebnisse dieser Studie in bezug auf die Segregation nach der Stellung im Lebenszyklus nicht akzeptiert werden.

Eine von der Untersuchungsebene her ganz ungewöhnliche Arbeit ist die von
FRIELING (1980). Er wertete die VZ 1970 für Göttingen (109.000 Einwohner)
auf der Ebene von Individual-Daten aus, indem das Stadtgebiet in räumliche
Einheiten von Planquadraten (150 x 150 m, N=884) eingeteilt wurde. Das
Individual-Merkmal Alter wurde mit dem Merkmal Haushaltsgröße kombiniert
und daraus ein 5-phasiger Lebenszyklus mit 13 Positionen gebildet. Eine
Clusteranalyse klassifizierte die Planquadrate nach der Stellung im Lebenszyklus ihrer Bewohner. Anhand der 13 Ergebnis-Cluster konnte FRIELING
(1980:193) vier Zonen innerhalb Göttingens unterscheiden: (1) die Innen-
zone mit kinderlosen (Studenten-)Haushalten; (2) eine sich daran anschlies-
sende, nicht immer zusammenhängende Alten-Zone; (3) eine ebenfalls nicht
zusammenhängend ausgebildete Zone mit überdurchschnittlich vertretenen
kleinen Haushalten der Alters-, Stagnations- und Gründungsphase; (4) eine
nur als inhomogen zu bezeichnende Außenzone. In den drei erstgenannten
Zonen konzentrieren sich die vor 1948 gebauten Wohngebäude. "Damit kann
für Göttingen in der Tendenz eine ringförmige, vom Kern zum Rand variieren-
de Struktur festgestellt werden, wobei der Stadtrand ... vor allem durch
seine Heterogenität bestimmt ist" (FRIELING 1980:194). Eine weitergehende
Messung der Homogenität bzw. Inhomogenität der räumlichen Einheiten unterblieb.

3.2. Analysen

Die wenigen empirisch-analytischen Untersuchungen zur Segregation der städtischen Bevölkerung nach Altersgruppen beziehen sich in ihrer theoretischen Ausrichtung auf die Sozialökologie. Sie entstanden überwiegend in bezug auf die Frage, ob und warum die Bevölkerungsgruppe der über 64jährigen
segregiert ist (CHEVAN 1982; LA GORY et al. 1980, 1981; PAMPEL & CHOLDIN

1978; SMITH & HILTNER 1975); lediglich GUEST (1972) untersuchte alle
Altersgruppen, indem er als abhängige Variable die Stellung im Familienzyklus wählte. RHODA (1977) verwendete die Stellung im Lebenszyklus als un-
abhängige Variable (neben Einkommen) in seiner Untersuchung über den Wohnstandort von Familien. MYERS (1978) verwendete den Anteil 5-9jähriger Personen zur Erklärung der Wohndauer, die ihrerseits besonders erklärungskräf-
tig sei bei der Analyse der Altersstrukturen von städtischen Teilgebieten.
STAHURA (1980) untersuchte das Altern der Bevölkerung in suburbanen Gemeinden und versuchte, die Veränderung im Verhältnis der Anzahl Kinder/Alte
eines Suburbs zu erklären.
Von den genannten Arbeiten sind es lediglich die Arbeiten von LA GORY et
al. (1980, 1981), die empirische Werte für das Ausmaß der Segregation als
(abhängige) Variable in eine Kausalanalyse einbeziehen. Die anderen Autoren verwenden die Anteile der betrachteten Altersgruppen oder Familientypen und interpretieren diese als Maß für die Segregation. Dies wirft Probleme der adäquaten Operationalisierung von Kategorien und Merkmalen auf,
die in Abschnitt 3.3. diskutiert werden.

Außer SMITH & HILTNER (1975) und MYERS (1978) argumentieren die genannten
Autoren nicht ausschließlich sozialökologisch, sondern ergänzen zur Erklärung der ungleichen Verteilung von Altersgruppen oder Familientypen den
sozialökologischen Ansatz um das Lebenszyklus-Konzept (siehe Abschnitt
4.2.). Sie unterscheiden sich daher nicht grundsätzlich voneinander, sondern lediglich in ihrer Akzentuierung. Von dieser Kategorisierung ist
lediglich CHEVAN (1982) auszunehmen, der seiner Arbeit einen verhaltens-
theoretisch und individualistisch ausgerichteten Ansatz der Sozialökologie
zugrunde legte. Insgesamt lassen sich grob unterscheiden: (a) Wettbewerbs-
modelle, (b) dynamische Modelle, (c1) statische Modelle und (c2) die letzt-
lich theorie- aber nicht ergebnislose Arbeit von MYERS.

3.2.1. Wettbewerbs-Modelle

CHEVAN (1982), LA GORY et al. (1980, 1981) und PAMPEL & CHOLDIN (1978) betonen in ihren Kausalmodellen die Rolle des Wettbewerbs um den städtischen
Boden. Neben der allgemeinen Konkurrenz der Nutzungsarten um den Boden in
der Stadt konkurrieren innerhalb der Nutzungsart "Wohnen" die Nachfrager
in einem nach Lage und Ausstattung des Wohnstandortes differenzierten
Markt. Das Erlangen eines bestimmten Wohnstandortes ist nicht nur abhängig
vom Angebot und von den Bedürfnissen der Nachfrager, sondern auch von der

Fähigkeit, am Markt teilzunehmen ("ability to pay").

LA GORY et al. (1980, 1981) argumentieren, daß sozialökologische Variablen nicht nur direkte Effekte auf den Anteil einer Altersgruppe haben, sondern auch und gerade indirekte über die Wettbewerbs-Variable. Als Indikator für intensiven Wettbewerb ziehen sie den Median des Wertes von Mietshäusern heran, der einen starken, positiven Effekt (.49) auf das Ausmaß der Segregation der über 64jährigen zeigt. In einem zweiten Schritt differenzieren die Autoren dann die von ihnen untersuchten 70 SMSA nach deren regionaler Lage und es erweist sich, daß dieser Effekt regionalspezifische Ausprägungen hat (.17 für Nort East/North Central; .55 für South West). Da auch alle anderen Effekte regionale Unterschiede aufweisen, führt das zu dem (von den Autoren nicht gezogenen) Schluß, daß in diesem Falle nicht von e i n e m Segregationsprozeß gesprochen werden kann. Dieser erscheint vielmehr als abhängig von regionalen oder lokalen Spezifika, die die Autoren mit den unabhängigen Variablen "% 65+", "% suburban", "population change", "population size", "population density" und "age of housing" nicht hinreichend abbilden konnten (Abb. 3-5). Die Verwendung des Index'

Abb. 3-5: Pfadmodell von LA GORY et al. (1981:4)

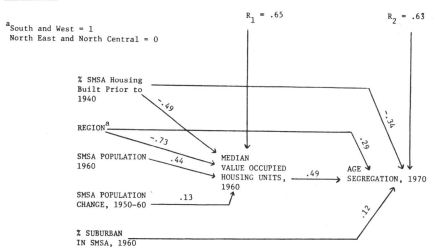

der Segregation (IS) als abhängige Variable erscheint als nicht angemessen: Definitionsgemäß mißt dieser Index die Segregation der einen (-65) Gruppe versus der anderen (65+). Danach bezieht sich die Pfadanalyse auf die Segregation b e i d e r Gruppen; die Interpretation aber ausschließlich auf eine der beiden Gruppen (65+) zu beziehen, ist dann unzulässig.

Völlig unbegründet bleibt das Verfahren, den Segregations-Index auf der
Basis von 1970 zu berechnen, die unabhängigen Variablen aber auf der Basis
von 1960 in die Analyse einzuführen.

Im Gegensatz zu LA GORY et al., die sehr inhomogene Regional-Einheiten
(SMSA) untersuchten, bezieht sich die Arbeit von PAMPEL & CHOLDIN (1978)
auf die je 4.900 Baublöcke von Cleveland und San Diego. Diese Autoren gehen davon aus, daß der Standort der Alten (65+) eine Funktion ihrer Bedürfnisse, ihrer Stellung im Lebenszyklus und ihrer Zahlungskraft ist. Die
Variable "Zahlungskraft" wird von den Autoren mit der Hypothese eingeführt: Je höher der durchschnittliche Wert der Eigentümer-Häuser, desto geringer der Anteil der über 64jährigen (Abb. 3-6). Diese Hypothese wurde
für beide Städte nicht bestätigt, die Koeffizienten waren fast Null. Dies
bedeutet, daß die Alten in diesen beiden Städten nicht aufgrund des Wettbewerbs in bestimmten Blocks konzentriert oder nicht konzentriert sind. Von
den unabhängigen Variablen haben nur der Anteil der Wohnungen in Mehrfamilienhäusern (10+ Wohnungen) positiven und die Wohndichte (Anteil der Personen in Wohneinheiten mit mehr als einer Person pro Raum) negativen, in beiden Städten etwa gleich starken Effekt auf den Anteil der Alten an der
Wohnbevölkerung des Blocks. San Diego zeigt zusätzlich einen positiven direkten Effekt der Entfernung zum CBD, Cleveland einen negativen Effekt der
Kontaktmöglichkeiten der Alten untereinander. Die indirekten Effekte der
genannten Variablen sollen hier nicht weiter betrachtet werden.

Abb. 3-6: Pfadmodell von PAMPEL & CHOLDIN (1978:1126)

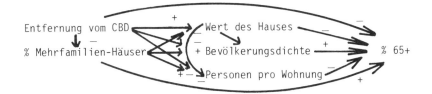

CHEVAN (1982) formuliert dagegen die Wettbewerbsvariable so, daß sie nicht
in kausaler Abhängigkeit von einer anderen Variable in das Pfadmodell eingeführt werden konnte (Abb. 3-7). Dies ist möglich, weil seine Untersuchung auf der Individual-Ebene angesiedelt ist: Er untersucht 34.659
Haushalte, die 1970 in einer Stichprobe von 18.005 Quartieren ("neighbor-
hoods", Blöcke oder Zählbezirke) aller "urbanized areas" der USA wohnten.

Die unabhängigen Variablen sind das Haushaltseinkommen, das Alter des Haushaltsvorstandes und die Anzahl der Personen im Haushalt; diese drei Variablen haben sowohl direkte Effekte auf den Anteil der über 64jährigen als auch indirekte, und zwar über die Variablen Anzahl der Räume, Wohndauer, Standort des Haushalts ("central city" vs. "fringe") und Alter des Gebäudes (-1950, 1950+). Der theoretische Ansatz CHEVANs ist ein individualistischer: Wenn sich die Stellung im Lebenszyklus und/oder das Einkommen und/oder die Anzahl der Personen im Haushalt ändert, dann wandert der Haushalt, um die geänderten Wohnwünsche mit der tatsächlichen Wohnsituation in Übereinstimmung zu bringen. Die räumliche Konzentration von Personen gleicher Lebenszyklus-Position ergebe sich dann aus der Reaktion der Familien auf das Wohnraum-Angebot (CHEVAN 1982:1136). Das letztere Argument ist ein sozialökologisches, mit dem CHEVAN seinen individualistischen Ansatz verläßt. Er muß ihn an dieser Stelle aufgeben, weil er sonst lediglich die gleiche Wohnungsausstattung, aber nicht den gleichen Wohnstandort von Personen gleicher Stellung im Lebenszyklus erklären würde. CHEVAN sagt also, der Wohnstandort wird nicht allein von den Wohnbedürfnissen in Abhängigkeit von der Stellung im Lebenszyklus bestimmt (Individual-Ebene), sondern auch von der räumlichen Struktur des Wohnraumangebotes (Aggregat-Ebene). Da die Struktur des (sozialökologischen) Wohnraumes nicht in seinem Erklärungsmodell enthalten ist, erklärt CHEVAN nicht die Segregation der über 64jährigen, sondern nur den Anteil der Alten im Quartier in Abhängigkeit von individuellen Haushalts-Merkmalen und deren Wohnentscheidungen ex post. Der unterschiedliche Standort von Personen unterschiedlicher Stellung im Lebenszyklus, die Segregation von Altersgruppen, bleibt unerklärt. Zu den Ergebnissen: Der stärkste direkte Effekt geht vom Gebäude-Alter aus (.309), die direkten Effekte der Anzahl der Personen im Haushalt (-.153) und des Alters des Haushaltsvorstandes (.131) sind nur halb so groß. Starke Effekte gehen von Alter auf Wohndauer (.456), von Haushaltsgröße auf Wohnungsgröße (.407) und von Einkommen auf Wohnungsgröße (.314) aus. CHEVAN teilt seine Stichprobe zusätzlich nach dem Alter des Haushaltsvorstandes in drei Gruppen (18-45, 45-65, 65+), um zu prüfen, ob die Pfadkoeffizienten gruppenspezifische Werte annehmen. Es zeigt sich, daß die Koeffizienten für die jüngste Altersgruppe am stärksten, für die älteste am schwächsten sind. Lediglich der Effekt der Anzahl der Räume auf die Wohndauer und der Wohndauer auf das Gebäudealter ist bei den Ältesten stärker. Diese altersgruppen-spezifischen Unterschiede sieht CHEVAN als Beleg für die Herausbildung altersspezifischer Wohnsituationen an.

Abb. 3-7: Pfadmodell von CHEVAN (1982:1140)

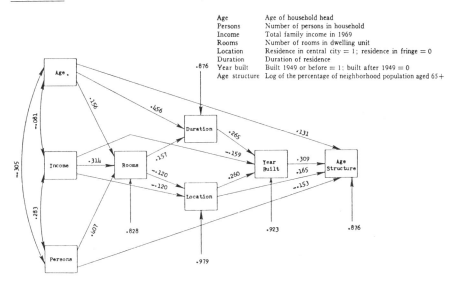

Im Gegensatz zu den bisher genannten Arbeiten, die als zu erklärende Variable den Anteil einer Altersgruppe verwendeten, nennt die Studie von RHODA
(1977) den Standort der 872 untersuchten Haushalte in Rochester als abhängige Variable. RHODA dichotomisierte die Variablen Stellung im Lebenszyklus, Einkommen und Standort; die Regressionsanalyse zeigte, daß die erklärte Varianz für die abhängige Standort-Variable Innerer Ring stets grös-
ser war als für die abhängige Variable Äußerer Ring, die Variablen "Geringes Einkommen" und "Mittleres Einkommen" waren erklärungskräftiger als die
Familienstruktur-Variablen. Seine Antwort auf die Frage, ob das Einkommen
oder die Position im Familienzyklus den Familien-Standort in der Stadt
besser erkläre, lautet daher: das Einkommen. Dies widerspricht den bisherigen Ergebnissen: JOHNSTON (1971), SALINS (1971) und SCHWIRIAN (1974) haben
empirische Belege dafür geliefert, daß die Familien-Struktur den Standort
der Familie in der Stadt entscheidet. Die von diesen drei Autoren in der
Hauptkomponenten-Analyse verwendete orthogonale Rotation unterdrückte
allerdings den von RHODA (1977: 12) angenommenen nicht-linearen Zusammenhang zwischen Familien-Zyklus und Einkommen: Das Einkommen nimmt während
der ersten Familien-Zyklus-Positionen zu, sinkt aber später wieder. RHODA
weist mit dieser Annahme auf eine mögliche Überlagerung der altersspezifischen Segregation durch soziale Segregation hin.

3.2.2. Dynamische Modelle

In der sozialökologischen Literatur wurde die Frage diskutiert, ob die räumliche Organisation der Stadt nicht besser durch ihr Wachstum als durch den in ihr herrschenden Wettbewerb um den zentralen, innerstädtischen Boden erklärt werden kann, weil die Differenzierung der Stadt von ihrer Grösse abhängig sei. Arbeiten zur Erklärung der altersspezifischen Segregation, die auf das Wachstum der Stadt rekurrieren, sind die von LA GORY et al. (1980, 1981) und STAHURA (1980). Ihre Erklärungsmodelle werden deswegen hier als dynamische bezeichnet, weil sie mindestens eine erklärende Variable verwenden, die auf die Veränderung von Merkmalen über die Zeit verweist.

Abb. 3-8: Pfadmodell von STAHURA (1980:114)

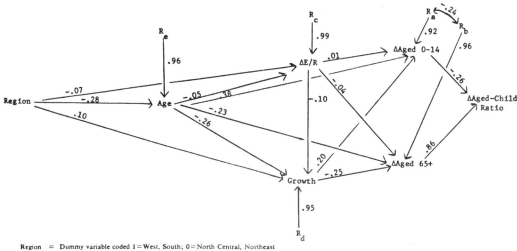

Region	= Dummy variable coded 1 = West, South; 0 = North Central, Northeast
Age	= Suburban age in decades
ΔE/R	= Change in the suburban employment/residence ratio, 1958-1967
Growth	= Suburban population growth, 1960-1970
ΔAged 0-14	= Change in percent suburban populations aged 0-14, 1960-1970
ΔAged 65+	= Change in percent suburban populations aged 65+, 1960-1970
ΔAged-Child Ratio	= Change in suburban aged-child ratios, 1960-1970

STAHURA unterlegt seinem Ansatz die generelle Annahme von DUNCAN (1959), das sozialökologische System sei gekennzeichnet durch die vier grundlegenden Dimensionen Bevölkerung, Umwelt, Technologie und soziale Organisation; die Veränderung in einer Dimension habe Änderungen in anderen Dimensionen zur Folge, so daß sich das System insgesamt wandele ("ökologischer Komplex"). Als Ausgangspunkt nimmt STAHURA die soziale Organisation, die sich durch ausbreitende Arbeitsteilung in der Agglomeration verändere: hier

Wohngemeinde, dort Arbeitsgemeinde. Die auf diesem Veränderungsprozeß
beruhende Wanderung der Bevölkerung verändere die Altersstruktur der suburbanen Gemeinden ("fringe"). Die Bestimmung der Determinanten der suburbanen Altersstruktur ist das Ziel dieser Untersuchung, die sich auf 816
von 916 suburbanen Gemeinden aller SMSA der USA bezieht. Als abhängige
Altersstruktur-Variable wird die Veränderung des Verhältnisses Alte/Kinder
im Zeitraum 1960-1970 in das Kausalmodell eingeführt. Es werden lediglich
zwei direkte Effekte auf die abhängige Variable angenommen, und zwar die
der Veränderung des Anteils der Kinder und die der Alten. Letztere hat mit
.86 den stärksten Effekt. Alle indirekten Effekte liegen in der Spanne von
-.28 bis .38 (siehe Abb. 3-8) und sind demgegenüber relativ schwach.
Die Verwendung von Differenzen von Quotienten in dieser Pfadanalyse als
Variablen ist in zweifacher Hinsicht problematisch. (1) Es gehen mit Dividend und Divisor der beiden Quotienten vier Variablen in die Pfadanalyse
ein, deren Einzel-Effekte bei STAHURA ungeprüft bleiben. Zusätzlich kommt
hier hinzu, daß beide Variablen zwei verschiedene Zeitpunkte betreffen. So
wäre z.B. zu fragen, ob nicht der Anteil der Kinder 1960 einen Effekt hat
auf die Bevölkerungsgröße 1970, oder ob die Bevölkerungsgröße 1970 nicht
beeinflußt ist durch die Bevölkerungsgröße 1960 (vgl. DUNCAN 1966). (2) An
dem vorliegenden Fall läßt sich sehr gut demonstrieren, daß die Verwendung
von Quotienten- Differenzen die Theorie substanzlos werden läßt. So erweist sich der angenommene Zusammenhang

$$\Delta \ E/R \longrightarrow \Delta \ Aged \ 65+ \longrightarrow \Delta \ Aged/Child \ Ratio$$

als inhaltsleer, wenn man ihn verbalisiert:

H1: Je größer die Veränderung des Verhältnisses Beschäftigte/Einwohner
     zwischen den Jahren 1958 und 1967, desto geringer die Veränderung
     des Anteils der Alten über 64 Jahre an der suburbanen Bevölkerung
     zwischen 1960 und 1970.
H2: Je geringer die Veränderung des Anteils der Alten über 64 Jahre an
     der suburbanen Bevölkerung zwischen den Jahren 1960 und 1970, desto
     größer die Veränderung im Verhältnis Alte/Kinder im Vorort innerhalb
     desselben Zeitraumes.

Die Hypothese 1 besagt, die Veränderung des Quotienten Alte/Einwohner ist
umso geringer, je größer die Veränderung des Quotienten Beschäftigte/ Einwohner ist. Ob z.B. bei letzterem die Anzahl der Beschäftigten oder die Anzahl der Einwohner zugenommen hat, ist gleichgültig, allein die Veränderung des Quotienten zählt. Folglich bleibt bei der Hypothese 2 unklar, ob
nun eine Verjüngung oder Vergreisung der suburbanen Bevölkerung prädiziert
wird.
Die Ergebnisse bezüglich der Variablen, die Quotienten-Differenzen beinhalten (bei STAHURA sind es alle delta-Variablen), sind inhaltsleer. Sie redu-

zieren die Analyse auf ihren mathematischen Kern und tragen zur Erklärung nichts bei.

In der bereits in Abschnitt 3.2.1. vorgestellten Untersuchung von LA GORY et al. (1980, 1981) ist neben der Wettbewerbs-Variablen auch eine Variable des städtischen Wachstums enthalten, um der dort angenommenen Beziehung zwischen Wachstum der Stadt und Wettbewerb um zentralen Boden zu entsprechen. Die Hypothese lautet "Je größer das relative Bevölkerungswachstum, desto größer der Durchschnittswert der Mietshäuser." Auf der Ebene der census tracts für die 70 untersuchten SMSA zeigte sich hier ein nur schwacher Kausalzusammenhang (.13). Bei der anschließend vorgenommenen regionalen Differenzierung erwies sich jedoch dieser Zusammenhang als sehr stark: Census tracts in Nort East/North Central zeigten hier einen Koeffizienten von .68, in South West .46. (Dieses Ergebnis bleibt bei den Autoren leider unkommentiert.) Durch dieses regionalspezifische Ergebnis sinkt der Effekt der Variable Gebäudewert auf die abhängige Variable des Anteils der über 64jährigen für North East/North Central von .49 auf .17 und für South West steigt er auf .55. Auch dieses Ergebnis ist ein Hinweis darauf, daß hier unterschiedlich zu begründende Segregationsprozesse vorliegen, die durch das verwendete Kausalmodell nicht erfaßt werden.

3.2.3. Statische Modelle

Statisch sollen die Modelle von GUEST (1972), MYERS (1978) und KNAUSS (1981) deswegen heißen, weil sie weder eine Variable des Wettbewerbs um städtischen Boden noch eine Variable des städtischen Wachstums enthalten und damit keine der klassischen Variablen der sozialökologischen Begründung des Verteilungs- und Differenzierungsprozesses in der Stadt in ihren Erklärungsmodellen beinhalten.

Die Arbeit von GUEST (1972) ist die erste, die die ungleiche Verteilung von Bevölkerungsgruppen in Abhängigkeit von ihrer Stellung im Familienzyklus empirisch zu erklären versucht. GUEST bildet als abhängige Variablen die Anteile von 6 Familientypen an allen Familien (junge Paare, junge Familien, alte Familien, alte Paare, unvollständige Familien, Alleinstehende) und nimmt an, daß sie von folgenden unabhängigen Variablen determiniert sind: Entfernung vom CBD, Gebäude-Alter, Charakter des census tract, Wohnungsdichte und Räume pro Wohnung (Abb. 3-9). Untersuchungseinheit sind 353 census tracts des SMSA Cleveland im Jahre 1960; hier wurden 25 % aller Ehepaare ausgewählt und eine nicht näher bezeichnete Anzahl von Personen aus den beiden zuletzt genannten Familientypen.

Aufgrund der Anzahl von sechs abhängigen Variablen können die Ergebnisse
hier nicht im einzelnen dargestellt werden. Die wichtigsten Variablen zur
Vorhersage der Anteile der Familientypen eines census tracts sind Gebäude-
Alter und interner Raum. Der Charakter des census tract (= überwiegende
Wohn- oder Gewerbe-Nutzung) hat Einfluß. Für junge Familien, alte Familien
und Alleinstehende wirkt sich der Effekt der Entfernung zum CBD über das
Gebäude-Alter und die Wohnungsdichte aus. Für die anderen Familientypen be-
steht ein direkter Effekt der Entfernung zum CBD. Sehr stark ist der posi-
tive Effekt der Anzahl der Räume auf den Anteil junger Familien, alter
Familien und alter Ehepaare. Junge Ehepaare und Alleinstehende wohnen dage-
gen eher in Gebieten mit kleinen Wohnungen. Unabhängig von der Größe der
Wohnung zeigt sich ein starker direkter Effekt der Wohnungsdichte auf den
Anteil der alten Familien und Ehepaare sowie der unvollständigen Familien.
Zusammen mit dem Effekt der Entfernung zeigt dies, daß die Verteilung der
Familientypen eine Funktion der unterschiedlichen Intensität der Boden-
nutzung ist. In bezug auf das Gebäude-Alter zeigt sich, daß junge Familien
eher in neuen Gebieten und Alleinstehende eher in alten Gebieten zu finden
sind. Dies korrespondiert mit dem Effekt der Entfernung zum CBD, da gilt,
je geringer die Entfernung, desto größer wird der Anteil der alten
Gebäude. Bei dem von GUEST vorgestellten Modell wird allgemein angenommen,
daß die Merkmale über die Stadt linear verteilt sind; lediglich dort, wo
die Ergebnisse nicht den Modellannahmen entsprechen, wird die Linearität
in Frage gestellt. Infolge der Auswahl der Variablen ist die Abhängigkeit
des Wohnstandortwahlverhaltens vom SES ausgeblendet. Das von GUEST ohne
weitere Diskussion herangezogene Konzept des family life cycle sieht nicht
vor, daß sich Haushalte zwar in gleicher Stellung im Familienzyklus, aber
in ungleicher sozioökonomischen Stellung befinden können und der SES das
Wohnstandortwahlverhalten unabhängig von der Stellung im Familienzyklus beeinflußt. Es kann nicht ausgeschlossen werden, daß die Ergebnisse von
GUEST insoweit Artefakte darstellen, als die (nicht näher beschriebene)
Stichprobe einen Mittelschichts-Bias aufweist.

Abb. 3-9: Pfadmodell von GUEST (1972:165)

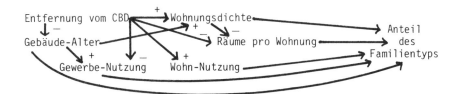

Eine Untersuchung zur empirischen Bestimmung des Zusammenhanges zwischen Altersstruktur und Struktur des Wohnungsbestandes für 107 ausgewählte census tracts des SMSA San Francisco-Oakland im Jahre 1970 legte MYERS (1978) vor, ohne allerdings theoretische Annahmen zu explizieren.er wies zunächst mittels einer Regressionsanalyse den Einfluß des Gebäude-Alters, des Anteils der Eigentümer-Haushalte und der Wohndauer auf den Anteil 5-9jähriger Kinder (der hoch korrelierte mit dem Anteil verheirateter Paare mit Kindern) nach. Dabei stellte sich ein starker negativer Effekt der Wohndauer (-.55) heraus, der zur Erhöhung der erklärten Varianz (.84) beitrug und der die Effekte der anderen beiden Variablen stark beeinflußte. Bei der Analyse des Zusammenhanges zwischen Gebäude-Alter und Wohndauer zeigte sich, daß die Wohndauer stark positiv durch den Anteil der Altbauten beeinflußt wird und daß dieser Effekt bei Eigentümern deutlich stärker ist als bei Mietern. Diese Ergebnisse bestätigen zum einen, daß die Bevölkerung in ihren Quartieren altert, also nach dem Auszug der Kinder aus dem Elternhaus eher keine Anpassungswanderung vollzieht, und daß junge Familien eher in neueren Eigentums-Wohneinheiten leben. MYERS schließt daraus, daß junge Mittelschicht-Familien nicht aus der Stadt flüchten, sondern aus ihr hinausgedrückt werden, weil sie nur ausserhalb der Stadt ihre spezifischen Wohnbedürfnisse befriedigen können.

Zum Schluß dieses Abschnittes ist noch auf die Arbeit von KNAUSS (1981) über Stuttgart hinzuweisen. Er geht von der allgemeinen Annahme aus, daß die Bevölkerungsverteilung in der Stadt ein Resultat der räumlichen Bedingungen ist. In bezug auf die Verteilung speziell der Altersgruppen lebenszyklisch argumentierend, sucht er mittels der Regressionsanalyse nach Strukturen für die Verteilung der Altergruppen der unter 6jährigen und der über 59jährigen. Hierzu legt er Regressionsgleichungen vor, von denen hier nur diejenigen angeführt werden, die den größten Determinations-Koeffizienten R^2 aufweisen und keine Variable der Bevölkerungsstruktur enthalten.
Beim Vergleich beider Regressionsgleichungen (Tab. 3-8 und 3-9) fällt auf, daß die Verteilung der beiden Altersgruppen nicht durch dieselben Variablen erklärt werden kann. Dies ist ein Hinweis darauf, daß - zumindest für Stuttgart - der Segregation dieser beiden Altersgruppen verschiedene Prozesse zugrundeliegen. Für den Anteil der Kinder an der Ortsteil-Bevölkerung ist nach Tab. 3-8 der Anteil neugebauter Wohnungen wichtiger, aber auch ein hoher Anteil vor 1918 gebauter Wohnungen (Vermutung: wegen ihrer relativ großen Wohnfläche) und die Entfernung zum CBD determinieren den Kinder-Anteil in dieser Untersuchung.

Tabelle 3-8:	Regressionsgleichung auf die abhängige Variable "Anteil der unter 6jährigen"
Konstante	3.335 (.00)
Netto-Wohnungszugang	.0233 (.00)
% Wohnungen Bj. -1918	.0383 (.00)
Entfernung v.Stadtzentrum	.0829 (.01)
R Quadrat	.43

In Klammern: Signifikanz-Niveau
Quelle: KNAUSS 1981:105

Tabelle 3-9:	Regressionsgleichug auf die abhängige Variable "Anteil der über 59jährigen"
Konstante	11.83 (.00)
% Wohnungen Bj. 1919-1948	.1266 (.00)
Waldnähe	.0387 (.02)
Höhendifferenz	.0346 (.00)
R Quadrat	.56

In Klammern: Signifikanz-Niveau
Quelle: KNAUSS 1981:107

Die Variablen "Höhendifferenz" und "Waldnähe" in der Tab. 3-9 haben in
Stuttgart stark schichtspezifischen Charakter, d.h. hier wird eher nur
die einkommenshohe alte Bevölkerung erfaßt als die Alten allgemein. Es
stellt sich die Frage, ob Alte der Mittel- und Unterschicht zahlenmäßig
nur gering in Stuttgart vertreten sind und aus Stuttgart "hinausdifferen-
ziert" wurden. Da die KNAUSSsche Arbeit keine Segregationsanalyse ist,
kann zunächst nur vermutet werden, daß die Alten der Mittel- und Unterschicht so dispers über das Stadtgebiet Stuttgarts verteilt wohnen, daß
die Methode der Regressionsanalyse diesem Phänomen nicht angemessen ist
und daß auch hier die altersspezifische Segregation von der sozialen über-
lagert wird.

3.3. Zusammenfassung

Mit der Arbeit von ROSSI (1955) ist die Migrationsforschung um die lebenszyklische Argumentation angereichert worden. Daraufaufbauend entwickelte
sich zunächst auch in der Forschung über die Segregation von alten Menschen ein entsprechender Erklärungsansatz, der dann von GUEST (1972) in
bezug auf die Segregation von Familien-Typen erweitert wurde. In der
anglo-amerikanischen Literatur ist das Bemühen, lediglich die Segregation
von Alten zu erklären, vom theoretischen Anspruch her überwunden, in der
empirischen Ausrichtung nicht.
Das Konzept der Stellung im Lebens- (Familien-) Zyklus erscheint als erklärungskräftiger, weil allgemeiner. Mit der Anwendung dieses Konzeptes
sind speziellere Ansätze zur Erklärung der Segregation von alten Menschen
überwunden, die davon ausgingen, daß alte Menschen aus der Stadt hinausge-
drängt werden oder annahmen, daß alte Menschen dort im Ghetto zurückbleiben (vgl. dazu VASKOVICS et al. 1983:7ff).
Die kausalen Erklärungsversuche sind insgesamt gesehen noch uneinheitlich
und die empirischen Ergebnisse noch ungesichert; von gesichertem Wissen
über die Determinanten der Segregation von Altersgruppen kann noch nicht
gesprochen werden. Die hier referierten Ergebnisse lassen auf nicht ermit-

telte strukturelle und historische Besonderheiten der Entwicklung einzelner Räume schließen, die ihren je besonderen Segregationsprozeß hervorbringen. Die theoretische Verallgemeinerung dieses Prozesses ist aufgrund des empirischen Forschungsstandes noch nicht möglich. Eine unkritische Übertragung der Ergebnisse US-amerikanischer Studien auf bundesdeutsche Städte verbietet sich angesichts der Folgen des 2. Weltkrieges und des stärkeren staatlichen Planungseinflusses in der BRD von selbst und braucht nicht näher begründet zu werden.

Die beschreibenden Forschungsergebnisse zeigen eine Methodenvielfalt, die die Unsicherheit im Umgang mit dem Gegenstand selbst und mit seiner Bewertung widerspiegelt. Die Methodenvielfalt und die Ergebnisse selbst sind so wenig generalisierbar, daß sie keine Vergleiche zwischen Städten und zwischen Teilgebieten einer Stadt zulassen. Der Vergleich wäre das Instrument zur Bewertung und Interpretation des Ausmaßes der Segregation, insbesondere dann, wenn z.B. die Arbeiten von COWGILL (1978) und PAMPEL & CHOLDIN (1978) so unerklärlich starke Unterschiede der Segregationswerte ergeben. Hier ist die Arbeit von VASKOVICS et al. (1983) hilfreich, die mit einer Methode das Ausmaß der Segregation in verschiedenen Städten zu verschiedenen Zeitpunkten ermittelte. Leider enthält diese Studie den nächsten, den erklärenden Schritt nicht. Zu erklären ist nicht nur die Segregation von Altersgruppen allgemein, die Erklärung muß vielmehr auch Elemente beinhalten, die das unterschiedliche Ausmaß in verschiedenen Städten erklären können. Das zeigt sich in der Arbeit von PAMPEL & CHOLDIN (1978), in der mit demselben Kausalmodell, aber mit unterschiedlichem Ergebnis zwei Städte untersucht wurden: Wirkungszusammenhänge, die nicht ausreichend verallgemeinert wurden.

Ein Mangel zeichnet alle Studien aus, soweit sie die Segregation von Altersgruppen explizit thematisieren: Sie enthalten allesamt keine Definition dessen, was sie untersuchen. So bleibt unklar, ob die Autoren nicht eher Integration meinen (z.B. SMITH & HILTNER 1975, VASKOVICS et al. 1983) oder die Abwesenheit von Altersgruppen-Vielfalt als Segregation auffassen. Es läßt sich bei keiner der Studien feststellen, ob das Meßinstrument dem theoretischen Konzept entspricht, wozu die explizite Definition dessen, was gemeint ist, Voraussetzung wäre.

Daß die verwendeten Dimensionen präziserer Operationalisierung bedürfen, zeigen einige allzu leichtfüßige Interpretationen von Variablen und Ergebnissen. Ein Beispiel für viele: CHEVAN (1982) formuliert den Anspruch, die Altersstruktur eines Quartiers ("neigborhood age structure") auf der Individualebene zu erklären; die Operationalisierung dieser abhängigen Variable erweist sich dann aber auf den Anteil der über 64jährigen reduziert.

Sowohl bei der Beschreibung als auch bei der Analyse der altersspezifi-
schen Segregation ist die Untersuchungsebene noch nicht ausreichend bewer-
tet. Ist es sinnvoll, die Segregation von Altersgruppen auf der Ebene der
Region (COWGILL 1978, LA GORY et al. 1981) oder auf der Ebene der Stadt
(SMITH & HILTNER 1975) zu untersuchen? Wenn auf der Ebene Stadt, dann un-
ter Verwendung von Ortsteil- (GUEST 1972) oder Baublock-Daten (PAMPEL &
CHOLDIN 1978)? Oder ist die Untersuchung auf der Ebene von Haushalten
(RHODA 1977) oder von Individuen (CHEVAN 1982) dem Problem angemessener?

Als Meßinstrumente werden sich die Indizes von DUNCAN & DUNCAN (1955) auch
in der Forschung über die Segregation von Altersgruppen durchsetzen,
soweit der betrachtete Raum sich in Teilgebiete untergliedern läßt. Die
Betrachtung und damit die Messung auf der Ebene eines nicht weiter unter-
gliederbaren Teilgebietes (z.B. Ortsteil, Baublock, Gebäude) oder der
Vergleich zweier Teilgebiete erfolgte bisher nicht.

4. Bevölkerungs-Suburbanisierung und Segregation von Altersgruppen
   in der Stadt

Kennzeichen der gegenwärtigen Situation der Großstädte ist ihr Bevölkerungsverlust mit Tendenz zur Stagnation (KOCH 1983:13). Zunächst verdeckt
durch den Zuzug von ausländischen Arbeitnehmern, geriet das Problem der Abwanderung der deutschen Bevölkerung aus der Stadt erst spät in das auch politische Blickfeld. Die Abwanderungen aus den Großstädten sind quantitative Umverteilungsverluste zwischen der Kernstadt und ihrem Umland: Dem Bevölkerungsverlust der Großstädte steht das gleichzeitige Anwachsen der Bevölkerung ihrer jeweiligen Umlandgebiete gegenüber. Diese Randwanderung
der Bevölkerung aus der hochverdichteten Zone der Großstädte in das weniger dicht besiedelte städtische Umland betrifft nicht alle Bevölkerungsgruppen gleichmäßig (für Hamburg: PROGNOS 1975). Junge Familien und Gutver-
dienende stellen in erster Linie die Wandernden (qualitative Verluste).
Sinkende Bevölkerungsverluste der Kernstadt oder tendentiell ausgeglichene
Wanderungssalden verdecken den qualitativen Verlust. Aber auch innerhalb
der Kernstadt ist eine Randwanderung beobachtbar: Die Großstädte der BRD
weisen eine unterschiedliche Bevölkerungsentwicklung städtischer Teilgebiete dergestalt auf, daß für zentrale innerstädtische Teilgebiete ein Bevölkerungsverlust, für Teilgebiete am Rande der Stadt dagegen ein Bevölkerungszuwachs festzustellen ist (HEUER & SCHÄFER 1976; GÖB 1977; BAATZ
1978). Diese vom Mittelpunkt der Stadt und den innerstädtischen Wohnquartieren nahe dem Stadtzentrum (dem Central Business District, CBD) wegstre-
bende Migration, an der auch hier die verschiedenen Bevölkerungsgruppen
nicht gleichmäßig beteiligt sind, wirkt sich auf die Zusammensetzung der
Bevölkerung in den abgebenden und aufnehmenden Teilgebieten innerhalb der
Stadt sowie ihres Umlandes aus; dieses Phänomen wird allgemein unter dem
Begriff Suburbanisierung zusammengefaßt.
Zur theoretischen Durchdringung dieses Phänomens der Bevölkerungsverlagerung liegt eine größere Anzahl von Arbeiten vor (AKADEMIE 1975, 1978, dort
ausführliche Verweise). Der dazu von FRIEDRICHS (1975, 1981) vorgelegte
soziologische Ansatz soll im folgenden Abschnitt dargestellt und es soll
geprüft werden, inwieweit sich darauf aufbauend die altersspezifische
Bevölkerungsverteilung in der Stadt erklären läßt. Die zum Stadtrand hin-
strebende Wanderung und die ungleiche Beteiligung der altersspezifischen
Bevölkerungsgruppen stehen dabei als zentrale, zu erklärende Sachverhalte
im Mittelpunkt; "Bevölkerungsverteilung" wird daher in erster Linie als
Prozeß und nicht nur als statische Gegebenheit anzusehen sein.
Dementsprechend sind Prozeßursachen aufzuzeigen, auf die eine bestimmte

Bevölkerungsverteilung eines Zeitpunktes zurückführbar sein muß.

Nach der Darstellung des Suburbanisierungs-Konzeptes von FRIEDRICHS erfolgt eine Begründung und Diskussion der selektiven Migration. Anschliessend wird die Bevölkerungs-Entmischung als Prozeß und als Folge von selektiver Migration behandelt. Im vierten Abschnitt wird der Zusammenhang zwischen Entmischung und räumlich ungleicher Bevölkerungsverteilung hergestellt.

Diesem Kapitel liegen Überlegungen zugrunde, die an anderer Stelle bereits in Ansätzen vorgestellt wurden (SCHÜTZ 1982a,b).

4.1. Bevölkerungs-Suburbanisierung

Die Veränderung der bundesdeutschen Städte seit Anfang der sechziger Jahre ist gekennzeichnet durch ihre Expansion: Sie dehnen sich über ihre administrativen Grenzen hinaus in ihr Umland aus, indem sich städtische Nutzungen, Funktionen und Bevölkerung dort ansiedeln. Dieser Prozeß wird in Anlehnung an anglo-amerikanische Studien als Suburbanisierungs- Prozeß bezeichnet. Die Diskussion über diesen Prozeß zeigt eine situationsbedingte Eingrenzung des Gegenstandes: Entsprechend der damaligen Lage der Großstädte wurde unter Suburbanisierung das Wachstum des Umlandes zu Lasten der Kernstadt verstanden; folglich lief die Diskussion unter der Überschrift "Stadtflucht", und das soziale Problem bestand in der durch das Abwandern einkommensstarker Haushalte schrumpfenden Stadt (AKADEMIE 1975, 1978).

Die gegenwärtige Situation der bundesdeutschen Agglomerationen erscheint jedoch als davon gekennzeichnet, daß bei tendentiell sich ausgleichenden Wanderungsströmen zwischen Kernstadt und Umland der qualitative Umverteilungsprozeß weitergeht: gegenläufige, sich nicht per saldo ausgleichende selektive Migration der Bevölkerung nach den Merkmalen sozialer Status, Alter und Nationalität. Der Begriff der Bevölkerungs-Suburbanisierung muß sich aus diesen Gründen qualitativ beziehen auf: (1) die Veränderung der Bevölkerungsstruktur von Kernstadt und Umland, (2) den Prozeß des Auseinanderdriftens beider Strukturen. Hier kann die von FRIEDRICHS gegebene Definition von Suburbanisierung herangezogen werden, mit der sowohl der strukturelle als auch der qualitative Aspekt auch der Bevölkerungs-Suburbanisierung erfaßt wird:

"Suburbanisierung = df. Verlagerung von Nutzungen und Bevölkerung aus der Kernstadt, dem ländlichen Raum oder anderen metropolitanen Gebieten in das städtische Umland bei gleichzeitiger Reorganisation der Verteilung von

Nutzungen und Bevölkerung in der gesamten Fläche des metropolitanen Gebiets." (FRIEDRICHS 1981:170)

Der darauf aufbauende Ansatz der Erklärung vermeidet die Annahme des Bevölkerungs w a c h s t u m s. Da nachfolgend die Segregation auch bei Bevölkerungsabnahme zu erklären ist, wird dieser Erklärungsansatz übernommen. Er kann wie folgt auf die Bevölkerung bezogen und zusammengefaßt werden:

Zunehmende Industrialisierung führt zum Anstieg der im tertiären Sektor Beschäftigten. Die Betriebe des tertiären Sektors treten ein in die Konkurrenz um Flächen an zentralen Standorten. Infolge dessen steigen die Bodenpreise dort, verdrängen die Wohnnutzung und führen zu einem Mangel an preiswertem Wohnraum, der nur in Außenzonen bereitgestellt werden kann. Gleichzeitig führen Einkommenssteigerungen, Haushaltsgründungen und Haushaltsteilungen zu steigendem Flächenanspruch pro Person. Verbesserte Verkehrs- und Kommunikations-Infrastruktur gestatten räumliche Mobilität und damit die Dispersion der Wohnbevölkerung. - Je größer die soziale Differenzierung der Gesellschaft, desto größer die räumliche Segregation. (FRIEDRICHS 1981:181f)

Der zuletzt genannte Aspekt zielt auf die Tatsache der selektiven Migration (Abschn. 4.2.1.) und bezieht sich auf "Reorganisation" der Bevölkerung in der zitierten Definition. Das verweist darauf, das nicht in erster Linie der Umfang der Mobilität, sondern deren Selektivität zu erklären ist.

Die Struktur-Probleme des Suburbanisierungs-Prozesses lassen sich demzufolge so zusammenfassen: Die Bevölkerungsströme zwischen Kernstadt und Umland sind selektiv. Die Ursachen der Wanderungen sind Verdrängung der Wohnnutzung durch konkurrierende Nutzung und veränderte Flächen- und Ausstattungs-Ansprüche. Die Migration ist selektiv, weil die "ökonomische Chance einzelner Personen/Haushalte (.), einen gewünschten Wohnstandort durch Migration (...) zu erlangen" (FRIEDRICHS 1981:142) oder beizubehalten, ungleich verteilt ist. Folge der Migration und deren Selektivität ist die räumliche Entmischung der Bevölkerung am alten Standort und deren homogene Zusammensetzung am neuen Standort nach bestimmten Merkmalen; Resultat ist die soziale Segregation (vgl. Abschnitt 4.4.).

In dieser kurzen Darstellung sind erfaßt: (1) die Änderung der Bevölkerungsverteilung als Prozeßgeschehen, (2) die Folge der Bevölkerungs(um)verteilung als Entmischung der Bevölkerung sowie (3) die den Prozeß in Gang setzenden Ursachen. -

Da in der vorliegenden Arbeit das Umland thematisch ausgegrenzt ist - es geht um die Segregation von Altersgruppen in der K e r n stadt - setzen wir für den Fortgang der Arbeit voraus: Kernstadt ist die Stadt in ihren administrativen Grenzen; die Begriffe Stadt, Großstadt und Kernstadt wer-

den synonym verwendet. An die Stelle des städtischen Umlandes als der Ver-
lagerungsrichtung der Bevölkerung stellen wir den Rand der Kernstadt, kon-
kreter: Durch die Bevölkerungsverlagerungen zum Stadt-Rand hin expandiert
die Stadt auch insofern, als die städtischen Randgebiete durch die Suburbanisierung "zuwachsen" (vgl. FRIEDRICHS 1975:41).

4.2. Selektive Migration und Stellung im Lebenszyklus

Als Effekte der Suburbanisierung sind für die USA sozio-ökonomische Unterschiede zwischen Kernstädten und Suburbs nachgewiesen, und zwar dergestalt, daß z.B. in den Suburbs jeweils der größere Anteil der "heads of
family" mit College-Abschluß, mit Einkommen am oberen Ende der Einkommens-
Skala sowie mit Berufen am oberen Ende der Berufs-Skala wohnen (LAZERWITZ
1960). DUNCAN & REISS (1956:62f) berichteten u.a. von höheren Geburten-
raten, höherem Anteil von Ehepaaren und geringerem Anteil berufstätiger
Frauen in Vororten gegenüber Kernstädten. Über Strukturverschiebungen
zwischen 1950 und 1970 berichten EKLUND & WILLIAMS (1978). Ähnliche Nach-
weise für die BRD liegen bisher nicht vor; die aber in diesem Zusammenhang
geführte Diskussion über "Stadtflucht" behandelt vorrangig das Abwandern
einkommensstarker und das Zurückbleiben einkommensschwacher Haushalte
(vgl. GEWOS 1978).

4.2.1. Selektive Migration

Die bereits zitierte Bestimmung der selektiven Migration als einkommensspezifisch durch FRIEDRICHS (1981:142) im Rahmen seiner soziologischen Erklärung der Suburbanisierung erscheint nicht hinreichend. Der Hinweis auf
die "ungleiche ökonomische Chance" (s. Zitat in Abschn. 4.1.) zeigt, daß
hier nicht der Migration selektiver Charakter zugeschrieben wird, sondern
der Chance, einen (bestimmten) Wohnstandort zu erlangen. Selektiv ist
diese Chance deswegen, weil die Einkommen (Materialisierung der "ökonomischen Chance") ungleich verteilt sind. FRIEDRICHS scheint mit dieser Erläuterung eher eine "selektive Wohnstandort-Erlangungschance" zu benennen,
die darauf hinweist, daß sich bestimmte Sozialschichten der Bevölkerung
nur bestimmte Wohnstandorte leisten können. Damit ist aber die Kehrseite
der einkommensspezifisch selektiven Migration, die selektive Nicht-Migra-
tion, nicht hinreichend einbezogen. Hier erscheint es angemessener, nicht
auf die Wohnstandort-Erlangung, sondern auf die Migration selbst abzustel-

len. So ließe sich "einkommensspezifisch selektive Migration" allgemeiner erklären mit der ungleichen Chance, eine gewünschte Migration zu verwirklichen. Darunter fiele die FRIEDRICHSsche Argumentation, daß die ungleiche ökonomische Chance die Erlangung eines gewünschten Wohnstandortes begrenzt, aber auch, daß die ungleiche ökonomische Chance Migration möglicherweise überhaupt verhindert, sowie der Fall, daß die ungleiche ökonomische Chance Migration verhindert, weil es an "chancen-gemäßen" Wohnstandorten fehlt. Die Begrenzung der Wohnstandort-Erlangung zielt auf die Bevölkerungs-Entmischung infolge Wanderung ab, während die beiden anderen Beispiele auf die einkommensbedingte Nicht-Wanderung hinweisen.

Nun ist das Einkommen e i n mögliches Merkmal zur Differenzierung von Bevölkerungsgruppen. Das im Mittelpunkt der vorliegenden Arbeit stehende Merkmal ist das Alter; daher wird die eigentliche Betrachtung der altersspezifisch selektiven Migration zu gelten haben. Wenn hier dennoch ausführlich vorab auf den einkommensspezifischen Aspekt der selektiven Migration eingegangen wird, so, um aus der Diskussion heraus zu einer Definition zu kommen und weil dieser Aspekt später noch einmal aufgegriffen werden wird.

Als Definition von selektiver Migration sei vorgeschlagen:

Selektive Migration = df. disproportionale Beteiligung der nach einem oder mehreren Merkmalen unterschiedenen Bevölkerungsgruppen an der Migration.

An dieser Stelle ist auch klarzustellen, welcher Migrations-Begriff der obigen Definition zugrundegelegt wird. Es zeigt sich die Schwierigkeit, daß die entsprechenden Definitionen in der Literatur (siehe die Diskussion bei OSTERWOLD 1976, dort auch ausführliche Verweise) auf der Individual-Ebene gebildet sind, die obige Definition aber ausdrücklich auf der Aggregat-Ebene angesiedelt ist. Da es nicht Aufgabe der vorliegenden Arbeit sein kann, eine entsprechende migrationstheoretische Diskussion zu führen, sei in Anlehnung an OSTERWOLD (1976:24) in dem obigen Zusammenhang unter Migration verstanden:

Migration = df. auf der Aggregat-Ebene betrachteter Wechsel des tatsächlichen Hauptwohnsitzes durch die Bevölkerung.

4.2.2. Das Lebenszyklus-Konzept

Das Individuum durchläuft mit fortschreitendem chronologischen Alter Phasen in seinem Leben, die weniger durch sein Alter beschreibbar sind als durch sozio-kulturelle Zuschreibungen, die den Charakter von Normen annehmen können. Solche Lebensphasen wären: Kindheit, Jugend, Zeit des Heran-

wachsens, generative Phase, Erwerbsleben, postgenerative Phase, Ruhestand.
Das chronologische Alter ist lediglich ein Indikator, anhand dessen einzelne Phasen voneinander abgegrenzt werden können. Der Abgrenzung selbst
muß ein theoretisches Gedankengebäude zugrundeliegen, das insoweit sozio-
kulturell geprägt ist, als es Soll-Sätze der Art "Im Alter von X Jahren
heiratet ein Mann." beinhaltet. Das Problem besteht in der Ermittlung des
in einen solchen Satz einzusetzenden Wertes: z.B. als Setzung einer Norm
durch eine gesellschaftliche Institution oder Ermittlung des gesellschaft-
lich-durchschnittlichen Alters, in dem ein Mann in der BRD zu einem bestimmten Zeitpunkt heiratet. Ein anderes Verfahren, Lebenszyklus-Phasen zu
ermitteln und voneinander abzugrenzen, ist das des Ermittelns von statistischen Regelmäßigkeiten in den Lebensläufen der Individuen (LOOMIS 1936;
GLICK 1947, 1961, 1978). So ermittelte FRIEDRICHS (1981:143) anhand einer
Klassifikation der Merkmale Alter, Familienstand und Kinderzahl den hypothetischen Lebenszyklus einer Frau in der BRD 1973. Die bundesrepublikani-
sche Frau war bei der Heirat 22,5 Jahre alt, 3 Jahre danach schenkte sie
ihrem ersten Kind, nach weiteren 5,5 Jahren ihrem zweiten Kind das Leben;
sie selbst ist 49 Jahre alt, wenn ihr zweites Kind das Elternhaus verläßt.
Das chronologische Alter zeigt auf diese Weise an, in welcher Phase eines
angenommenen Lebenszyklus sich ein Individuum befindet (Stellung im
Lebenszyklus).
Dem Konzept des Lebenszyklus, unabhängig von den Kriterien der Phasen-Ein-
teilung, liegt dabei die Hypothese zugrunde, daß Personen, die sich in der
gleichen Stellung im Lebenszyklus befinden, gleiche oder ähnliche Verhaltensweisen zeigen. Die Stellung im Lebenszyklus wird als Prädiktor für
individuelles Verhalten angesehen.
Auf eine ausführliche Diskussion des Lebenszyklus-Konzeptes kann hier
verzichtet werden.

4.2.3. Stellung im Lebenszyklus und Migration

Das soziologische Konzept des Lebenszyklus auf die Frage der räumlichen,
prozessualen Bevölkerungsverteilung in der Stadt anzuwenden bedeutet, es
auf seine Relevanz bezüglich der für die Bevölkerung existentiellen
Nutzung der Stadt hin zu untersuchen: Wohnen.
Den engen sozialpsychologischen Zusammenhang zwischen Wohnen und Lebenszyklus hat MATTHES (1978) herausgearbeitet.
Ausgehend von der von LANSING & KISH (1957) nachgewiesenen umfassenden empirischen Erklärungskraft des family life cycle, hat die empirische Migra-

tionsforschung die Migration nicht mehr nur in Abhängigkeit vom Alter der
Wandernden, sondern in Abhängigkeit ihrer Stellung im Lebenszyklus untersucht (ROSSI 1955 mit einem nur wenig elaborierten Lebenszyklus-Konzept,
dagegen zunehmend differenzierter SIMMONS 1968; SABAGH, VAN ARSDOL &
BUTLER 1969; SPEARE 1970; CHEVAN 1971; LONG 1972; PICKVANCE 1973). Die
Grundannahme lautete (und wurde jeweils bestätigt), daß Wanderungen hauptsächlich durch Änderungen im familiären Breich, wie Heirat, Geburt der Kinder, Verlassen des Elternhauses durch das letzte Kind, erklärt werden können, weil sich durch die Änderungen z.B. der Familien- oder Haushaltsgröße
andere Wohnbedürfnisse ergeben, die nach Erfüllung drängen.
Die expliziten theoretischen Annahmen über den Zusammenhang zwischen Stellung im Lebenszyklus und Migration lauten zusammengefaßt (SALINS 1971;
PICKVANCE 1973; ROBSON 1975; dort weitere Verweise): Indem das Individuum
die einzelnen Phasen des Lebenszyklus durchläuft, ändern sich seine Wohnbedürfnisse und -wünsche. Einzelpersonen und Familien ohne Kinder benötigen weniger internen und externen Wohnraum als Familien mit Kindern; sie
sind in ihren Freizeitaktivitäten auf die Vielfalt der innerstädtischen
Situation mit ihren Kontakt- und Vergnügungsmöglichkeiten orientiert; sie
leben eher in Mehrfamilienhäusern nahe dem Stadtzentrum. Mit zunehmender
Größe des Haushaltes, insbesondere durch die Geburt von Kindern, entsteht
ein zunehmender Bedarf nach Wohnraum und größeren Außenflächen bei gleichzeitigem Rückgang der Nachfrage nach innerstädtischen Freizeit-Aktivitäten
durch stärkere Orientierung auf innerfamiliäre Aktivitäten; der erhöhte Bedarf läßt sich eher am Stadtrand als in den Innenstadt-Bezirken befriedigen. Verlassen die Kinder das elterliche Haus, so vermindern sich damit
die Anforderungen an die Größe des zur Verfügung stehenden Wohnraums; die
nunmehr alleinstehenden Eltern wandern zurück in die Stadt, in der sie
eher ihre altersspezifische Infrastruktur, wie z.B. im Gesundheitswesen,
erreichbar vorfinden.
Dieses eher bedürfnis-theoretische Konzept will auf diese Weise die Bestimmung (1) des Wohnstandortes der verschiedenen lebenszyklus-phasenspezifischen Bevölkerungsgruppen in der Stadt und (2) des Verteilungsprozesses
leisten.
Zu (1): In diesem Konzept ist die Vorstellung einer konzentrischen Struktur der Stadt nach BURGESS (1925, 1929) enthalten: Der kapitalintensive
Boden um den CBD bedingt die Bebauung mit Mehrfamilienhäusern, die zu
einer renditeabhängigen Wohndichte führt. Hier in den hochverdichteten,
innerstädtischen Wohnvierteln wohnen die Alleinstehenden und die kinderlosen Ehepaare. Mit zunehmender Entfernung zum Stadtzentrum nimmt der Bodenpreis ab, so daß auch die Wohndichte abnimmt. Größere Grundstücke mit

Einzelhaus-Bebauung sind demzufolge aus finanziellen Gründen die städtischen Randlagen (vgl. BERRY & HORTON 1970).

Nun ist dieses konzentrische Muster eher eine Idealvorstellung. In bezug auf den Bodenpreis und die dadurch bedingte Bebauung werden sich immer dann Abweichungen einstellen, wenn eine Stadt über eine innerhalb des Wohngebietes gelegene Besonderheit verfügt, wie z.B. einen Park oder einen See. In der Regel liegen die Bodenpreise in der Nähe solcher Besonderheiten infolge der Attraktivität der Grundstücke über dem Durchschnitt. Der dort relativ höhere Kapitalaufwand zieht hier einen absolut höheren Bodenzins mit entsprechend intensiver Nutzung des Bodens und/oder entsprechend "leistungsfähigen" Einkommens- und Sozialschichten nach sich.

Zu (2): Nach diesem Konzept sind Wanderungen nur als A n p a s s u n g s - wanderungen (ROSSI 1955:9; SIMMONS 1968; POPENOE 1973) erklärbar, denen damit implizit eine "Automatik" zugeschrieben wird: Immer dann, wenn ein Wechsel der Lebenszyklus-Phase eintritt, erfolgt eine Wanderung. Diese Annahme der Automatik, ganz deutlich bei SALINS (1971:239), ist aber nicht vereinbar mit den merklich geringeren Mobilitätsraten für diejenigen, die in der nach-elterlichen oder einer späteren Lebensphase stehen (GOLD-SCHEIDER, VAN ARSDOL & SABAGH 1966; GOLANT 1972; DOLING 1976). SHELDON (1958:34) wies für die Suburbs von New York, Chicago und Los Angeles nach, daß die Bevölkerung in ihren Vororten altert. Die Ergebnisse von HOOVER & VERNON (1959: 233f) stellen für New York die Rückwanderungsthese bezüglich der älteren Suburb-Bewohner ebenfalls in Frage. Darüber hinaus sind Anzeichen dafür vorhanden, daß bei Älteren Anpassungswanderungen, wenn überhaupt, erst mit beträchtlicher zeitlicher Verzögerung nach dem hier theoretisch angenommenen Anlaß eintreten (GOLANT 1972:42). Aber auch für Familien mit Kindern ist dieser Zusammenhang nach SANDEFUR & SCOTT (1981) nicht eindeutig. Die Autoren haben in ihrer Studie über intercounty und interstate mobility belegen können, daß in frühen Jahren des Familienzyklus' Änderungen in dessen Position zu Wanderungen führen, aber in späteren Jahren des Familienzyklus' ist dieser Zusammenhang nur sehr schwach.

Die empirische Migrationsforschung, soweit sie Mobilität in Abhängigkeit vom Lebenszyklus untersucht, kann mit ihrem Ergebnis "Die Wanderungen sind auf Änderungen im Lebenszyklus zurückzuführen" nur die Wanderung, aber nicht die Nicht-Wanderung erklären. Sie kann von ihrem Ergebnis nicht im Umkehr-Schluß auf die Nicht-Wanderung schließen, etwa: "Nicht-Wanderungen sind auf die Persistenz der Lebenssyklus-Phase zurückzuführen". Zu erklären bleibt, (1) warum Individuen oder Familien, die in eine andere Lebenszyklus-Phase eintreten, nicht wandern; (2) warum Individuen oder Familien, bei denen keine Änderung in der Stellung im Lebenszyklus eingetreten ist, dennoch wandern. Diese beiden Fragen zeigen, daß es nicht ausreicht, Migration allein durch die Stellung im Lebenszyklus zu erklären. Gleichwohl kann mit SPEARE (1970), CHEVAN (1971) und LONG (1972) davon ausgegangen werden, daß mit dieser Erklärung der Hauptteil der intra-städtischen Migration bestimmbar ist.

Ist dies so richtig, so kann das Lebenszyklus-Konzept mit einiger Berechtigung auch zur Erklärung der altersspezifischen Bevölkerungsverteilung in der Stadt herangezogen werden (vgl. LANSING & MUELLER 1964:11).

4.2.4. Stellung im Lebenszyklus und selektive Migration

Die erklärende Variable zwischen Differenzierung der städtischen Bevölkerung nach ihrer Stellung im Lebenszyklus und der Migration ist die Unterschiedlichkeit der Wohnbedürfnisse in Abhängigkeit von der Stellung im Lebenszyklus (ABU-LUGHOD & FOLEY 1960:131). Migration ist der Prozeß, über den Wohnbedürfnisse und Wohnwirklichkeit tendentiell zum Ausgleich gebracht werden.

Die Unterschiedlichkeit der Wohnbedürfnisse nach der Stellung im Lebenszyklus führt dazu, daß nicht alle lebenszyklus-phasenspezifischen Bevölkerungsgruppen gleichmäßig an der Migration beteiligt sind (GOODMAN 1978: 13). So ist diejenige Bevölkerungsgruppe, deren entstehender oder durch zunehmende Familiengröße steigender Wohnraumbedarf unabweisbar wird, an der Migration, gemessen an ihrem Bevölkerungsanteil, überproportional beteiligt. Es sind dies die 20- 35jährigen (SIMMONS 1968; BOUSTEDT 1972:391); in diese Altersgruppe fallen die Ablösung vom Elternhaus, Familiengründung und Geburt des ersten Kindes - Ereignisse, die überwiegend mit Umzügen in andere, meist größere Wohnungen verbunden sind (FRIEDRICHS 1981:144). Auf die Anzeichen, die andererseits darauf hindeuten, daß ältere Personen unterproportional an der Migration beteiligt sind, hatten wir bereits hingewiesen; auf allgemein rückläufige Mobilitätsraten mit zunehmendem Alter weisen GLICK (1957), SPEARE (1970) und GOLANT (1972) hin.

Die disproportionale Beteiligung von Altersgruppen an den Wanderungen bedeutet aber altersspezifisch selektive Migration. Daß diese zu räumlichen Entmischungsprozessen führt, wird im nachfolgenden noch ausführlich zu begründen sein.

Die Migration muß insgesamt als doppelt selektiv gekennzeichnet werden: Sie ist (a) abhängig von den finanziellen Ressourcen und (b) von Veränderungen der Stellung im Lebenszyklus; selektiv ist sie, weil an ihr nicht alle Bevölkerungsgruppen nach ihrem Einkommen und/oder nach ihrer Stellung im Lebenszyklus proportional teilhaben: einkommenspezifische und lebenszyklus-phasenspezifische Migration.

Beide Dimensionen Einkommen und Stellung im Lebenszyklus sind nicht unabhängig voneinander: Das Einkommen variiert mit dem Alter und kann seinerseits als lebenszyklus-phasenspezifisch angesehen werden. Ihr Zusammenhang ist in der Regel nicht linear: Ein 20jähriger Mann steht zu Beginn seiner Berufstätigkeit eher am unteren Ende der beruflichen Einkommens-Hierarchie; ein 45jähriger Mann ist in seiner beruflichen Karriere weiter fortgeschritten und steht in der beruflichen Einkommens-Hierarchie über dem 20-jährigen. Ein 65jähriger Rentner wird im Vergleich zu seiner Berufstätigkeit Einkommenseinbußen hinzunehmen haben. Direkte lebenszyklus-phasenspezifische Einkommens-Anteile wie Kindergeld und Ortszuschläge im öffentlichen Dienst können dabei vernachlässigt werden.

Dieser Zusammenhang zwischen Einkommen und Stellung im Lebenszyklus ist für die USA gut belegt (z.B. LYDALL 1955; HERVEY 1966; OPPENHEIMER 1974; vgl. SCHMUCKER 1956) und auch in bezug auf die Besitzbildungschance untersucht worden (LANSING & MORGAN 1955; MCLEOD & ELLIS 1982). Wenngleich dieser Zusammenhang bisher nicht in einer Längsschnitt-Studie untersucht wurde, so reicht der empirische Befund zu der Aussage, daß die Einkommensverteilung über den Lebenszyklus nicht linear und daß sie kohortenspezifisch ist. Für den hier in Rede stehenden Sachverhalt bedeutet dies im Extremfall: Zwei Personen derselben SES-Stufe und derselben Stellung im Lebenszyklus, aber ungleichen Alters, unterscheiden sich in der Einkommenshöhe und haben daher eine ungleiche Chance, eine Migration zu verwirklichen und einen bestimmten Wohnstandort zu erlangen.

Einkommen wirkt daher zum einen nicht nur schichtspezifisch selektiv, sondern auch altersspezifisch selektiv auf die Migration. Weiterhin wirkt auf die Migration der sekundäre Einkommenseffekt der mit der Dauer der Erwerbstätigkeit steigenden Besitzbildungschance (vgl. LANSING & MORGAN 1955; SCHMUCKER 1956:14). Der Wunsch nach einem Eigenheim z. B. und dessen Erfüllung können unabhängig von einer Veränderung im SES oder der Stellung im Lebenszyklus zu einer selektiven Migration führen und bleibt doch zurückführbar auf die Altersvariable. So nimmt COWGILL (1978) einen negativen kausalen Zusammenhang an zwischen dem Eigentümer-Anteil eines Ortsteils und dessen Veränderung der Altersstruktur. Mit der Möglichkeit zur Besitzbildungschance unter der Voraussetzung einer 40jährigen Erwerbstätigkeit interpretiert WILLIE (1960) das Ergebnis seiner Untersuchung in Syracuse, N.Y./USA, wo er 1940 und 1950 einen überproportional zunehmenden Anteil

50-59jähriger in Teilgebieten mit hohem SES fand. Er schloß daraus auf
eine vertikale soziale Mobilität während der Lebensspanne in den voraufge-
gegangenen 20 Jahren, die zu einer entsprechenden Migration in Teilgebiete
hinein mit hohem SES geführt habe. In einer Untersuchung über Hauskäufer
in Birmingham 1970 kommt DOLING (1976) zu dem Schluß, daß zwar die Vergrös-
serung der Wohnfläche durch Veränderung der Stellung im Lebenszyklus beeinflußt sei, der Wechsel des Wohnstandortes aber zurückzuführen sei auf die
Eigentumsbildung im Verlaufe des Lebenszyklus. Sieht man davon ab, daß es
sich nicht um eine Längsschnitt-Untersuchung handelt - daher werden hier
wohl eher kohorten-spezifische Besitzbildungschancen gemessen worden
sein -, so kann hier festgehalten werden, daß in der untersuchten repräsen-
tativen Stichprobe die Hauskäufer der beiden ältesten Lebenszyklus-Phasen
(jünger als 40 Jahre mit Kindern; älter als 40 Jahre ohne Kinder) ein grös-
seres und damit teureres Haus kauften, eine größere monatliche Belastung
und eine geringere Hypotheken-Laufzeit bei höherem Einkommen eingingen als
die beiden jüngeren Lebenszyklus-Gruppen.

Indem hier auf die Verknüpfung zwischen Stellung im Lebenszyklus und Einkommen eingegangen wurde, sollte deutlich gemacht werden, daß eine rein
ökonomisch oder rein lebenszyklisch argumentierende Herleitung der selektiven Migration nicht angemessen ist. Dies mögen VASKOVICS et al. (1983:15)
bedauern, weil dadurch die Überprüfbarkeit der Theorie erschwert werde,
diese Betrachtungsweise kommt aber dem hier in Rede stehenden Gegenstand
näher.
Wir fassen zusammen: Migration ist nach den Merkmalen Stellung im Lebenszyklus und Einkommen selektiv. Einkommen ist nicht nur abhängig vom SES,
sondern auch von der Stellung im Lebenszyklus.

4.3. Altersgruppen-spezifische Migration und Bevölkerungs-Entmischung

Im vorigen Abschnitt hieß es, selektive Migration führe zu Erscheinungen
der räumlichen Bevölkerungs-Entmischung. Nachfolgend soll dies auf altersspezifische Bevölkerungsgruppen angewendet, begründet und die verschiedenen Aspekte der Entmischung aufgezeigt werden.
Die Betrachtung von altersspezifischen Bevölkerungsgruppen erfordert es,
präzise von alters g r u p p e n - spezifischer Entmischung zu sprechen.
Der Lesbarkeit wegen sei es erlaubt, die Begriffe "altersspezifisch" und
"altersgruppen-spezifisch" synonym zu verwenden, auch dort, wo explizit
von Alters-Gruppen die Rede ist.

4.3.1. Zur Definition

Im soziologischen Konzept der Bevölkerungs-Suburbanisierung bezeichnet der
Begriff der Entmischung den Prozeß der Veränderung der Bevölkerungsstruktur durch selektive Migration. Bezogen auf die altersspezifischen Bevölkerungsgruppen in einer Stadt, ist der Betrachtungsgegenstand die Altersstruktur.

Altersstruktur = df. die Anteile aller Altersgruppen einer Bevölkerung an
der Gesamtzahl der Bevölkerung einer räumlichen Einheit zu einem Zeitpunkt.

Entmischung der Altersstruktur wäre nicht zureichend definiert als Verrin-
gerung der Anzahl der Altersgruppen. Eine solche Entmischung wäre augenfällig gegeben, wenn sich in einem Teilgebiet zum Zeitpunkt t_2 nur noch vier
Altersgruppen finden, aber vorher zum Zeitpunkt t_1 fünf Altersgruppen fest-
stellbar waren. Dies dürfte aber, im Gegensatz zu ethnischen oder berufsge-
gliederten Bevölkerungsgruppen in städtischen Teilgebieten, jedenfalls
oberhalb der Baublock-Ebene, nicht zu erwarten sein. Anzunehmen ist vielmehr, daß sich durch selektive Migration nur das anteilsmäßige Verhältnis
der Altersgruppen zueinander verändert. Entmischung wäre also eher als Veränderung der Struktur-Verhältnisse zu sehen. Dies führt zu dem Problem der
Einführung eines Maßstabes für die Beurteilung der Veränderung.

Dieses Problem ist ebenfalls relevant in bezug auf die Segregation von Altersgruppen (Abschnitt 4.4.1.); da es dort zusätzlich um die theoretischen
Grundlagen für ein entsprechendes Meßinstrument geht, sei hier das Ergebnis ohne die dortigen Erörterungen vorweggenommen: Grundlage für die Beurteilung der altersgruppen-spezifischen Bevölkerungs-Entmischung in den
Ortsteilen soll die Altersstruktur der Stadt vor Beginn des Entmischungs-
prozesses sein. Als Definition wird vorgeschlagen:

Altersgruppen-spezifische Bevölkerungs-Entmischung = df. Prozeß der zunehmenden Disproportionalität der Altersgruppen-Anteile der Bevölkerung eines
Teilgebiets, gemessen an den Altersgruppen-Anteilen der Bevölkerung des Gesamt-Gebietes infolge altersspezifisch selektiver Migration.

Diese Definition berücksichtigt die theoretische Möglichkeit sowohl der
proportionalen als auch der disproportionalen Altersverteilung zu Beginn
des Prozesses. Zunehmende Disproportionalität infolge generativen Verhal-
tens fällt nicht unter diese Definition, kann aber für die empirische Untersuchung als sekundäre Folge altersspezifisch selektiver Migration relevant werden (vgl. FREYSSENET 1971; HENRY 1960).

Eine gewisse Schwierigkeit dieser Definition liegt darin, daß sie die Folgen solcher altersspezifisch selektiven Migrationen, die zum Gegenteil der Entmischung führt, nicht abdeckt. Theoretisch ist eine solche Migration denkbar, die in einem Teilgebiet zu einer, im Sinne der obigen Definition, proportionalen Altersverteilung führt. Definitionsgemäß wäre dies keine Bevölkerungs-Entmischung. Hier ist aber zu bedenken, daß es keinen Grund gibt für die Annahme, die selektive Migration ende automatisch in dem Punkt, in dem die Altersstruktur des Teilgebietes der Altersstruktur des Gesamt-Gebietes entspricht. Vielmehr ist anzunehmen, daß die selektive Migration fortdauernd über den Punkt der Proportionalität hinaus wieder zur Disproportionalität der Altersgruppen in einem Teilgebiet führt. Diesem Sonderfall könnte Rechnung getragen werden, indem nicht mehr von Entmischen, sondern lediglich von Änderung der Altersstruktur gesprochen wird, will man die Folge altersspezifisch selektiver Migration benennen. Davon soll jedoch abgesehen werden, weil die Abweichung der Altersstruktur eines Teilgebietes von der des Gesamt-Gebietes als Regelfall anzusehen ist. Statt dessen soll der Sonderfall der zunehmenden Proportionalität als im Vorstadium befindliche Entmischung angesehen werden, der es in einer empirischen Untersuchung ebenfalls Aufmerksamkeit zu schenken gilt.

4.3.2. Altersgruppen-spezifisch selektive Migration und altersgruppenspezifische Entmischung

Die Bedingungen, unter denen altersspezifisch selektive Migration die Altersstruktur der Teilgebiete n i c h t verändert, sind sehr restriktiv: (1) wenn alle Wandernden nur innerhalb des Teilgebietes wandern, in dem sie ihren bisherigen Wohnstandort hatten, oder (2) wenn jedem das Teilgebiet Verlassenden ein Zuziehender derselben Altersgruppe gegenübersteht. Zu (1): Diese Bedingung beinhaltet sowohl die Voraussetzung der stagnierenden Bevölkerungszahl als auch implizit die Konstanz des Angebotes sowie der Nachfrage von Wohnungen. Die gegenwärtige Situation der Großstadt ist jedoch gekennzeichnet durch deren Expansion infolge Flächenanspruchssteigerung und Nutzungskonkurrenz bei rückläufiger oder stagnierender Einwohnerzahl. Nutzungskonkurrenz meint die Verdrängung der Wohnfunktion zugunsten des bzw. durch den tertiären Sektor (vgl. für Hamburg PFEIL 1967; RHODE 1977; darüber hinausführend FRIEDRICHS 1981:161ff); diese führt zur Verdrängung der Wohnbevölkerung aus der transitorischen Zone der Städte in andere, in der Regel peripher gelegene Teilgebiete. Die Flächenanspruchssteigerung meint den erhöhten Wohnraumbedarf pro Einwohner, der in der

Regel ebenfalls eher in den peripher gelegenen Neubauten befriedigt werden
kann. Beide Komponenten bedeuten einen Zuwachs an Wohnraum, der nicht dort
erfolgt, wo die innerstädtischen Migranten ausziehen.

Zu (2): Betrachtet man die Migranten als Haushalte mit einer lebenszyklus-
phasenspezifischen Altersstruktur, so bedeutet diese Bedingung, daß per
saldo in jedem städtischen Teilgebiet ein wegziehender Haushalt durch
einen zuziehenden Haushalt der gleichen Altersstruktur ersetzt werden
müßte. Unter der oben eingeführten Annahme, daß innerstädtische Wanderungen lebenszyklus-phasenspezifische Anpassungs-Wanderungen sind, erscheint
diese Bedingung ebenfalls als zu restriktiv und deswegen nicht realistisch.

Die Restriktivität dieser Bedingungen macht die Unmittelbarkeit der die
Altersstruktur der Teilgebiete beeinflussenden Migration deutlich. Altersspezifisch selektive Migration teilt sich also in selektiven Wegzug und
selektiven Zuzug, beide mit der Folge der altersspezifischen Entmischung
des abgebenden und des aufnehmenden Teilgebietes.

Wir behaupten daher, daß selektive Migration nur dann keinen entmischenden
Effekt haben wird, wenn

> die Altersstruktur der Teilgebiete zum Zeitpunkt t_1 gleich der der
> Stadt ist und
> selektive Migration auf der Ebene der Stadt und auf der Ebene der
> Teilgebiete vorliegt und
> sich die Altersstruktur der Migranten zwischen den Ebenen Stadt und
> Teilgebiet nicht unterscheidet und
> zum Zeitpunkt t_2 die Altersstruktur sowohl der Stadt als auch der
> Teilgebiete der Altersstruktur zum Zeitpunkt t_1

entspricht. Ist nur ein Teil der Wenn-Komponente nicht erfüllt, so wird
Migration entmischende Wirkung haben.

Da sowohl selektive Migration als auch Entmischung Grundlagen für die nachfolgende inhaltliche Bestimmung der Segregation sind, muß diese Behauptung
belegt werden. Dazu werden die nachfolgenden acht Fälle konstruiert und
zur Vereinfachung der Argumentation vorausgesetzt: Es werden nur die Wanderungen aus der Stadt hinaus betrachtet, Zuwanderungen von außen in die
Stadt bleiben unberücksichtigt; der Beobachtungszeitraum ist kurz, daher
kann das generative Verhalten der Bevölkerung ebenfalls unberücksichtigt
bleiben kann. Es sind zu unterscheiden:
(1) Die Altersstruktur der Bevölkerung zu Beginn des Beobachtungszeitraumes (t_1). (2) Die Altersstruktur der während des Beobachtungszeitraumes

wandernden Bevölkerung. (3) Die Altersstruktur der Bevölkerung zu Ende des Beobachtungszeitraumes (t_2). (4) Entsprechend der Definition der Entmischung ist zu differenzieren: Altersstruktur der Bevölkerung auf der Ebene Stadt und auf der Ebene Teilgebiet sowie (5) Altersstruktur der Migranten auf der Ebene Gesamt-Gebiet und auf der Ebene Teilgebiet. Tabelle 4-1 gibt einen Überblick über die so gebildeten Fälle.

Tab. 4-1: Zusammenstellung der hypothetischen Fälle

Altersstruktur der Teilgebiete gleich/ungleich der der Stadt, t_1	Selektive Migration auf der Ebene Stadt	Selektive Migration auf der Ebene TG	Die Altersstruktur der Migranten unterscheidet sich auf den Ebenen Stadt/Teilgebiet	Altersstruktur t_2 gleich/ungleich t_1 Stadt	Altersstruktur t_2 gleich/ungleich t_1 Teilgebiet	Altersstruktur der Teilgebiete gleich/ungleich der der Stadt, t_2	Fall-Nr.
gleich	nein	nein	nein	gleich	gleich	gleich	1
gleich	ja	ja	nein	ungleich	ungleich	gleich	2
gleich	nein	ja	ja	gleich	ungleich	ungleich	3
gleich	ja	ja	ja	ungleich	ungleich	ungleich	4
ungleich	nein	nein	nein	gleich	ungleich	ungleich	5
ungleich	nein	ja	ja	gleich	ungleich	ungleich	6
ungleich	ja	ja	nein	ungleich	ungleich	ungleich	7
ungleich	ja	ja	ja	ungleich	ungleich	ungleich	8

1.Fall: Weicht zum Zeitpunkt t_1 die Altersstruktur keines der Teilgebiete von der Altersstruktur der Stadt ab (Altersverteilung - AV 1) und liegt keine altersspezifisch selektive Migration vor (AV 2), so zeigen die Altersstrukturen weder der Stadt noch der Teilgebiete zum Zeitpunkt t_2 eine Veränderung auf (AV 3).

Altersverteilung 1 (der Bevölkerung, t_1)

	Altersgruppen							
	A		B		C		gesamt	
	a	%	a	%	a	%	a	%
TG 1	150	30	100	20	250	50	500	100
TG 2	150	30	100	20	250	50	500	100
Stadt	300	30	200	20	500	50	1000	100

Erläuterung: TG = Teilgebiet; a = absolute Zahlen

Altersverteilung 2 (der Migranten)

	Altersgruppen							
	A		B		C		gesamt	
	a	%	a	%	a	%	a	%
TG 1	75	30	50	20	125	50	250	100
TG 2	75	30	50	20	125	50	250	100
Stadt	150	30	100	20	250	50	500	100

Altersverteilung 3 (der Bevölkerung, t_2)

	Altersgruppen							
	A		B		C		gesamt	
	a	%	a	%	a	%	a	%
TG 1	75	30	50	20	125	50	250	100
TG 2	75	30	50	20	125	50	250	100
Stadt	150	30	100	20	250	50	500	100

2.Fall: Weicht zum Zeitpunkt t_1 die Altersstruktur keines der Teilgebiete
von der Altersstruktur der Stadt ab (AV 1) und liegt altersspezifisch
selektive Migration vor (AV 4), so verändert sich die Altersstruktur der
Stadt und seiner Teilgebiete zum Zeitpunkt t_2 in gleichem Maße, ohne
voneinander abzuweichen, wenn die Migranten-Altersstruktur auf der Ebene
der Teilgebiete übereinstimmt mit der der Stadt.

Altersverteilung 4 (der Migranten)

	A		B		C		gesamt	
	a	%	a	%	a	%	a	%
TG 1	50	22,2	50	22,2	125	55,6	225	100
TG 2	50	22,2	50	22,2	125	55,6	225	100
Stadt	100	22,2	100	22,2	250	55,6	450	100

Altersverteilung 5 (der Bevölkerung, t_2)

	A		B		C		gesamt	
	a	%	a	%	a	%	a	%
TG 1	100	36,3	50	18,2	125	45,5	275	100
TG 2	100	36,3	50	18,2	125	45,5	275	100
Stadt	200	36,3	100	18,2	250	45,5	550	100

3.Fall: Weicht zum Zeitpunkt t_1 die Altersstruktur keines der Teilgebiete
von der Altersstruktur der Stadt ab (AV 1) und liegt keine altersspezifisch selektive Migration auf der Ebene Stadt vor, so kommt es dennoch zur Entmischung zum Zeitpunkt t_2, wenn die Altersstruktur der
Migranten aller Teilgebiete nicht der der Stadt entspricht (AV 6); die Entmischung betrifft dann jedoch nur die Teilgebiete, die Altersstruktur der
Stadt bleibt unverändert (AV 7).

Altersverteilung 6 (der Migranten)

	A		B		C		gesamt	
	a	%	a	%	a	%	a	%
TG 1	80	32	70	28	100	40	250	100
TG 2	70	28	30	12	150	60	250	100
Stadt	150	30	100	20	250	50	500	100

Altersverteilung 7 (der Bevölkerung, t_2)

	A		B		C		gesamt	
	a	%	a	%	a	%	a	%
TG 1	70	28	30	12	150	60	250	100
TG 2	80	32	70	28	100	40	250	100
Stadt	150	30	100	20	250	50	500	100

4.Fall: Weicht zum Zeitpunkt t_1 die Altersstruktur keines der Teilgebiete
von der Altersstruktur der Stadt ab (AV 1) und liegt altersspezifisch
selektive Migration vor, so führt nur die auf den Ebenen Stadt und
Teilgebiet unterschiedliche Altersstruktur der Migranten (AV 8) zu einer
Entmischung zum Zeitpunkt t_2 auf beiden Ebenen (AV 9).

Altersverteilung 8 (der Migranten)

	A		B		C		gesamt	
	a	%	a	%	a	%	a	%
TG 1	30	15,0	70	35,0	100	50,0	200	100
TG 2	50	28,0	30	12,0	150	60,0	250	100
Stadt	100	22,2	100	22,2	250	55,6	450	100

Altersverteilung 9 (der Bevölkerung, t_2)

	A		B		C		gesamt	
	a	%	a	%	a	%	a	%
TG 1	120	40,0	30	10,0	150	50,0	300	100
TG 2	80	32,0	70	28,0	100	40,0	250	100
Stadt	200	36,3	100	18,2	250	45,5	550	100

Zwischenergebnis: Zu unterscheiden sind (1) Entmischung aufgrund altersspezifisch selektiver Migration lediglich auf der Ebene Teilgebiet
(Fall 3), (2) Entmischung aufgrund altersspezifsch selektiver Migration
lediglich auf der Ebene Stadt, die aber nicht zu unterschiedlichen Änderungen der Altersstrukturen der Teilgebiete und der Stadt führen (Fall 2);
(3) Entmischung aufgrund altersspezifisch selektiver Migration sowohl auf
der Ebene Stadt als auch auf der Ebene Teilgebiet, die aber beide Ebenen
unterschiedlich betreffen mit der Folge, daß sich die Altersstrukturen
beider Ebenen unterschiedlich ändern (Fall 4).

In den nachfolgenden Beispielen ist die Gleichsetzung der Altersstruktur
der Teilgebiete mit der der Stadt aufgegeben zugunsten der realistischeren
Annahme der Unterschiedlichkeit der Altersstrukturen auf beiden Ebenen.

5.Fall: Weichen zum Zeitpunkt t_1 die Altersstrukturen der Ebenen Stadt und
Teilgebiet voneinander ab (AV 10) und liegt keine selektive Migration vor
(AV 11), so unterscheidet sich zum Zeitpunkt t_2 die Altersstruktur der
Stadt nicht von der im Zeitpunkt t_1; die Altersstrukturen der Teilgebiete
weichen jedoch im Zeitpunkt t_2 von denen im Zeitpunkt t_1 ab (AV 12).

Altersverteilung 10 (der Bevölkerung, t_1)

	A		B		C		gesamt	
	a	%	a	%	a	%	a	%
TG 1	120	33,3	90	25,0	150	41,7	360	100
TG 2	180	28,1	110	17,2	350	54,7	640	100
Stadt	300	30,0	200	20,0	500	50,0	1000	100

Altersverteilung 11 (der Migranten)

	A		B		C		gesamt	
	a	%	a	%	a	%	a	%
TG 1	75	30	50	20	125	50	250	100
TG 2	75	30	50	20	125	50	250	100
Stadt	150	30	100	20	250	50	500	100

Altersverteilung 12 (der Bevölkerung, t_2)

	A		B		C		gesamt	
	a	%	a	%	a	%	a	%
TG 1	45	40,9	40	36,4	25	22,7	110	100
TG 2	105	26,9	60	15,4	225	57,7	110	100
Stadt	150	30,0	100	20,0	250	50,0	500	100

6.Fall: Weichen zum Zeitpunkt t_1 die Altersstrukturen der Ebenen Stadt und
Teilgebiet voneinander ab (AV 10) und liegt altersspezifisch selektive
Migration auf der Ebene Teilgebiet, aber nicht auf der Ebene Stadt vor
(AV 13), so verändert sich dadurch zum Zeitpunkt t_2 lediglich die
Altersstruktur der Teilgebiete (AV 14).

Altersverteilung 13 (der Migranten)

	A		B		C		gesamt	
	a	%	a	%	a	%	a	%
TG 1	100	33,3	80	26,7	120	40	300	100
TG 2	50	25,0	20	10,0	130	65	200	100
Stadt	150	30,0	100	20,0	250	50	500	100

Altersverteilung 14 (der Bevölkerung, t_2)

	A		B		C		gesamt	
	a	%	a	%	a	%	a	%
TG 1	20	33,3	10	16,7	30	50	60	100
TG 2	130	29,5	90	20,5	220	50	440	100
Stadt	150	30,0	100	20,0	250	50	400	100

7.Fall: Weichen zum Zeitpunkt t_1 die Altersstrukturen der Ebenen Stadt und Teilgebiet voneinander ab (AV 10) und betrifft die altersspezifisch selektive Migration beide Ebenen in gleichem Maße (AV 15), so ändern sich zum Zeitpunkt t_2 die Altersstrukturen auf beiden Ebenen unterschiedlich (AV 16).

Altersverteilung 15 (der Migranten)

	A		B		C		gesamt	
	a	%	a	%	a	%	a	%
TG 1	50	22,2	50	22,2	125	55,6	225	100
TG 2	50	22,2	50	22,2	125	55,6	225	100
Stadt	100	22,2	100	22,2	250	55,6	450	100

Altersverteilung 16 (der Bevölkerung, t_2)

	A		B		C		gesamt	
	a	%	a	%	a	%	a	%
TG 1	70	51,9	40	29,6	25	18,5	135	100
TG 2	130	31,3	60	14,5	225	54,2	415	100
Stadt	200	36,3	100	18,2	250	45,5	550	100

8.Fall: Weichen zum Zeitpunkt t_1 die Altersstrukturen der Ebenen Stadt und Teilgebiet voneinander ab (AV 10) und betrifft die altersspezifisch selektive Migration beide Ebenen ungleich (AV 17), so ändern sich zum Zeitpunkt t_2 die Altersstrukturen auf beiden Ebenen unterschiedlich (AV 18).

Altersverteilung 17 (der Migranten)

	A		B		C		gesamt	
	a	%	a	%	a	%	a	%
TG 1	30	15,0	70	35,0	100	50,0	200	100
TG 2	70	28,0	30	12,0	150	60,0	250	100
Stadt	100	22,2	100	22,2	250	55,6	450	100

Altersverteilung 18 (der Bevölkerung, t_2)

	A		B		C		gesamt	
	a	%	a	%	a	%	a	%
TG 1	90	56,3	20	12,5	50	31,2	160	100
TG 2	110	28,2	80	20,5	200	51,3	390	100
Stadt	200	36,3	100	18,2	250	45,5	550	100

Zwischenergebnis: Allein die Unterschiedlichkeit der Altersstrukturen beider Ebenen führt zu einer veränderten Altersstruktur der Teilgebiete, auch wenn die Migration nicht altersspezifisch selektiv ist (Fall 5). Altersspezifisch selektive Migration, die nur die Teilgebiete betrifft, führt zu einer Veränderung der Altersstrukturen der Teilgebiete (Fall 6). Altersspezifisch selektive Migration nur auf der Ebene Stadt führt nur dann zu Änderungen im Verhältnis der Altersstrukturen auf beiden Ebenen, wenn zum Zeitpunkt t_1 die Altersstrukturen der beiden Ebenen bereits unterschiedlich waren (Fall 7).
Bei den Fällen 1 bis 4 war von Entmischung der Altersstruktur, bei den Fäl-

len 5 bis 8 von Veränderung der Altersstruktur die Rede. Dies weist auf
eine Schwierigkeit hin. Entmischung definierten wir oben als "Prozeß der
zunehmenden Disproportionalität". Bei den Fällen 2 bis 4 ist diese zunehmende Disproportionalität deutlich geworden, weil sie dort auf der Grundlage einer Gleichverteilung zustande kam. Die Fälle 5 bis 8 haben demgegenüber bereits als Ausgangspunkt eine Disproportionalität, so daß die Schwierigkeit besteht, z.B. die AV 16 eindeutig als disproportionaler als die
AV 10 identifizieren zu können.
Zur Prüfung, ob das Ergebnis z.B. der altersspezifisch selektiven Migration der AV 17 zu einer altersspezifischen Entmischung im Sinne der oben
gegebenen Definition geführt hat, bedarf es daher eines Maßes. Als Meßinstrument für altersgruppen-spezifische Bevölkerungs-Entmischung wird die
Verwendung nachfolgend diskutierter Segregations-Indizes (Abschnitt 5.3.)
und die Differenz der Index-Werte zu zwei Zeitpunkten als das Maß für die
Entmischung vorgeschlagen.

4.3.3. Schlußfolgerung

Altersspezifisch selektive Migration führt zu altersspezifischer Bevölkerungs-Entmischung. Der hier verwendete Begriff der altersspezifischen
Entmischung ist spezieller als der ebenfalls diskutierte Begriff der
Altersstruktur-Veränderung, bei ersterem ist zusätzlich eine Information
über die Richtung der Altersstruktur-Veränderung enthalten.
Migration setzt sich zusammen aus Abwanderung, Zuwanderung und Binnenwande-
rung; erst wenn alle drei insgesamt auf aggregierter Ebene altersspezifisch komplementär sind, verschwindet die mögliche Selektivität mindestens
zwei der drei Teilströme.
Altersstruktur-neutrale Migration ist nur unter unrealistischen Bedingungen wahrscheinlich. Die Beurteilung der Wirkung von altersspezifisch selektiver Migration ist erst durch spezielle Messung eindeutig bestimmbar, sie
läßt sich a priori nicht vornehmen.
Faßt man die Bevölkerung der Stadt nicht lediglich nach Altersgruppen, sondern spezieller nach ihrer Stellung im Lebenszyklus, so bedeutet die Aussage, die Bevölkerung eines Teilgebietes habe sich entmischt, daß sich die
Struktur der Teilgebiets-Bevölkerung nach ihrer Stellung im Lebenszyklus
verändert hat.

4.4. Segregation von Altersgruppen

4.4.1. Segregation, Konzentration, und räumliche Distanz als Kategorien der ungleichen räumlichen Verteilung von Altersgruppen

Die ungleiche räumliche Verteilung von Altersgruppen über die Teilgebiete der Stadt läßt sich auf verschiedene Weisen beschreiben. Dies soll nachfolgend beispielhaft dargestellt werden (vgl. dazu auch VASKOVICS & UELTZEN 1983). Gegeben sei folgende hypothetische Altersverteilung (AV 19):

Altersverteilung 19

	$a^{1)}$	$\%^{2)}$	A a	A %	B a	B %	C a	C %	D a	D %	gesamt a	gesamt %
TG 1	5	8 / 8	15	23 / 19	10	15 / 10	35	54 / 50	65	100 / 21
TG 2	15	16 / 25	10	11 / 12	50	52 / 50	20	21 / 29	95	100 / 31
TG 3	10	12 / 17	40	47 / 50	25	29 / 25	10	12 / 14	85	100 / 27
TG 4	30	46 / 50	15	23 / 19	15	23 / 15	5	8 / 7	65	100 / 21
Stadt	60	19 / 100	80	26 / 100	100	32 / 100	70	23 / 100	310	100 / 100

Altersgruppen

1) absolut
2) obere Zahl: Zeilenprozent; untere Zahl: Spaltenprozent

Ausgangspunkt der Betrachtung sind die prozentualen Randsummen. Die Unterschiede in der Altersstruktur der räumlichen Einheiten demonstrieren das Phänomen der Segregation. Die zu betrachtenden Anteile aus der AV 19 sind in der AV 19a zusammengestellt. Indem die Gesamt-Bevölkerung jedes Teilgebietes und des Gesamtgebietes gleich 100 % gesetzt wird, entstehen so Verhältniszahlen, die angeben, wie sich die Bevölkerung des betrachteten Raumes anteilsmäßig auf die Altersgruppen aufteilen. Diese so gefundenen räumlichen Altersstrukturen zeigen, daß in diesem Beispiel alle Teilgebiete eine Altersstruktur aufweisen, die von der der Stadt abweicht.
Die Entscheidung, ob z.B. die Altersgruppe A ungleicher über alle Teilgebiete verteilt ist als die anderen, unterliegt einer speziellen Messung (siehe Abschn. 5.3.).

Altersverteilung 19a (in Prozent)

Altersgruppen

	A	B	C	D	gesamt
TG 1	8	23	15	54	100
TG 2	16	11	52	21	100
TG 3	12	47	29	12	100
TG 4	46	23	23	8	100
Stadt	19	26	32	23	100

Altersverteilung 19b (in Prozent)

Altersgruppen

	A	B	C	D	gesamt
TG 1	8	19	10	50	21
TG 2	25	12	50	29	31
TG 3	17	50	25	14	27
TG 4	50	19	15	7	21
Stadt	100	100	100	100	100

Konzentration läßt sich zahlenmäßig beschreiben, indem die Gesamt-Bevölkerung der einzelnen Altersgruppen auf der Ebene Stadt mit 100 % gleichgesetzt wird (AV 19b). So lassen sich Feststellungen treffen über die Verteilung der einzelnen Altersgruppen über alle Teilgebiete; in dem hier vorliegenden Beispiel hat jede Altersgruppe ihren größten Anteil in einem anderen Teilgebiet - ein erster Hinweis auf das Vorliegen von altersspezifischer Segregation.

Räumliche Distanz läßt sich hier nur beschreiben, wenn den Teilgebieten der AV 19 eine Entfernung zu einem bestimmten Punkt zugeschrieben werden kann. Aussagen über räumliche Entfernungen innerhalb eines Teilgebietes lassen sich nur treffen, wenn das Teilgebiet weiter untergliedert werden kann, z.B. in Baublöcke.

Zusammenfassend: Im Falle der Segregation werden mindestens zwei Altersgruppen je nach Fragestellung auf der Ebene Teilgebiet oder Stadt im Vergleich betrachtet. Aussagen über Konzentration beziehen sich auf eine Altersgruppe und können nur auf der Ebene Teilgebiet erfolgen. Aussagen über räumliche Distanz können sich auf Bevölkerungsgruppen oder Individuen beziehen, dies bestimmt die Aussageebene.
Das Verhältnis dieser drei Kategorien zueinander ist komplementär. Jede Kategorie beschreibt die gleiche räumliche Altersverteilung auf unterschiedliche Weise. Sie lassen sich unter dem Oberbegriff "ungleiche räumliche Verteilung" zusammenfassen und sind dessen Präzisierungen (FRIEDRICHS 1981:217).
Die Kategorie der Segregation ist die komplexere und verfügt über einen höheren Informationsgehalt.

4.4.2. Definition

Die Segregation von Bevölkerungsgruppen ist wie die Bevölkerungs-Entmischung eine Folge der selektiven Migration. Begrifflich ist Segregation eine Kategorie zur Beschreibung der Verteilung von Bevölkerungsgruppen über den Raum. Entmischung hatten wir demgegenüber entwickelt als Kategorie zur Beschreibung der Veränderung der Bevölkerungszusammensetzung in einem Raum über die Zeit.

Segregation soll an den hypothetischen Altersverteilungen AV 20 und AV 21
demonstriert werden. Angenommen wird, daß sich die AV 20 durch Migration
während eines bestimmten Zeitraumes zur AV 21 entwickelt habe; die Altersgruppe A sei jünger B, B jünger C.

Altersverteilung 20 (in Prozent)

| | A l t e r s g r u p p e n | | | |
	A	B	C	gesamt
TG 1	10	65	25	100
TG 2	25	55	20	100
Stadt	20	60	20	100

Altersverteilung 21 (in Prozent)

| | A l t e r s g r u p p e n | | | |
	A	B	C	gesamt
TG 1	80	10	10	100
TG 2	20	10	70	100
Stadt	20	20	60	100

In der AV 20 liegt der Schwerpunkt aller drei Altersstrukturen auf der
Altersgruppe B, ihr Anteil liegt jeweils zwischen 55 % und 65 %. Zum einen
hat sich durch die angenommene selektive Migration in der AV 21 der Schwerpunkt auf der Ebene Stadt auf die Altersgruppe C verlagert, zusätzlich hat
sich in der AV 21 eine Segregation im Teilgebiet 1 ergeben: Hier ist die
Altersgruppe A überdurchschnittlich und die Altersgruppe C unterdurchschnittlich vertreten.
Während Entmischung die Altersstrukturen der Teilgebiete 1 und 2 zu den
verschiedenen Zeitpunkten vergleicht, beschreibt Segregation die Unterschiede zwischen der Altersstruktur der Ebene Gesamt-Gebiet einerseits und
seiner einzelnen Teilgebiete andererseits zu ein und demselben Zeitpunkt,
es werden also zwei Ebenen miteinander verglichen. Einen dynamischen
Aspekt erhielte diese Beschreibung erst durch den Vergleich dieser
Unterschiede zu verschiedenen Zeitpunkten.

Eine Diskussion verschiedener in der Literatur benutzter Segregations-Be-
griffe findet sich bei FRIEDRICHS (1981:216ff). Dessen Definition, sehr
allgemein gehalten, weil er Segregation nicht nur auf bestimmte Bevölkerungsgruppen und nicht nur auf räumliche Analysen bezogen wissen will, ist
jedoch nicht eindeutig, weil unvollständig:

"Segregation = df. disproportionale Verteilung von Elementarten über Teileinheiten einer Einheit" (FRIEDRICHS 1981:217).

In dieser Definition wird nicht der Maßstab genannt, in Vergleich zu dem
die Frage der Disproportionalität entschieden wird. Ist eine relative
Häufigkeitsverteilung einer Elementart über alle Teileinheiten einer Einheit gemeint? Dann könnte der Maßstab die Gleichverteilung der Elementarten über alle Teileinheiten sein. Der theoretische wie empirische Kon-
text, in dem FRIEDRICHS Segregation diskutiert, weist jedoch darauf hin,

daß die Elementarten seiner Definition in einem bestimmten quantitativen Verhältnis zueinander stehen sollen, dieses Verhältnis aber über die Teileinheiten der Einheit variiert und diese Variation die "disproportionale Verteilung" darstellt. Das quantitative Verhältnis der Elementarten auf der Ebene der Einheit soll als Maßstab für die Beurteilung gelten:

"Als Maßstab (= erwartete Werte) läßt sich am ehesten eine Gleichverteilung der Anteile jeder Bevölkerungsgruppe verwenden, d.h. des Anteils der Gruppe im Teilgebiet, bezogen auf die Bevölkerungsgruppe im Gesamtgebiet" (FRIEDRICHS 1981:237).

Die Bevölkerungsverteilung auf der Ebene Stadt als Maßstab für die Beurteilung von Segregation in ihren Teilgebieten heranzuziehen, erscheint sinnvoll, will man städtischen raumstrukturellen Phänomenen nachspüren. Dieses Vorgehen hat sich in der Segregationsforschung bewährt (siehe die Beispiele bei FRIEDRICHS 1981:225ff). Andere Maßstäbe sind denkbar. So könnten nationale Soll- oder Ist-Größen herangezogen werden, z.B. in bezug auf Fragen städtischer Gesundheitsversorgung; CORTESE et al. (1976) schlagen als Maßstab eine Zufallsverteilung vor.

Als allgemeinere und präzisere Definition von Segregation sei daher vorgeschlagen:

Segregation = df. ungleicher Anteil der Elementarten am Element einer Teileinheit, gemessen an dem Anteil der Elementarten am Element der Einheit.

Bezogen auf die städtische Bevölkerung setzt diese Definition voraus, daß stets unterschieden werden kann zwischen Bevölkerung und Bevölkerungsgruppen sowie zwischen Stadt und Stadt-Teilen. Der Vergleich beider Ebenen war im vorigen Abschnitt der wesentliche Unterschied zwischen "Segregation" und "Konzentration". Speziell für das hier in Rede stehende Problem der altersgruppen-spezifischen Segregation kann definiert werden:

"Altersgruppen-spezifische Segregation = df. ungleicher Anteil der einzelnen Altersgruppen der Bevölkerung eines Teilgebietes, gemessen an den Anteilen derselben Altersgruppen an der Bevölkerung des Gesamt-Gebietes" (SCHÜTZ 1982b:47/48).

Obwohl es auch hier präziser ist, von alters g r u p p e n - spezifischer Segregation zu sprechen, auch wenn eine Altersgruppe nur aus einem Geburtsjahrgang bestehen sollte, wird nachfolgend von altersspezifischer Segregation gesprochen, wenn es um die unbestimmte Segregation der Bevölkerung nach dem Merkmal Alter geht. Eine weitergehende Vereinfachung, nämlich von "Alterssegregation" zu schreiben, erscheint dagegen problematisch, weil nicht mehr eindeutig. Dieser Begriff unterscheidet nicht zwischen "Segregation nach dem Merkmal Alter" und "Segregation, die in hohem Lebensalter

typisch ist"; so ist es z.B. nur durch den allgemeinen Sprachgebrauch eindeutig, daß mit "Alterserscheinungen" diejenigen Krankheiten gemeint sind,
die für hohes Alter spezifisch sind, und nicht die altersspezifischen Er-
krankungen wie Kinderkrankheiten. Diese eher spitzfindig denn notwendig er-
scheinende Unterscheidung ist durchaus bedeutsam, da sich bisher diese Art
der Segregationsforschung mit der Segregation von älteren Personen befaßt
hat (siehe Kapitel 3). Da das vorher diskutierte Lebenszyklus-Konzept eine
solche spezielle Segregation von älteren Mitbürgern nahelegt, dies aber
lediglich einen Unterfall von altersgruppen-spezifischer Segregation darstellt, wird im Rahmen dieser Arbeit der Ausdruck "Alterssegregation" vermieden.

4.4.3. Schlußfolgerung

Der Begriff der Segregation ist eine Präzisierung und Operationalisierung
des allgemeinen und inhaltlich wenig gefüllten Oberbegriffs der "ungleichen räumlichen Verteilung von Bevölkerungsgruppen". Er beinhaltet die Betrachtung der Bevölkerungsstruktur zu einem bestimmten Zeitpunkt und beschreibt daher keinen Prozeß, sondern einen Zustand. Auf die altersspezifische Bevölkerungsverteilung in der Stadt angewandt, beinhaltet der Begriff der Segregation von Altersgruppen im Sinne der eingeführten Definition die ungleiche räumliche Verteilung von altersspezifischen Bevölkerungsgruppen über die Teilgebiete der Stadt. Die Segregation von Altersgruppen läßt sich auf die altersspezifisch selektive Migration zurückführen und ist eine präzise Beschreibung des Ergebnisses von altersgruppen-
spezifischer Entmischung städtischer Teilgebiete. Unterlegt man der Altersgruppen-Einteilung das Konzept des Lebenszyklus', so beschreibt die Segregation von Altersgruppen eine Bevölkerung, die nach ihrer Stellung im
Lebenszyklus über die Teilgebiete der Stadt segregiert wohnt.

4.5. Zusammenfassung: Stellung im Lebenszyklus und altersspezifische Bevölkerungsverteilung in der Stadt

Das Individuum durchläuft während seines Lebens die verschiedenen Phasen
des Lebenszyklus'. Seine Wohnbedürfnisse sind abhängig von seiner Stellung
im Lebenszyklus. Ändert das Individuum seine Stellug im Lebenszyklus, so
versucht es, die Wohnsituation den veränderten Wohnbedürfnissen anzupassen; dies geschieht in der Regel durch eine Migration. Wohnsituation und

Stellung im Lebenszyklus stehen somit über die individuellen Wohnbedürfnisse in engem Zusammenhang. Mit Wohnsituation ist gemeint, wie und wo jemand in der Stadt wohnt: Die Wohnbedürfnisse bestimmen sowohl die Ausstattung als auch - da nicht jedwede Ausstattung an jedweder Stelle der Stadt realisierbar ist - den Wohnort innerhalb der Stadt.

Wohnbedürfnisse sind über die Abhängigkeit von der Stellung im Lebenszyklus hinaus dynamisch. Es gilt darauf hinzuweisen, daß sich Wohnbedürfnisse bei gleicher Lebenszyklus-Phase und bei gleichem sozialen Status unterscheiden können.
Der inter-generationale Aspekt: Konstruiert man gedanklich für unterschiedliche Generationen gleicher Lebenszyklus-Phase und gleichem sozialen Status "gesellschaftlich durchschnittliche" Wohnbedürfnisse, so werden diese sich unterscheiden. Für diesen historischen Wandel von Wohnbedürfnissen haben wir oben bereits einige wenige empirische Hinweise geben können.
Der intra-generationale Aspekt: Die Realisierungsmöglichkeit der Wohnbedürfnisse ist bei gleicher Stellung im Lebenszyklus und bei gleichem sozialen Status abhängig vom zur Verfügung stehenden Einkommen. Als intervenierende Variable wirkt die unterschiedliche gesellschaftliche Bewertung von Berufstätigkeiten, die das verfügbare Einkommen bestimmt. (Der Einkommensunterschied von 1.000 DM netto hat für das Schichtungsmodell des sozialen Status keinen oder nur geringen Effekt; dagegen muß er bei der Wohnstandort-Erlangungschance als sehr bedeutsam angesehen werden.) In der Regel wird daher das Einkommen zweier verschiedener, nicht im gleichen Haushalt lebender Personen gleicher Stellung im Lebenszyklus und gleichem sozialen Status deren unterschiedliche Wohnsituation ganz überwiegend erklären können. Diese Feststellung erscheint notwendig, da das Konzept der lebenszyklus-phasenspezifischen Wohnbedürfnisse diese Differenzierung verdeckt.

In der Natur der Wohnbebauung liegt es, daß historischer Wandel in der Ausstattung von Wohnraum nicht dazu führt, vorherige Wohnraum-Ausstattungsformen zwangsläufig obsolet werden zu lassen, alte Ausstattungformen werden nicht sofort nach Auftritt der neuen durch diese ersetzt. Vielmehr werden die neuen Ausstattungsformen zu den alten hinzutreten, so daß der Wohnungsbestand einer Stadt mit der Zeit heterogener wird. Ein heterogener Wohnungsbestand ist die Voraussetzung dafür, daß sich lebenszyklus-phasenspezifische Wohnsituationen herausbilden können. Allgemeiner formuliert: Je heterogener der Wohnungsbestand einer Stadt, desto größer die Möglichkeit zur Bildung lebenszyklus-phasenspezifischer Wohnsituationen. Die Plau-

sibilität dieser Hypothese kann analog zur Filtering-Theorie (RATCLIFF
1949, ALONSO 1964, WESTPHAL 1978, KOCH 1983) demonstriert werden:
Interpretiert man die Phasen des Lebenszyklus' als Indikator für die relative Höhe des Einkommens, so verfügen die Individuen, die in der Lebenszyklus-Phase der Berufsausbildung und der beginnenden Erwerbstätigkeit stehen, in der Regel über ein nur geringes Einkommen; infolge des geringen
Einkommens sind sie - verlassen sie in dieser Phase oder schon früher ihr
Elternhaus - gezwungen, auf dem Wohnungsmarkt das (absolut) billige Angebot wahrzunehmen, d.h. Wohnungen, die nicht mehr den modernen Ausstat-
tungs-Standards entsprechen und auf der Qualitätsskala unten stehen und
von Individuen der später liegenden Lebenszyklus-Phasen zunehmend verlassen werden. So vermuten SAUBERER & CSERJAN (1972) für Wien 1961 einen positiven Zusammenhang zwischen dem Anteil "junger Haushalte" und dem Anteil
vor 1880 erbauter Wohnhäuser. Durch das Hinzutreten neuer Wohnungen mit mo-
derner Ausstattung zu den bestehenden alten Wohnungen entstehen städtische
Teilgebiete, die in ihrer Wohnungsausstattung tendentiell homogen sind
(vgl. MANHART 1977, der für Hamburg auf kleinräumlicher Ebene homogene
Teilgebiete abgegrenzt hat); daraus ergibt sich die Hypothese, daß die in
diesen städtischen Teilgebieten wohnende Bevölkerung lebenszyklus-phasenspezifisch homogen zusammengesetzt ist: Segregation von Altersgruppen.

5.   Empirische Beschreibung: Methode, Vorgehen, Daten

In diesem Kapitel werden einige für das weitere Vorgehen grundlegende
Schritte erläutert und begründet. Es geht um die Begründung der in den
Kapiteln 6 und 8 verwendeten Altersgruppen-Einteilung, um die Konstruktion
der Meßinstrumente und die Interpretation der Meßergebnisse, um die Beschreibung unterhalb der Ebene der Gesamt-Stadt und um die Benennung der
verwendeten Daten.

5.1. Methodologische Probleme der Anwendung des Lebenszyklus-Konzeptes
      in der empirischen Forschung.
      Zur Begründung der Altersgruppen-Einteilung

Die umstandslose Einfügung des Konzeptes "Lebenszyklus" in den empirischen
Forschungsprozeß ist nicht möglich: Methodologisch betrachtet ist dieses
Konzept ein Index, welcher mehrere Merkmale auf einer Dimension zusammen-
faßt (FRIEDRICHS & KAMP 1978:182), wobei die Merkmale und ihre Zusammen-
hänge ungenügend expliziert sind, eine angemessene Theorie also fehlt.Inso-
weit ist dieses Konzept z.B. dem Index des SES unterlegen.
Die Diskussion in Kapitel 4 ergibt die Annahme, daß dieses Konzept einen
Mittelschicht-Bias enthält, der es als problematisch erscheinen läßt, das
Konzept auf die Gesamtheit einer städtischen Bevölkerung ungeachtet der
Schichtzugehörigkeit anzuwenden. In dem Konzept werden Verhaltens-Annahmen
aufgestellt über den Zusammenhang zwischen Änderung der Stellung im Lebenszyklus und Migration, deren Gültigkeit z.B. für die Unterschicht hier be-
zweifelt wird. So wiesen NEUGARTEN & MOORE (1968) daraufhin, daß mit steigendem Alter der Eintritt bestimmter Ereignisse bei Frauen mit unterschiedlicher Schichtzugehörigkeit zeitlich zunehmend streut.
Es bestehen weiterhin geschlechtsspezifische Unterschiede. Hier sei nur
auf geschlechtsspezifische Lebenserwartungen, Heiratsquoten und Erwerbs-
tätigkeits-Karrieren hingewiesen.
Ein weiterer genereller Einwand gegen die Anwendung dieses Konzeptes auf
eine Bevölkerungs-Gesamtheit, die - wie in dieser Studie - auf hoch aggre-
giertem Niveau betrachtet wird, ist die Tatsache, daß ein relativ hoher
Anteil der Bevölkerung bestimmte Positionen des Lebenszyklus nicht durchläuft (STAPLETON 1980). Weiterhin ist zu fragen, ob die angenommenen
Lebenszyklus-Ereignisse hinreichend relevant sind und keine relevanten un-
beachtet gelassen wurden; hier spielt der geringe Grad der Explikation der
zugrundeliegenden Theorie eine große Rolle (vgl. WAGNER 1982). Anders ausgedrückt: Je geringer der Explikationsgrad, desto größer die Gefahr, daß

im Lebenszyklus-Konzept nicht erklärende, sondern normative Aussagen formuliert werden.

Auf der methodischen Seite dieses Konzeptes sind aber auch ungelöste Meß-Probleme festzustellen: Was mißt das chronologische Alter, das als Indikator für die Stellung im Lebenszyklus fungiert? Welches ist der Schwellenwert, ab dem die zeitliche Streuung der Lebenszyklus-Ereignisse unbedenklich ist? Hierzu haben FRIEDRICHS & KAMP (1978) weitere Problembereiche skizziert. Für die vorliegende Studie ist zusätzlich zu fragen: Ist der Lebenszyklus Generationen-unspezifisch? Inwieweit unterliegt er einem sozialen Wandel?

Tabelle 5-1: Einteilung der Altersgruppen

psychosoziale und ökonomische Abhängigkeit von den Eltern	0 bis unter 6 Jahre	Kindheit; in die Wohnstandortwahl der mit dem Kind zusammenlebenden Eltern fließen Überlegungen über die (Wohn-)Bedürfnisse des Klein-Kindes ein
Erweiterung des psychosozialen Abhängigkeits-Bereiches, fortdauernde ökonomische Abhängigkeit von den Eltern	6 bis unter 20 Jahre	Jugend; schulische und berufliche Ausbildung; neben den wohnräumlichen Bedürfnissen fließen in die Wohnstandortwahl Überlegungen zur Ausstattung der Wohnort-Umgebung ein, wie Nähe zu Ausbildungsstätten, externer Wohnraum
psychosoziale und ökonomische Loslösung von den Eltern, Beginn des Erwerbslebens	21 bis unter 25 Jahre	Auszug aus dem Elternhaus, Gründung eines eigenen Haushaltes
ökonomische Unabhängigkeit von den Eltern, zunehmende berufliche Erfahrung, steigendes Einkommen	25 bis unter 35 Jahre	Gründung einer eigenen Familie, Expansion der Familie
berufliche und ökonomische Stabilisierung	35 bis unter 45 Jahre	Stagnation der Familie
berufliche und ökonomische Konsolidierung und Etablierung, ev. abnehmendes Einkommen	45 bis unter 65 Jahre	Kontraktion der Familie, die Kinder verlassen das Elternhaus
geringeres, aber konstantes Einkommen	65 Jahre und älter	Ruhestand; Tod des Ehepartners; zunehmende Abhängigkeit von altersspezifischer Infrastruktur

Die hier nur angedeuteten Probleme des Lebenszyklus-Konzeptes sind ungelöst, das Problem seiner Anwendung auf Aggregat-Daten ebenfalls. Sie zu lösen ist nicht Gegenstand dieser Arbeit.

Für den Fortgang der Studie dient das Konzept als heuristisches Instrument zur Einteilung der Bevölkerung in Altersgruppen und zur Verdeutlichung des theoretischen Hintergrundes. Bei der Altersgruppen-Einteilung werden Merkmale der ökonomischen und familiären Existenz kombiniert vor dem Hintergrund der Hypothese, daß im Zeitraum der Erwerbstätigkeit das Einkommen mit dem Lebensalter tendenziell positiv korreliert und daß mit steigendem

Einkomen die Chance wächst, Wohnbedürfnis und Wohnsituation tendentiell
zum Ausgleich zu bringen. Die Bildung der genannten Altersgruppen ist
daher zwar theoretisch gehaltvoll, aber nicht das unmittelbare Ergebnis
theoretischen Bemühens, da sie sich auch an den vorfindbaren Daten
(Abschn. 5.6.) orientieren mußte.
Als hinreichend gehaltvoll und plausibel für den Fortgang der Studie werden die in Tabelle 5-1 genannten Altersgruppen vorgeschlagen. Kriterien
der Zusammenfassung sind dabei Ereignisse, die auf Veränderungen in den
Wohnbedürfnissen hinweisen; diese können sowohl im individuellen, familiären als auch im soziöokonomischen Bereich liegen.

5.2. Methodologische und methodische Probleme des Stadtvergleichs

Die Ziele von Stadtvergleichen können sein:
(1) Die Beschreibung von Gleichförmigkeiten der Struktur verschiedener
Städte. Hierunter fiele z.B. die Frage, ob die städtische Struktur eine
zonale, sektorale oder mehrkernige Gliederung aufweist.
(2) Die Beschreibung oder Erklärung der Veränderung der Struktur verschiedener Städte.
(3) Die Charakterisierung eines in verschiedenen Städten gleichen
Prozesses.

Zu (1): Gegenstand der Betrachtung ist die Verteilung von Bevölkerung,
Bausubstanz und Flächennutzung über den Raum. Das Ziel der Untersuchung
zwingt dazu, die Städte hinsichtlich bestimmter, als wesentlich erachteter
Merkmale oder Dimensionen nicht zu variieren, z.B. in bezug auf Lage,
Funktion, Ökonomie oder Geschichte. Die Städte müssen sich also in zu be-
stimmenden Punkten gleichen, um sie vergleichen zu können.
Zu (2): Die Analyse erweitert sich gegenüber der vorhergenannten um die
Dimension Zeit: Gegenstand der Betrachtung ist die Entwicklung der Vertei-
lung von Bevölkerung, Bausubstanz und Flächennutzung über Raum u n d
Zeit. Hier von "Prozeß" zu sprechen wie FRIEDRICHS (1978:13), heißt, "die
Veränderung eines Aggregat-Zustandes zwischen zwei Zeitpunkten" nur mehr
mit dem voraufgegangenen Aggregat-Zustand zu erklären, wie z.B. in der
Hypothese: je höher die Fertilität, desto höher der Kleinkinder-Anteil.
Zu (3): Im Gegensatz dazu wird hier als Prozeß ein über die Zeit ablaufen-
des Geschehen angesehen, wie z.B. Migration, dessen Gesetzmäßigkeiten erst
aufzudecken sind. Ist die Bewertung des Prozesses als im inter-urbanen Vergleich gesetzmäßig ablaufend das Ziel der Untersuchung, so muß sich die

Analyse des Vergleichs auf gleichartige Städte richten. Soll die Bewertung des gesetzmäßig ablaufenden Prozesses in der Analyse seiner Effekte liegen, so wird sich der Vergleich auf verschiedene Städte richten, deren wesentliche Merkmale bestimmt werden und über die Städte variieren müssen (vgl. WALTON 1975).

Die methodischen Probleme des Stadtvergleichs ergeben sich aus seiner Methodologie. Soweit das Ziel der Untersuchung gleichartige und damit vergleichbare Städte vorschreibt, ist die Verwendung derselben Merkmale, Definitionen, Meß- und Analyse-Instrumente, der gleichen Daten und Raumeinheiten sowie desselben Aggregations-Niveaus zwingend notwendig. Gehören die zu vergleichenden Städte unterschiedlichen nationalen Systemen an, so treten zu diesen Problemen soziokulturelle Einflußfaktoren hinzu, die wesentliche Auswirkungen auf Entstehung und Entwicklung von Stadt-Strukturen oder Prozessen haben können. Dies reicht von der Wirtschaftsverfassung, Bodenordnung, Wirtschaftspolitik bis hin zur Mietpreisbindung und Wohnraumbewirtschaftung. Diese Einflüsse lassen sich in der Regel empirisch nicht herausdifferenzieren und in ihren Wirkungen nicht klar bewerten. So mögen sich vielleicht einheitliche Definitionen und Indikatoren finden lassen, z.B. für Wohnungsmiete, sie müssen aber im interkulturellen Vergleich auch bewertet, d.h. relativiert werden, für das Beispiel Wohnungsmiete in bezug auf Kaufkraft und Mietpreis-Bildung.
Soweit dem Vergleich die Betrachtung unterschiedlicher Städte zugrundeliegt, sind strenge Anforderungen an die Generalisierbarkeit des notwendig Invarianten, z.B. des Prozeßgeschehens, und an die Relevanz der betrachteten Merkmale der Stadt zu stellen (vgl. hierzu das Vorgehen bei ABU-LUGHOD 1975).

Begründung des eigenen Vorgehens

Das Ziel des nachfolgenden Kapitels 6 ist die Beschreibung (a) des Ausmaßes der altersgruppen-spezifischen Segregation, (b) seiner Veränderung über die Zeit und (c) die Ergebnisse zu (a) und (b) durch den Vergleich zweier Städte zu bewerten. Ziel des nachfolgenden Kapitels 8 ist es, Kausalstrukturen zu finden, von denen gesagt werden kann, sie sind insoweit Gesetzmäßigkeiten, als sie in zwei miteinander verglichenen Städten gleichförmig sind.

Die genannten Ziele decken sich nur teilweise mit den zu Beginn dieses
Abschnittes genannten, weil nicht der Vergleich von Städten als solcher im
Mittelpunkt dieser Studie steht, sondern das inhaltliche Problem der Segregation von Altersgruppen. Der Vergleich zweier Städte ist hier nur Mittel
zum Zweck, nicht Zweck selbst. Notwendig ist das Instrument Vergleich deshalb, weil das Ausmaß der altersspezifischen Segregation deutlich unterhalb des Ausmaßes der Segregation von Berufsschichten bleibt (für Wien:
GISSER 1974; für Hamburg: FRIEDRICHS 1981:228) und eine Bewertung anhand
vorliegender nordamerikanischer Studien wegen methodischer und methodolo-
gischer Probleme nicht möglich ist. Als Form des Vorgehens wurde daher die
Anfertigung zweier Fallstudien gewählt, die durch denselben inneren Aufbau, die Verwendung identischer Meßinstrumente und Variablen, gleicher
Daten und Raumeinheiten sowie desselben Aggregations-Niveaus unmittelbar
und weitestgehend ohne Verzerrung vergleichbar sind. Als einzige verzer-
rende Einflußgrößen sind die soziokulturellen Unterschiede anzusehen, die
sich aufgrund des Aggregatdaten-Niveaus nicht empirisch darstellen lassen.
Diese Einflußgrößen können begründet sein in der unterschiedlichen topo-
graphischen Lage, Funktion, wirtschaftlichen Bedeutung, Geschichte und des
Wohnungsmarktes der Städte. Sie wegen dieser Einflußgrößen für unvergleichbar zu halten hieße, comparative research überhaupt infrage zu stellen. -

In Kapitel 4 wurde in bezug auf die theoretische Herleitung der altersspezifischen Segregation dynamisch argumentiert und die Abfolge "Selektivität
der Migration - Bevölkerungsentmischung - Segregation" in den Mittelpunkt
der Betrachtung gerückt. Wenn im nachfolgenden empirischen Teil nicht auf
den Prozeß der Altersgruppen-Segregation abgestellt wird, so ist das zu
begründen:
(1) Die Beschreibung des Prozesses und die empirische Nachzeichnung der genannten Abfolge setzen die Erreichbarkeit von Individualdaten für die
Grundgesamtheit voraus, für die Wandernden und die Nicht-Wandernden. Für
Sozialwissenschaftler sind diese Daten in der Regel unerreichbar, so auch
für Hamburg und für Wien. Erreichbar waren lediglich Aggregat-Daten.
(2) Teile der Sequenz wie die altersspezifisch selektive Migration sind be-
kannte und mehrfach untersuchte Tatsachen (für Hamburg GERHARD 1979, für
Wien zuletzt SCHMUTZER 1982); neuerliche Untersuchungen würden keine neuen
Erkenntnisse liefern. Untersuchungen über Veränderungen in der Altersstruktur der einzelnen städtischen Teilgebiete liegen ebenfalls vor (für Hamburg DUMAS 1972, für Wien KAINRATH & KOTYZA 1981:23ff), allerdings ohne
den Effekt der wohnräumlichen Segregation zu thematisieren.
Aus (1) und (2) folgt, der Beschreibung des bisher nicht beschriebenen

Phänomens der Segregation von Altersgruppen breiten Raum zu geben und ihre räumliche Verteilung unabhängig von dem Prozeß der Migration zu beschreiben. Wenn in der Beschreibung der Veränderung der Segregation dennoch vereinzelt mit Wanderungen argumentiert wird, so stets unter der mitzudenkenden Einschränkung, daß eben keine Migrationsprozesse betrachtet werden, sondern deren Folge, die Segregation, wobei letztere auch in weniger gewichtigen Ursachen wie Fertilität und Mortalität gesucht werden kann. Diese Argumentationsweise ist auch wegen der besseren Anschaulichkeit der Beschreibung gewählt worden.

5.3. Zur Messung der Segregation

5.3.1. Index der Segregation

Die vorliegenden Arbeiten über das Ausmaß der Altersgruppen-Segregation (siehe Abschn. 3.1.) verwenden wie andere Segregations-Studien den Index der Segregation (IS) oder den Index der Dissimilarität (ID) von DUNCAN & DUNCAN (1955). Die mathematische Grundlage des IS ist die Hälfte der Summe der absoluten Differenzen zwischen dem Anteil der betrachteten Altersgruppe und dem Rest der Bevölkerung über alle Teilgebiete; bei dem ID wird statt des Restes der Bevölkerung eine andere Altersgruppe betrachtet:

$$IS = \left(\frac{1}{2} \sum_{i=1}^{k} \left| \frac{a_i}{A} - \frac{a_i - n_i}{A - N} \right| \right) \times 100$$

$$ID = \left(\frac{1}{2} \sum_{i=1}^{k} \left| \frac{a_i}{A} - \frac{a_i - b_i}{A - B} \right| \right) \times 100 \qquad \text{Spannweiten: 0-100}$$

a_i, b_i = Anzahl der Individuen der Altersgruppe a,b im Teilgebiet i

A, B = Gesamt-Anzahl der Individuen der Altersgruppe a,b im Gesamtgebiet

n_i = Gesamt-Anzahl der Individuen aller Altersgruppen im Teilgebiet i

N = Gesamt-Anzahl aller Individuen im Gesamtgebiet

k = Anzahl der Teilgebiete

Es läßt sich erkennen, daß beide Indizes die Unterscheidung zwischen Gesamt-Stadt und Teilgebiet voraussetzen und die Altersstruktur beider Ebenen miteinander vergleichen. Damit sind sie mit der hier vorgeschlagenen

Segregations-Definition kompatibel und können nachfolgend angewendet werden, was die Vergleichbarkeit mit anderen Studien - trotz der damit verbun-
denen Probleme - zumindest nicht weiter erschwert. Auf einige Schwächen
dieser Indizes ist jedoch hinzuweisen:

Zur Interpretation. Der ermittelte Wert nennt den Prozentsatz der Bevölkerung aus beiden Teilgruppen, die auf der Ebene der Gesamt-Stadt umziehen
müßte, um in allen Teilgebieten eine proportionale Verteilung der betrachteten Bevölkerungsgruppen zu erreichen. Die von DUNCAN & DUNCAN (1955:494)
vorgeschlagene Interpretation:

> "This may be interpreted as a measure of displacement:
> 20 (=IS-Wert, MWS) per cent of the workers in occupation A
> would have to move to a different area in order to make
> their distribution identical with that of occupation B."

kann nicht akzeptiert werden, was ein Beispiel mit vollständiger Segregation zeigt: Gegeben sei ein Jugendclub mit zwei Räumen, in dem einen halten
sich zwanzig deutsche und in dem anderen fünf türkische Jugendliche auf.
Die Gleichverteilung nach DUNCAN & DUNCAN wäre nur dann erreicht, wenn
sich in dem einen Raum vier deutsche Jugendliche und ein türkischer Jugend-
licher und in dem anderen Raum 16 deutsche und vier türkische Jugendliche
aufhielten. Entgegen dem Interpretations-Vorschlag müßten nicht 100 % der
Türken oder 100 % der Deutschen den Raum wechseln, sondern 80 % der Türken
und 20 % der Deutschen. Die einzig angemessene Interpretation des IS lautet daher: Die beiden Gruppen sind zu 100 % voneinander getrennt, es liegt
vollständige Segregation vor.

Zur Kritik. Daraus folgt: (1) Der Indexwert kann nur als abstraktes Maß
aufgefaßt werden, er läßt sich inhaltlich nicht interpretieren. (2) Der
Indexwert bezieht sich immer auf beide betrachteten Gruppen, er kann also
nicht auf die eine Gruppe bezogen werden, an der man interessiert ist (so
schon FRIEDRICHS 1977(1981):222, ignoriert z.B. von GÖSCHEL et al. 1980:
26, HELMERT 1982: 265). (3) Daher wird vorgeschlagen, die Werte des IS lediglich als Maß für die prozentual erreichte vollständige Segregation zu
interpretieren. (4) Der Indexwert kann nicht auf ein einzelnes Teilgebiet
(in dem obigen Beispiel: auf den einen oder anderen Raum) bezogen werden,
sondern nur auf die Gesamt-Stadt (den Jugendclub) als Ganzes. Dieser Punkt
der Kritik trifft DUNCAN & DUNCAN insoweit nicht, als sie den Vergleich
von Teilgebieten nicht beabsichtigten; er erweist sich aber als wesentliche, forschungsrelevante Einschränkung.
Diese Kritik betrifft insgesamt auch den ID, der zwei (von mind. drei)
Teilgruppen einer Bevölkerung betrachtet. Bei der Anwendung auf Alters-

gruppen zeigt sich, daß bei ihm der Punkt (2) besondere Bedeutung hat. Die auf Seite 16 genannte Tabelle 3-5 zeigt, daß der Indexwert für die Betrachtung der Altersgruppen der unter 15jährigen versus der 30-45jährigen nicht sinnvoll interpretierbar ist, da beide Altersgruppen in der Regel in einem Haushalt zusammenleben. Dieser Einwand führt zu der Vermutung, daß der ID in diesem Falle etwas anderes mißt, z.B. die Segregation der Familien nach der Anzahl ihrer Kinder. Die Verwendung des ID bei Merkmalen, deren Ausprägungen empirisch nicht unabhängig voneinander auftreten, ist demzufolge nicht angemessen. Aus diesem Grunde wird er in dieser Arbeit nicht auf Altersgruppen angewendet.

5.3.2. Index der Abweichung

Aufgrund der zuvor genannten Kritik soll die Beschreibung der altersspezifischen Segregation mittels des IS ergänzt werden durch den nachfolgend beschriebenen Index der Abweichung (IA), der dort Aussagen ermöglicht, wo die Beschreibungskraft des IS zu gering ist: (1) Der IA soll das Ausmaß der Segregation für alle Altersgruppen zusammen auf der Ebene der Gesamt-Stadt bestimmen und (2) angeben, welchen Anteil jede Altersgruppe für sich daran hat; (3) der IA soll die Segregation auf der Ebene der einzelnen Teilgebiete für deren Vergleich untereinander bestimmen; (4) die Werte sollen im Gegensatz zum IS inhaltlich interpretierbar sein, um an Anschaulichkeit zu gewinnen.

Grundlage ist die verwendete Definition der altersspezifischen Segregation, nach der die Altersstruktur der Gesamt-Stadt Maßstab ist für die Messung der Segregation. Wir ermitteln daher die Matrix für die indifferente Verteilung der Altersgruppen über die Teilgebiete nach den für chi Quadrat geltenden Regeln, subtrahieren die kontingente Matrix von der indifferenten und erhalten so die differente Matrix. Das Vorgehen im Einzelnen: Die Matrix für die empirische Verteilung der Altersgruppen (g_{ij}) lautet:

$$T_i = \sum_{j=1}^{q} g_{ij} \; ; \qquad G_j = \sum_{i=1}^{p} g_{ij} \qquad (1,2)$$

<u>Def.</u>

$$N = \sum_{i=1}^{p} T_i = \sum_{i=1}^{p} \sum_{i=1}^{q} g_{ij} \qquad (3)$$

T_i = Summe der Bevölkerung aller Altersgruppen im i-ten Teilgebiet

G_j = Summe der Bevölkerung in der j-ten Altersgruppe aller Teilgebiete

$g_j \ldots q$ = j-te Altersgruppe

$t_i \ldots p$ = i-tes Teilgebiet

Die Matrizen für die Indifferenz- ($\hat{g}_{ij}$) und die Differenz-Verteilung ($\overline{g}_{ij}$) werden analog zu (1,2) und (3) gebildet. Die erwartete Verteilung $\hat{g}_{ij}$ ergibt sich aus

$$\hat{g}_{ij} = \frac{T_i \, G_j}{N} \quad . \qquad (4)$$

Der Unterschied zwischen der empirischen und der erwarteten Verteilung (die differente Verteilung, darstellend die Abweichung von der theoretischen Gleichverteilung der Altersgruppen auf gesamt-städtischer Ebene, gemessen in Personen)

$$\overline{g}_{ij} = g_{ij} - \hat{g}_{ij} \qquad (5)$$

ist so umzuformen, daß ermittelt werden kann, wie sich $\overline{g}_{ij}$ auf die einzelnen Altersgruppen und Teilgebiete verteilen:

$$\overline{g}_{ij} = \left| \frac{g_{ij} - \hat{g}_{ij}}{2} \right| ; \qquad (6)$$

sodann summieren wir über das Teilgebiet $\overline{T}_i$ und über die Altersgruppe $\overline{G}_j$ und erhalten so die Anzahl der Personen, die je Teilgebiet oder je Altersgruppe umziehen müßten, um eine Gleichverteilung nach der hier geltenden Definition der Segregation herzustellen. Summieren wir anschließend über alle Altersgruppen oder über alle Teilgebiete

$$M = \sum_{i=1}^{p} \overline{T}_i \; ; \qquad\qquad M = \sum_{j=1}^{q} \overline{G}_j \qquad (7,8)$$

so erhalten wir die Anzahl <u>aller</u> Personen der Stadt, die in diesem Sinne umziehen müßten.

Durch Heranziehen verschiedener Basen erhalten wir die nachfolgend genannten Typen des Index' der Abweichung:

Typ A setzt die Gesamtzahl der Bevölkerung eines jeden Teilgebietes der
Differenz-Matrix in das Verhältnis zur Gesamtzahl der Bevölkerung eines
jeden Teilgebietes der Kontingenz-Matrix:

$$IA/A = \frac{\overline{T}_i}{T_i} \times 100 \qquad (9)$$

und mißt den Anteil derjenigen Bevölkerung im Teilgebiet i, die in ein
anderes Teilgebiet wandern müßte, um in dem betrachteten Teilgebiet eine
Altersstruktur zu erreichen, die der gesamt-städtischen Altersstruktur entspricht. Mit diesem Index lassen sich die einzelnen Teilgebiete untereinander vergleichen.

Typ B demgegenüber bezieht dieselbe Personengruppe auf die Anzahl aller
Personen des Gesamt-Gebietes, die in diesem Sinne umzuziehen hätten:

$$IA/B = \frac{\overline{T}_i}{M} \times 100 \; . \qquad (10)$$

Dieser Index ist nur dort sinnvoll anzuwenden, wo sich das Gesamt-Gebiet
in nur wenige Teilgebiete differenziert und die Beantwortung der Frage von
Interesse ist, in welchem Ausmaß das einzelne Teilgebiet zur gesamt-städtischen Segregation beiträgt. Da für Hamburg und für Wien diese Frage aufgrund der großen Anzahl der Teilgebiete nicht sinnvoll ist, wenden wir diese Möglichkeit der Messung nicht an, sondern führen sie hier nur als
weitergehenden Vorschlag auf.

Typ C nennt den Prozentsatz der Bevölkerung in der Altersgruppe j der
Gesamt-Stadt, der wandern müßte, um diese Altersgruppe über alle Teilgebiete proportional zu verteilen:

$$IA/C = \frac{\overline{G}_j}{G_j} \times 100 \; . \qquad (11)$$

Dieser Typ ist am ehesten mit dem IS vergleichbar. In der nachfolgenden
Beschreibung zeigt sich eine gleichförmige Veränderung der Index-Werte
IA/C und IS über die Zeit. Das Niveau der IS-Werte ist stets ein wenig
höher, die Schwankungen im Niveau-Unterschied sind unregelmäßig, aber unbe-
deutend. Das Fehlen deutlicher Unterschiede und die Gleichförmigkeit in
der Veränderung führen zu dem Schluß, daß der IA/C das Gleiche mißt wie

der IS, aber im Gegensatz zu jenem in der inhaltlichen Interpretation
allein auf eine Altersgruppe bezogen werden kann.

Typ D mißt, welchen Anteil die Altersgruppe j an der Gesamt-Zahl aller derjenigen Personen hat, die zur Herstellung der Gleichverteilung der Altersgruppen innerhalb der Stadt umziehen müßten:

$$IA/D = \frac{\overline{G}_j}{M} \times 100 . \qquad (12)$$

Dieser Index läßt erkennen, welche Bedeutung die einzelne Altersgruppe für
die Segregation auf gesamt-städtischer Ebene im Vergleich zu anderen hat.

Typ E mißt die Segregation der Stadt über alle Teilgebiete und über alle
Altersgruppen, indem er den Anteil derjenigen Bevölkerung an der städti-
schen Gesamt-Bevölkerung angibt, der zur Herstellung der proportionalen
Verteilung aller Altersgruppen umzuziehen hätte:

$$IA/E = \frac{M}{N} \times 100 . \qquad (13)$$

Der Nachteil des Index der Abweichung besteht darin, daß nur die Typen B
und D eine standardisierte Spannweite von 0 bis 100 haben. Die anderen
Index-Typen weisen eine unstandardisierte Spannweite von 0 bis 50 dergestalt auf, daß sie die Abwesenheit von Segregation zuverlässig mit Null
messen, die vollständige Segregation (IS=100) mit dem Wert 50 nur in einem
2 Teilgebiete / 2 Altersgruppen-Fall. Dieser Nachteil erscheint für den
Fortgang der Arbeit tragbar, da die Annahme einer völligen Gleichverteilung oder einer völligen Segregation von Altersgruppen in der Großstadt unrealistisch ist. Für den hier ebenfalls beabsichtigten Vergleich zweier
Städte ist wichtig, daß die unterschiedliche Größe von Teilgebieten oder
der Stadt in den Index eingehen.

Nimmt man den IS wegen seiner Standardisierung als empirisches Gütekrite-
rium, dann können die Ergebnisse zumindest des IA/C als zuverlässige Mes-
sungen angesehen werden, die im Gegensatz zum IS anschaulich interpretierbar sind. In diesem Sinne bilden IS und IA für die Beschreibung von Segregation eine sinnvolle Ergänzung zueinander.

5.3.3. Meßprobleme beim Vergleich von Städten

Wurden die beiden Indizes IS und ID von DUNCAN & DUNCAN (1955) speziell
für den Vergleich der Segregation von Berufsgruppen zweier Städte entwik-
kelt, so unterliegen sie doch gerade in dieser Hinsicht Einschränkungen.
CORTESE et al. (1976) verweisen darauf, daß beide Indizes abhängig sind
vom Anteil der betrachteten Teil-Bevölkerung (je größer ihr Anteil, desto
geringer der Index-Wert) und von der Gesamtzahl der Bevölkerung in jedem
Teilgebiet (je größer das Teilgebiet, desto geringer der Indexwert). Auch
ROOF & VAN VALEY (1972) verweisen darauf, daß die Indizes abhängig sind
von der Größe der Untersuchungseinheit und der Meß-Einheit (je größer die
Einheit, desto geringer der Indexwert). Für Hamburg und Wien gilt, daß die
Teilgebiete in der Anzahl der Einwohner innerhalb der beiden Städte stark
streuen; da das für beide Städte gilt, wird eine mögliche Verzerrung beide
Städte in etwa gleich betreffen; die Einwohnerzahlen zwischen beiden Städten differieren insgesamt und für die Teilgebiete nur gering; die Stärke
der Altersgruppen ist in beiden Städten nahezu gleich. Für den Vergleich
verwenden wir die gleiche Untersuchungseinheit Kern-Stadt in ihren administrativen Grenzen mit annähernd gleicher Bevölkerungszahl und Wohnungs-
menge. Als Meß-Ebene wählen wir für Hamburg die Ortsteile (N=179) und für
Wien die Zählbezirke (N=230). Die nächst kleinere Meß-Ebene wäre für Hamburg die der Baublöcke (N=7900), für Wien die der Zählgebiete (N=1273).
Damit ist die Vergleichbarkeit in diesem Punkt gewahrt.
Die Verwendung der hier gewählten Meß-Ebene empfiehlt sich nicht nur aus
Gründen der Vergleichbarkeit. Meßwerte auf Ortsteil-Ebene sind realisti-
schere Indikatoren für Segregation in größeren Städten; deren Differenzierung schlägt sich eher auf der Ebene von Ortsteilen nieder als auf der
Ebene von Baublöcken (VAN VALEY & ROOF 1976). Für die altersgruppen-spezifische Segregation wurde dies von PAMPEL & CHOLDIN (1978:1135) belegt.

5.4. Einteilung des Stadtgebietes in Teilgebiets-Gruppen

Die Beschreibung der Altersgruppen-Segregation erfolgt zunächst (1) für
das Gesamtgebiet der Städte Hamburg und Wien und (2) für die kleinsten der
hier betrachteten Teilgebiete, die Ortsteile und Zählbezirke.
Entsprechend der dieser Studie zugrundeliegenden Annahme über den Zusammenhang zwischen Altersstruktur einerseits und Wohnungsausstattung und Wohnstandort andererseits folgt die weitergehende Beschreibung der Bildung von

entsprechenden Teilgebiets-Gruppen nach (3) ihrer homogenen Wohnungsstruktur (siehe Abschn. 5.5.), (4) ihrer Lage in Innerer oder Äußerer Stadt (für Hamburg: BAUBEHÖRDE HAMBURG 1973:9; für Wien: MAGISTRAT DER STADT WIEN 1973) und (5) ihrer Lage in Abhängigkeit zum Stadtzentrum.
Um die methodologischen Voraussetzungen der Definition von Segregation nicht fallen lassen zu müssen, fungieren die Gruppen von Teilgebieten gleicher Merkmalsausprägung methodisch gesehen hilfsweise als Gesamtgebiet und die einzelnen Teilgebiete wieder als Meß-Ebene. Aussagekräftig wird dabei in erster Linie der Vergleich zwischen Gesamtgebiet und Teilgebiets-Gruppe sein: Es soll geprüft werden, inwieweit sich die Teilgebiets-Gruppen hinsichtlich des Ausmaßes der altersgruppen-spezifischen Segregation untereinander und vom Gesamtgebiet der Stadt unterscheiden.

5.5. Die Abgrenzung homogener Teilgebiete nach Merkmalen der Wohnungsstruktur

In bezug auf die Abgrenzung homogener städtischer Teilgebiete nach Merkmalen der Wohnungsstruktur kann für Hamburg auf die Arbeit von MANHART (1977) zurückgegriffen werden. Für Wien liegen zwar ebenfalls detaillierte, bis auf die Zählgebiets-Ebene hinunterreichende, beschreibende Arbeiten vor (SCHWEITZER 1976; KAUFMANN 1978; KAINRATH 1978, 1979), sie sind aber in ihrem Ansatz untereinander verschieden und kaum zusammenzuführen; da sie eher in stadtplanerischer als in soziologisch-generalisierender Absicht verfaßt wurden, sind sie in ihrer Beschreibung zu wenig komplex.

Um die Vergleichbarkeit der beiden Städte für die vorliegende Studie herzustellen, müssen für die Abgrenzung homogener Teilgebiete dasselbe Instrument und dieselben Merkmale verwendet werden. Ausgangspunkt ist die von MANHART (1977:18) für Hamburg vorgelegte Cluster-Analyse nach den Wohnungsmerkmalen:

- Anteil Wohnungen mit Sammelheizung, Bad und WC,
- Anteil der nach 1948 erstellten Wohnungen (Wien: nach 1944),
- Anteil der Wohnungen mit sechs und mehr Räumen (Wien: 5+),
- Anteil der Wohnungen in Gebäuden mit ein oder zwei Wohnungen,
- durchschnittliche Raumgröße im Ortsteil.

Diese Merkmale bilden für beide Städte die Dimensionen Größe, Ausstattung und Alter der Wohnungen hinreichend ab. Die Replikation der MANHART-Studie erlaubt einen direkten Vergleich der Ergebnisse (wird hier jedoch vernachlässigt) und fördert auf diese Weise auch die Vergleichbarkeit von Untersuchungen gleicher Räume. Die Replikation ist begründet in dem gra-

vierenden Einwand von FISCHER & DROHT (1984) und KOHLSCHE (1983:60) gegen
das Vorgehen von MANHART, ein hierarchisches Verfahren auf ein nicht-hier-
archisches Problem angewandt zu haben.

Die Cluster-Analyse wurde gerechnet mit dem Programm CLUSTAN Version 2.1
(WISHART 1978) im Rechenzentrum der Universität Hamburg. Sie erfolgte in
drei Schritten: (1) Sequentielle Einteilung der 179 bzw. 230 Elemente in 7
Anfangs-Cluster, Optimierung mit der Prozedur RELOCATE über den Ähnlich-
keits-Koeffizienten der quadrierten euklidischen Distanz; (2) wie (1) mit
15 Anfangs-Cluster, anschließende schrittweise Fusion zu 14, 13, 12 ... 7
Cluster mit Optimierung nach jeder Fusion mit der Prozedur RELOCATE; (3)
Zufalls-Einteilung der Elemente in 7 Anfangs-Cluster mit anschließender
Optimierung mit der Prozedur RELOCATE.
Diese drei Strategien führten zu stark ähnlichen Ergebnissen in bezug auf
die Zugehörigkeit der Elemente zu den Clustern. Zusätzlich wurde versucht,
mit einem hierarchischen Verfahren aus dem CLUSTAN-Programm (WARD-Algorith-
mus) die Ergebnisse von MANHART zu reproduzieren. Dies schlug fehl; lediglich die MANHARTschen Cluster F und G konnten gut wieder abgebildet werden; diese kommen auch in den nicht-hierarchischen Lösungen sehr gut zum
Vorschein. Von den drei nicht-hierarchischen Lösungen wurde die erstgenann-
te ausgewählt, weil deren Ergebnis der MANHARTschen Lösung bei aller Ver-
schiedenheit am nächsten kommt. Die hier erfolgte Vorgabe von 7 Ergebnis-
Clustern ist theoretisch nicht begründbar, sie erfolgte unter den Gesichtspunkten Replikation und Stadt-Vergleich. Der Vergleich der Lösungen für 5,
6 und 7 End-Cluster zeigte keine Evidenz gegen die Lösung mit 7 Clustern.
Für Wien wurde gleichartig vorgegangen. Die je 7 Cluster lassen sich wie
folgt inhaltlich beschreiben:

Cluster-Beschreibung für Hamburg (Abb. 5-1):

A Große Wohnungen mit großen Räumen, überwiegend in Einzelhäusern,
   Altbau, ganz überwiegend gut ausgestattet;
B große Wohnungen mit kleinen Räumen in Einzelhäusern, überwiegend nicht
   gut ausgestattet, überwiegend Altbau;
C gut ausgestattete Neubau-Wohnungen durchschnittlicher Größe, über-
   wiegend Einzelhäuser;
D gut ausgestatte Neubau-Wohnungen durchschnittlicher Größe in Mehr-
   familien-Häusern;
E kleine, schlecht ausgestatte Wohnungen mit kleinen Räumen in Mehr-
   familien-Häusern;
F kleine Neubau-Wohnungen in Mehrfamilien-Häusern (entspricht dem WOHN-
   Typ F nach MANHART);
G kleine, schlecht ausgestattete Altbau-Wohnungen in Mehrfamilien-
   Häusern (entpricht dem WOHN-Typ G nach MANHART).

Typ A repräsentiert die Ortsteile mit Altbau-Großwohnungen in bevorzugter Wohnlage der innerstädtischen Wohngebiete Rotherbaum, Harvestehude, Winterhude sowie der auf der Geest liegenden Ortsteile am nördlichen Elbufer.

Typ B repräsentiert exakt die überwiegend landwirtschaftlich ausgerichteten Ortsteile der Vier- und Marschlande sowie der Süderelbe.

Typ C repräsentiert ähnlich dem Typ A Gebietsteile, die - in Anlehnung an MANHART (1977) - als Ortsteile mit hohem bis sehr hohem Bevölkerungsstatus bezeichnet werden können: Marienthal, Alstertal, die Walddörfer und das westlich gelegene Rissen.

Typ D repräsentiert bevölkerungsreiche Ortsteile mit hohem Neubau-Anteil, die fast ausschließlich in der Äußeren Stadt gelegen sind.

Typ E repräsentiert Ortsteile mit einer gewissen Baualterdurchmischung, die, bis auf zwei Ausnahmen, in Innenstadt-Nähe gelegen sind.

Typ F repräsentiert fast fehlerfrei die nördlich der Elbe gelegenen Ortsteile, die 1943 durch Luftangriffe sehr stark bis völlig zerstört wurden (BRUNSWIG 1982:298/299). Der nördlichste Ortsteil dieses Typs war zum Zeitpunkt der Datenerhebung ein Kleinsiedlergebiet mit entsprechend geringer Wohnungsqualität und von den Luftangriffen nur wenig betroffen. Aber selbst die Aussparung der in diese Ortsteil-Gruppe hineinragenden Ortsteile des Typs C entspricht der räumlichen Verteilung der Luftbomben-Schäden an der Wohnungssubstanz. Dieses Ergebnis zeigt, daß 25 Jahre nach den dieses Gebiet betreffenden Bombardements sich deren Folgen immer noch in der Wohnsubstanz widerspiegeln. Mit dem Ziel, die damalige Wohnungsnot zu beheben, wurden nach Kriegsende mit den damals begrenzt zur Verfügung stehenden Mitteln die beschädigten Wohngebäude wiederhergerichtet oder Wohnungen neugebaut: schnell, billig, klein.

Typ G repräsentiert Ortsteile mit einem großen Bestand an Wohnungen, die seit Anfang der 70er Jahre als sanierungsbedürftig angesehen werden. Auch hier finden sich westlich der Alster innerstädtische Ortsteile (Neustadt, St. Pauli, Altona-Altstadt), die bei Luftangriffen 1943 stark zerstört wurden (BRUNSWIG 1982:284/285).

Abb. 5-1: Homogene Teilgebiete Hamburgs nach Wohnungsmerkmalen 1968, 179 Ortsteile

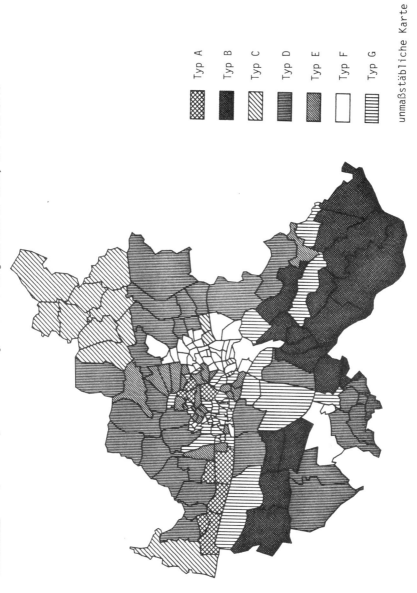

Typ A
Typ B
Typ C
Typ D
Typ E
Typ F
Typ G

unmaßstäbliche Karte

Cluster-Beschreibung für Wien (Abb. 5-2):

A   Große, gut ausgestattete Wohnungen des Neubaues, überwiegend in
    Einzelhäusern gelegen;
B   sehr gut ausgestattete, sehr große Wohnungen mit sehr großen Räumen,
    in Mehrfamilien-Häusern des Altbaues gelegen;
C   gut ausgestattete, überwiegend nach 1944 erbaute Wohnungen, überwie-
    gend in Einfamilien-Häusern mittlerer Größe gelegen;
D   sehr gut ausgestattete Wohnungen mittlerer Größe in Neubauten von
    Mehrfamilien-Häusern;
E   durchschnittlich ausgestattete Wohnungen des Mehrfamilienhaus-Neubaues
    durchschnittlicher Größe;
F   kleine Wohnungen mit kleinen Räumen und z.T. sehr schlechter Ausstat-
    tung in Mehrfamilien-Häusern fast ausschließlich des Altbau-Bestandes;
G   sehr heterogener Wohnungs-Bestand durchschnittlicher Wohnungs-Ausstat-
    tung uneinheitlicher Größe eher des Altbaues.

Trotz teilweise gleicher Formulierung können für die beiden Städte die
Cluster gleicher Merkmale nicht umstandslos gleichgesetzt werden, da die
einzelnen Variablen-Werte nicht gleich sind (siehe Anhang A).
Die klassifizierten Zählbezirke Wiens ergeben ein räumliches Muster, das
sich in einigen anderen Arbeiten wiederfindet, die zwar ebenfalls die räumliche Struktur-Beschreibung zum Ziel hatten, aber mit methodisch weniger
elaboriertem Instrumentarium arbeiteten. Ein Vergleich der dort dargestellten räumlichen Muster mit der Abb. 5-2 zeigt insbesondere für die extremen
Merkmals-Ausprägungen gute bis sehr gute Übereinstimmungen. So hat SCHWEIT-
ZER (1976:129, Karte 1.17) einen Wohnungsqualitäts-Index kartiert, bei dem
die räumliche Lage der sehr schlechten und sehr guten Wohnungen korrespondiert mit den Zählbezirken der Wohnungsmerkmale F einerseits und A und B
andererseits.
Die eindimensionale Betrachtung der Wohnungsmerkmale durch KAUFMANN (1978)
mittels der Bildung von Anteilswerten bestätigt jeweils nur unzureichend
die Abb. 5-2, weil z.B. in der Darstellung der Baualterdurchmischung (KAUF-
MANN 1978:Kartogramm 5.5) nicht getrennt werden kann zwischen alten Wohnungen mit guter oder schlechter Ausstattung (das ist der wichtigste Unterschied zwischen den hier genannten Merkmalen B und F) oder zwischen Neubau-
gebieten von Einfamilien- oder Mehrfamilien-Häusern. Ähnliche Schwierigkeiten ergibt auch der Vergleich mit den Kartogrammen für Wohnungsgröße und
Ausstattung.
Eine bessere Übereinstimmung findet sich zu KAINRATH (1978:Abb.16), weil
er auf der Ebene von Zählgebieten die fünf Wohnungsmerkmale Dichte der
Wohnungen, Wohnungsgröße, Dichte mangelhafter Wohnungen, Wohnfläche je
Bewohner und Anteil der Neubauten zu einem einfachen, nicht gewichteten
Index zusammengefaßt hat. Diese Indikatoren haben starke Ähnlichkeit mit
den in die Cluster-Analyse eingegangenen Variablen. Daher zeigen sich gute

Abb. 5-2: Homogene Teilgebiete Wiens nach Wohnungsmerkmalen 1971, 230 Zählbezirke

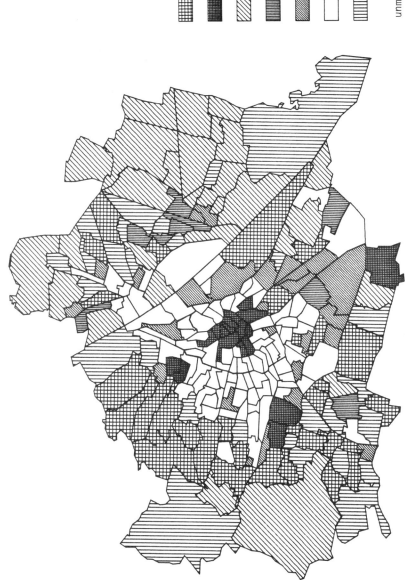

Typ A

Typ B

Typ C

Typ D

Typ E

Typ F

Typ G

unmaßstäbliche Karte

Übereinstimmungen bei den Zählbezirken mit schlechter Wohnungsstruktur sowie bei den innerstädtischen mit guter Ausstattung. Für die im äußeren Gürtel und östlich der Donau gelegenen Zählbezirke scheinen die in die Cluster-Analyse eingegangenen Variablen des Anteils der Ein- und Zweifamilien-Häuser sowie der durchschnittlichen Raumgröße stärkere Unterscheidungskraft zu haben als die von KAINRATH verwendeten.

Die Auswahl der Cluster-Analyse-Variablen basierte für Wien auf der pragmatischen Entscheidung, die Vergleichbarkeit der beiden Fallstudien auch auf diesen Teil auszudehnen. Der Vergleich des Ergebnisses mit dem anderer Arbeiten hat gezeigt, daß die Klassifikation der Zählbezirke gut mit anderen Struktur-Beschreibungen übereinstimmt. Daraus kann der Schluß gezogen werden, die verwendeten Variablen bilden die Wohnungsstruktur Wiens in der Cluster-Analyse hinreichend ab.

5.6. Datengrundlagen

Hamburg

Die Altersstruktur-Daten 1961 und 1970 sind Ergebnisse der Volkszählungen vom 6.6.1961 und 27.5.1970 und wurden der "Statistik des hamburgischen Staates" entnommen (STAT. LANDESAMT HAMBURG 1965, 1972). Die Altersstruktur-Daten 1981 sind den nicht veröffentlichten, aggregierten Ergebnissen der Einwohner-Datei Hamburg des Einwohnerzentralamtes entnommen, sie stellen die Altersgliederung Hamburgs am 20.9.1981 dar. Die Daten zur Wohnungsstruktur sind den Ergebnissen der Gebäude- und Wohnungszählung vom 25.10.1968 aus der Regionaldatei Hamburg entnommen. Die Daten zur Haushaltsstruktur stammen aus den Ergebnissen der Volkszählungen 1961 und 1970 und sind ebenfalls der Regionaldatei Hamburg entnommen. Die Daten aus der Regionaldatei standen in maschinenlesbarer Form zur Verfügung und wurden stichprobenartig anhand gedruckter Quellen geprüft. Von den 180 (administrativen) Ortsteilen der Freien und Hansestadt Hamburg wurden 179 in die Studie einbezogen, ausgeschlossen wurde der Ortsteil 140, die Insel Neuwerk in der Elbmündung vor Cuxhaven.
Der Gebietsstand aller Daten bezieht sich auf 1970, Gebietsstandsänderungen zwischen 1961 und 1970 wurden vernachlässigt.
Alle Daten beziehen sich auf die aggregierte Ebene der Ortsteile; diese sind Untersuchungs- und, soweit im Text nicht ausdrücklich anders angegeben, gleichzeitig Aussage-Einheit.

Wien

Die Alters- und Haushaltsstruktur-Daten 1961 sind Ergebnisse der Volkszählung vom 21.3.1961 (MAGISTRAT DER STADT WIEN 1965). Die Altersstruktur-
Daten 1971 sind Ergebnisse der Volkszählung vom 12.5.1971, sie standen in
maschinenlesbarer Form zur Verfügung. Die Altersstruktur-Daten der Volkszählung vom 12.5.1981 waren dem Verfasser nicht zugänglich. Stattdessen
wurde die unveröffentlichte Altersstruktur nach dem Meldestatus per 31.12.
1982 des Magistrates der Stadt Wien herangezogen. Die Haushaltsstruktur-
Daten 1971 sind ebenfalls Ergebnisse der Volkszählung und lagen in
maschinenlesbarer Form vor. Alle Wohnungstruktur-Daten sind Ergebnisse der
Häuser- und Wohnungszählung vom 12.5.1971; teilweise lagen sie in
maschinenlesbarer Form vor, teils wurden sie der offiziellen Veröffent-
lichung (MAGISTRAT DER STADT WIEN 1971), teils dem Datenband von KAUFMANN
(1978) entnommen. Die Daten zur Stellung im Beruf wurden ebenfalls von
KAUFMANN (1978) übernommen, die Daten zur Fläche der Zählbezirke, zu
Nicht-Mietwohnungen und zum Mietpreis wurden dem Verfasser zusammen mit
den Altersstruktur-Daten 1982 von der Wiener Magistratsverwaltung in
aggregierter Form gesondert übermittelt.
Die maschinenlesbaren Daten wurden stichprobenartig anhand gedruckter
Quellen geprüft; für die Altersstruktur-Daten 1971 ergab sich eine
Abweichung von + 1.883 Einwohnern (= 1,17 o/oo) für die Gesamt-Stadt, die
bei der Auswertung vernachlässigt wurde.

Gebietsstands-Änderungen in Wien

Die 23 Wiener Gemeindebezirke gliederten sich 1961 in 220, 1971 in 230 und
1981 in 250 Zählbezirke; die zusätzlichen Zählbezirke entstanden durch
Teilung, nicht durch Gebietserweiterung. Für 1981 wurden die Daten auf den
Gebietsstand von 1971 zurückgeführt (vgl. DESOYE 1982); die Rückführung
auf den Gebietsstand von 1961 erschien unzweckmäßig, sodaß die leichte
Gebietsstands-Differenz 1961/1971 von 10 Zählbezirken hingenommen werden
muß (vgl. MAGISTRAT DER STADT WIEN 1971:7). Die Beschreibung fußt daher
für alle drei betrachteten Zeitpunkte auf dem Gebietsstand von 1971; die
Bevölkerungsgröße der 1961 noch nicht abgeteilten Zählbezirke wurde mit
Null angesetzt und diese Zählbezirke zusammen mit zwei weiteren, die 1961
keine Bevölkerung aufwiesen, aus der Betrachtung für 1961 herausgenommen
(das sind die Zählbezirke 0106,0107,0209,0309,0310,0705,0904,0905,1106,
1610,2005,2219).

Auswahl und Konkordanz der Vergleichsjahre

Für Hamburg ist 1961 mit seiner Volkszählung das Ausgangsjahr. Es kann davon ausgegangen werden, daß bis zum Vorjahr die Bevölkerungsbewegungen auf nationaler Basis tendentiell abgeschlossen waren, die hauptsächlich auf den Krieg zurückzuführen waren: Rückwanderung von Emigranten und Evakuierten, Rückkehr der deutschen Kriegsgefangenen, Zuwanderungen aus der SBZ und nachmaligen DDR sowie in großen Teilen der Wiederaufbau der Städte. Erstes Vergleichsjahr ist wegen der Volkszählung das Jahr 1970; damit wird ein Rückgriff auf ungenaue Fortschreibungen vermieden. Für das zweite Vergleichjahr stand nur die Einwohnerdatei zur Verfügung. Als Stichtag wurde der 20.9.1981 gewählt, um einen späteren Vergleich mit den Wiener Daten aus der dortigen Volkszählung 1981 zu ermöglichen.

Für das Wiener Ausgangsjahr 1961 gilt das gleiche wie für das Hamburger: Der Zeitraum 1951-1961 ist sehr stark von den Kriegsfolgen geprägt, dagegen der Zeitraum 1961-1971 sehr stark durch Neubau-Tätigkeit (SLUPETZKY 1974:41). 1971 bietet sich wegen der nächsten Volkszählung an, wogegen das Jahr 1982 eine Verlegenheitslösung ist. Wegen eines Verwaltungsstreits zwischen den Bundesländern Wien und Niederösterreich standen die Alters- und Haushaltsstruktur-Daten der Volkszählung 1981 nicht zur Verfügung, auch waren Verwaltungsdaten für 1981 aus der Meldekartei nicht zu erhalten.

6. Beschreibung der Segregation von Altersgruppen in Hamburg und Wien

Die Durchsicht vorliegender empirischer, fast ausschließlich nordamerikanischer Untersuchungen zur altersspezifischen Segregation in Abschnitt 3.1.
ergab, daß das Ausmaß der Segregation sowohl zwischen den Untersuchungsebenen als auch innerhalb der Untersuchungsebenen stark differierte. Das
macht es unmöglich, die in der vorliegenden Studie ermittelten Segregationswerte mit diesen zu vergleichen und zu einer Bewertung des Ausmaßes
der Altersgruppen-Segregation zu gelangen. Dies soll der Vergleich der beiden hier beschriebenen europäischen Groß-Städte Hamburg und Wien erbrin-
gen.

Studien, die die Segregation aller Altersgruppen einer städtischen Bevölkerung beschreiben, - außer denen des Verfassers für Hamburg (SCHÜTZ
1982a, b) - liegen bisher nicht vor. Aus diesem Grunde und aus Gründen des
Vergleichs soll der Beschreibung der Segregation ausführlich nachgegangen
werden.

6.1. Hamburg 1961, 1970, 1981

6.1.1. Ebene Stadt

Die Tabelle 6-1 zeigt, daß die Segregation der Altersgruppen in Hamburg,
auf gesamtstädtischer Ebene betrachtet, ansteigt.
1970 sind alle Altersgruppen stärker segregiert als 1961; bis 1981 steigt
die Segregation für die Altersgruppen 2 bis 5 weiter an, für die beiden
ältesten sinkt sie auf ein Niveau oberhalb von 1961, für die jüngste sinkt
sie unter den Stand von 1961. Im betrachteten Zeitraum hat sich die Segregation der Altersgruppen 2 und 4 verdoppelt.
Die Indexwerte lassen sich so auffassen, daß z.B. die älteste Altersgruppe
im Jahre 1961 zehn Prozent der maximal möglichen (vollständigen) Segregation erreicht hat.
Verglichen mit der Segregation nach der Stellung im Beruf (GÖSCHEL et al.
1980:26) oder von Ausländern (HELMERT 1982:265) sind alle genannten Werte
gering und erscheinen als nicht weiter bemerkenswert. Auch der Vergleich
mit den für Wien gefundenen Werten (Abschnitt 6.2.1) gibt keinen eindeuti-
gen Hinweis auf eine realistische Einschätzung ihrer absoluten Höhe.
Einige Überlegungen mit Bezug auf den Lebenszyklus können weiterführen:
Bei der Altersgruppe der über 64jährigen kann angenommen werden, daß sie

ganz überwiegend in Haushalten leben, in denen andere Altersgruppen nicht
vertreten sind. Dagegen muß bei den beiden jüngsten Altersgruppen angenommen werden, daß sie in aller Regel bei ihren Eltern oder anderen eltern-
ähnlichen Bezugspersonen wohnen; aus diesem Grunde sind für sie Segregationswerte eher nahe Null zu erwarten. Statt dessen aber weisen sie Werte

Tabelle 6-1: Index der Segregation (IS) für Altersgruppen der Wohnbevölkerung in Hamburg, 179 Ortsteile, 1961, 1970, 1981

Altersgruppe		Index der Segregation		
Nr.	von .. bis unter .. Jahren	1961	1970	1981
1	0 - 6	11,0	12,2	10,3
2	6 - 20*	6,2	11,3	13,0
3	20 - 25*	5,3	6,7	7,1
4	25 - 35	6,1	7,8	11,3
5	35 - 45	5,2	6,3	6,6
6	45 - 65	5,8	8,4	7,1
7	65 u. älter	10,0	13,3	12,5

* 1961: 6-21, 21-25
Quelle: eigene Berechnungen

auf, die annähernd denen der ältesten, eher allein lebenden Altersgruppe
entsprechen. Daraus kann zunächst geschlossen werden, daß die IS-Werte
zwar absolut als gering, aber bei Beachtung der altersspezifischen Zusammenhänge als relativ hoch angesehen werden müssen.
Der Unterschied zwischen den beiden jüngsten Altersgruppen ist ebenfalls
als hoch anzusehen. Er läßt vermuten, daß 1961 und 1981 Familien mit Klein-
kindern eher in anderen Ortsteilen wohnen als Familien mit Kindern in
Schul- oder Berufsausbildung.
Am stärksten fällt die Unterschiedlichkeit der IS-Werte zwischen den beiden jüngsten Altersgruppen einerseits und den dazugehörigen Eltern-Altersgruppen der 25- bis 45jährigen ins Gewicht. Hier sind mehrere Faktoren
wirksam. Zum einen spiegelt sich hier die lebenszyklus-spezifische Inhomogenität der Erwachsenen-Altersgruppen wider, indem aufgrund der aggregierten Daten nicht nur Eltern in dieser Altersgruppe vertreten sind. Zum
anderen verdeckt diese Inhomogenität die Segregation innerhalb der beiden
Altersgruppen. Beides gehört in gewisser Weise zusammen: Ist es richtig,
daß die unter 20jährigen ganz überwiegend bei ihren Eltern wohnen, so wäre
für die Altersgruppe ihrer Eltern eine ähnlich hohe Segregation zu erwarten. Da diese aber mit zwei Ausnahmen stets deutlich geringer ausfällt,
läßt dies vermuten, daß die Angehörigen dieser Altersgruppen mit Kindern
eher woanders wohnen als diejenigen ohne Kinder, so daß sich diese Alters-

gruppen im Sinne der Segregation gleichmäßiger über die Stadt verteilen
mit der logischen Folge, daß der IS-Wert fällt und tatsächlich oft nur
halb so groß ist wie der der Kinder. Das legt die Vermutung nahe, daß eine
Segregation zwischen Haushalten mit Kindern und Haushalten ohne Kinder vor-
liegt.

Tabelle 6-2 bestätigt diese Vermutung: Die Bevölkerung ist nach Haushaltstypen erheblich stärker segregiert als nach Altersgruppen. Diese Segregation betrifft in erster Linie die Haushalte mit einem, zwei und mehr als
vier Mitgliedern. Die Segregation zwischen den Ein- und Mehrpersonen-Haus-
halten ist von 1961 bis 1970 geringfügig von 17,8 % auf 16,4 % gesunken.
Wenn man die Mehrpersonen-Haushalte differenziert (nur für 1970 möglich),
so zeigt sich, daß die Segregation zwischen den Einpersonen- und den Mehr-
personen-Haushalten um so mehr ansteigt, je größer der Haushalt ist. Diese
Aussage gilt auch, mit Ausnahme der Dreipersonen-Haushalte, für die Mehrpersonen-Haushalte untereinander. Weiterhin gilt der Satz: Je größer der
Mehrpersonen-Haushalt, desto stärker ist die Segregation zwischen den Mehr-
personen-Haushalten und den Haushalten ohne Kinder. Die Segregation
zwischen den Haushalten mit und den Haushalten ohne Kinder ist mit 13,8 %
größer als die Segregation der Altersgruppen überhaupt. Der Wert ID=1,9
für die Zweipersonen-Haushalte und die Haushalte ohne Kinder zeigt, daß
diese beiden Variablen dasselbe messen, nämlich die Abwesenheit von
Kindern.

Tabelle 6-2: Index der Dissimilarität (ID) für Haushaltstypen der Wohnbevölkerung in Hamburg, 179 Ortsteile, 1961 und 1970

Haushaltstyp / Jahr	1961 2	1970 2	1970 3	1970 4	1970 5	1970 6	1970 7	1970 8
1 Einpersonen-Haushalte	17,8	16,4	10,8	18,2	25,2	32,3	23,4	11,8
2 Mehrpersonen-Haushalte			7,3	2,6	9,7	18,0	7,7	6,1
3 Zweipersonen-Haushalte				8,7	16,9	24,8	14,8	1,9
4 Dreipersonen-Haushalte					8,8	17,8	6,7	7,7
5 Vierpersonen-Haushalte						10,8	3,2	15,5
6 Haushalte mit fünf und mehr Personen							11,9	23,4
7 Haushalte mit Kindern unter 18 Jahren								13,8
8 Haushalte ohne Kinder unter 18 Jahren								-

Quelle: eigene Berechnungen

Während der IS eine besimmte Bevölkerungsgruppe versus restliche Bevölkerung betrachtet (beide zusammen also 100 % der Bevölkerung ergeben),
stellt der ID eine bestimmte Bevölkerungsgruppe einer anderen Teilgruppe
gegenüber. Die Interpretation der ID-Werte kann analog zum IS erfolgen:

So hat 1970 die Segregation zwischen den Einpersonen-Haushalten und den
Haushalten mit fünf und mehr Personen bereits 32,3 % der größtmöglichen
Segregation erreicht.

Die Segregation dieser Haushaltstypen läßt sich nicht mit dem Konzept des
Lebenszyklus interpretieren. Hier käme man zu sicherlich gehaltvollen Aussagen, wenn man - ähnlich wie FRIELING (1980) vorgegangen ist, ohne allerdings die Segregation zu messen - die Merkmale des Alters mit Merkmalen
des Haushalts verbinden könnte, um die Segregation auf Individual-Ebene zu
messen.

Tabelle 6-3: Wohnbevölkerung in Hamburg nach Altersgruppen, 1961,1970,1981

Altersgruppe* Nr.		1961	%	1970	%	1981	%	Veränderung 1961 = 100 1970	1981
1	0 - 6	125.632	7	138.934	8	71.836	4	111	57
2	6 - 20**	326.572	18	280.135	16	278.771	17	86	85
3	20 - 25**	125.757	7	107.063	6	125.481	7	86	101
4	25 - 35	240.675	13	290.615	16	237.246	14	121	99
5	35 - 45	219.586	12	221.624	12	268.429	16	101	122
6	45 - 65	535.981	29	452.445	25	392.009	23	84	73
7	65 u.ä.	257.110	14	302.966	17	318.287	19	118	124
gesamt		1.831.313	100	1.793.782	100	1.692.059	100	98	92

* von ... bis unter ... Jahren
** 1961: 6-21, 21-25
Quelle: siehe Abschnitt 5.6.

Die Tabelle 6-3 ergänzt die Tabelle 6-1 in ihrem Aussagegehalt durch die
Betrachtung der Altersstruktur und der Veränderung der Einwohnerzahlen.
Der auffallende Rückgang des IS-Wertes für die Altersgruppe 1 ist beglei-
tet von einer starken absoluten wie relativen Abnahme der Bevölkerung.
Zwischen beiden besteht kein unmittelbarer Zusammenhang, oder deutlicher:
Der IS sinkt nicht deshalb, weil die Personenzahl absolut oder relativ zu-
rückgeht. Für den IS ist allein ausschlaggebend, ob sich der Anteil einer
Altersgruppe pro Ortsteil, bezogen auf die Gesamtbevölkerung dieser Altersgruppe (= 100 %), ändert. Eine Veränderung des Anteils der Altersgruppe an
der Gesamtbevölkerung des Teilgebietes und/oder des Gesamt- Gebietes ist
völlig unerheblich. Für die Altersgruppe 1 heißt das konkret: In der Zeit
von 1970 bis 1981 haben durch Geburten, Umzüge und Sterbefälle Veränderungen in der Verteilung der Kinder auf alle 179 Hamburger Ortsteile in dem
Maße stattgefunden, die den anfänglichen Anstieg der Segregation von 1961

auf 1970 kompensierten und darüber hinaus eine Reduzierung der Segregation unter den Stand von 1961 bewirkten.

Ein deutliches Anzeichen dafür, daß sich für die Altersgruppe 2 in den Jahren zwischen 1961 und 1981 ein lebenszyklus-spezifischer Wohnstandort herauszubilden beginnt, ist der in diesem Zeitraum um 110 % zunehmende IS bei abnehmender Bevölkerung. Im selben Zeitraum bleibt die Größe der Eltern-Altersgruppe 4 unverändert, ihr Segregationwert steigt aber um fast das Doppelte auf 11,3 %, die Eltern-Altersgruppe 5 nimmt zahlenmäßig stark zu, erhöht ihren IS-Wert aber vergleichsweise mäßig auf 6,6 %. Einen starken Bevölkerungszuwachs hat danach noch die älteste Altersgruppe zu verzeichnen, die gleichzeitig die höchsten Segregations-Werte aufweist.

Die Zusammenschau der Tabellen 6-1 und 6-3 bestätigt, daß die Zunahme der Segregation nicht allein auf Bevölkerungswachstum zurückführbar ist, wie das die nordamerikanische Literatur nahelegt (vgl. Abschn. 3.1.).

Eine richtige Herleitung muß unabhängig von wachsender oder schrumpfender Bevölkerung auf die Entmischung abstellen, die, wie in Abschnitt 4.3.2. ausführlich dargelegt, Segregation allein mit der Bevölkerungsmobilität verbindet. Nur so ist Segregation trotz stagnierender Bevölkerung faßbar, da ein ausgeglichener Wanderungssaldo in der Regel eine Selektivität der Bevölkerungsmobilität verdeckt. -

Der Index der Segregation mißt die Segregation zweier Bevölkerungsgruppen eines Gebietes. Er ist nicht in der Lage, die Segregation aller Bevölkerungsgruppen zusammen anzugeben, um das Ausmaß der Segregation für ein Gebiet insgesamt abzubilden. Dies versucht der Index der Abweichung vom Typ E (Tabelle 6-4).

Tabelle 6-4: Index der Abweichung E für Altersgruppen* der Wohnbevölkerung in Hamburg, 179 Ortsteile, 1961, 1970, 1981

Jahr	Index der Abweichung E (IA/E)
1961	5,0
1970	7,2
1981	8,1

* 0-6, 6-20, 20-25 (1961: 6-21, 21-25),
  25-35, 35-45, 45-65, 65+
Quelle: eigene Berechnungen

Die Werte dieser Tabelle lassen sich, anders als beim IS, so interpretieren, daß im Jahre 1961 5 % der in Altersgruppen eingeteilten Hamburger
Bevölkerung hätten umziehen müssen, um in allen 179 Ortsteilen diejenige
Altersstruktur zu erreichen, die auf gesamt-städtischer Ebene gegolten
hat. Bei abnehmender Bevölkerung stieg dieser Wert 1970 auf 7,2 % und 1981
auf 8,1 %.
Diese gesamt-städtische Segregation ist in Tabelle 6-5 zurückbezogen auf
die einzelne Altersgruppe. Die Werte sagen aus, welchen Anteil jede
einzelne Altersgruppe an der gesamt-städtischen Segregation hatte.

Tabelle 6-5: Index der Abweichung D für Altersgruppen der Wohnbevölkerung
in Hamburg, 179 Ortsteile, 1961, 1970, 1981

Altersgruppe		Index der Abweichung D		
Nr.	von..b.u. ... J.	1961	1970	1981
1	0 - 6	12,6	11,0	5,1
2	6 - 20*	16,2	18,8	22,1
3	20 - 25*	5,9	4,8	6,0
4	25 - 35	12,4	13,4	16,8
5	35 - 45	9,8	8,6	10,9
6	45 - 65	21,5	19,9	15,6
7	65 u.ä.	21,5	23,6	23,5
gesamt		99,5	100,1	100,0

* 1961: 6-21, 21-25
Quelle: eigene Berechnungen

Die Bedeutung der Segregation der Kleinkinder für die Segregation der gesamten Stadt nahm im Verlauf des betrachteten Zeitraumes um mehr als die
Hälfte ab, während die der Schulkinder um sechs Prozentpunkte zunahm und
die der Altersgruppe 6 um dieselbe Punktzahl abnahm. Der Anteil der übri-
gen Altersgruppen veränderte sich relativ schwach. Im Jahre 1981 ist der
Anteil der Altersgruppen 2 und 7 an der gesamt-städtischen Segregation am
stärksten und fast gleich groß; dabei ist die Altersgruppe 2 absolut ge-
schrumpft und die Altersgruppe 7 absolut und relativ stark gewachsen.

Dieses Bild wird differenzierter und in seiner Struktur der Tabelle 6-1
ähnlich, wenn jede Altersgruppe für sich betrachtet wird. Der in Tabelle
6-6 genannte Index der Abweichung ist wieder unmittelbar inhaltlich interpretierbar: Im Jahre 1981 hatten z.B. die Kleinkinder einen Anteil von 4 %
an der Gesamt-Bevölkerung (Tabelle 6-3). Um diesen Anteil in allen Ortsteilen Hamburgs herzustellen, hätten 9,8 % aller Kleinkinder innerhalb
Hamburgs umziehen müssen. Insgesamt betrachtet gleichen sich die Tabellen
6-6 und 6-1: Im Niveau sehr ähnlich, in der Veränderungsrichtung gleich.

Tabelle 6-6: Index der Abweichung C für Altersgruppen der Wohnbevölkerung
in Hamburg, 179 Ortsteile, 1961, 1970, 1981

Altersgruppe		Index der Abweichung D		
Nr.	von..b.u. .. J.	1961	1970	1981
1	0 - 6	10,3	11,2	9,8
2	6 - 20*	5,1	9,5	10,9
3	20 - 25*	4,9	6,3	6,6
4	25 - 35	5,3	6,6	9,8
5	35 - 45	4,6	5,5	5,6
6	45 - 65	4,1	6,2	5,5
7	65 u.ä.	8,6	11,1	10,2

* 1961: 6-21, 21-25
Quelle: eigene Berechnungen

Zusammenfassend: Die Hamburger Bevölkerung weist eine Segregation nach dem
Merkmal Alter auf, die Segregation hat steigende Tendenz. Infolge der Inhomogenität der Altergruppen bzw. infolge des Aggregatdaten-Niveaus unter-
schätzen die Segregationswerte die tatsächliche Segregation, da sich auf
der Ebene der Haushalte zum Teil sehr viel höhere Segregationswerte nachweisen lassen. Die Bedeutung der Segregation ist für die einzelnen Altersgruppen unterschiedlich, der Schwerpunkt liegt eindeutig auf der jüngsten
und der ältesten Altersgruppe; bis 1981 entwickelt sich ein zusätzlicher
Schwerpunkt bei den 25-35jährigen. Die Segregationswerte verteilen sich
über die Altersgruppen nicht linear, ein zusätzliches Zeichen für den
lebenszyklus-spezifischen Charakter der Altersgruppen-Segregation in Hamburg. Die gleichzeitige Betrachtung der Bevölkerungszahlen zeigt, daß die
steigende Tendenz unabhängig von Zu- oder Abnahme der Bevölkerung verläuft.

6.1.2. Ebene Ortsteil

Im vorigen Abschnitt wurde mit dem Index der Abweichung E eine Kennziffer
vorgestellt, mittels derer die Segregation aller Bevölkerungsgruppen über
die gesamte Stadt dargestellt werden konnte. In diesem Abschnitt geht es
darum, die Segregation aller Bevölkerungsgruppen für jeden Ortsteil zu
benennen. Damit können die einzelnen Ortsteile eines Stadtgebietes untereinander verglichen werden, was bisher in der Segregations-Forschung allgemein unterblieb. Wir schlagen dazu den Index der Abweichung A (IA/A) vor.
Er erlaubt es, den Anteil der gesamten Ortsteil-Bevölkerung anzugeben, der
umziehen müßte, um in dem betrachteten Ortsteil die Altersstrukur der
Gesamt-Stadt herzustellen.

Die Werte des IA/A wurden kartiert (Abb. 6-1, 6-2, 6-3) und zu diesem Zweck
in vier Klassen gleicher Klassenbreite eingeteilt, die von Jahr zu Jahr
wegen unterschiedlicher Spannweite differieren. Ortsteile mit zu geringer
Bevölkerungszahl wurden aus der Betrachtung herausgenommen. Von einer Standardisierung der Werte wurde abgesehen, um den Informationsgehalt der
inhaltlichen Interpretation der Werte nicht zu verlieren. Ziel der
nachfolgenden Beschreibung ist es, die Hamburger Ortsteile zu drei
Zeitpunkten nach ihrer Altersgruppen-Segregation zu klassifizieren und
diese in der zeitlichen Veränderung zu vergleichen.

1961 fallen rund 70 % der Hamburger Ortsteile in die niedrigste IA/A-Werte-
gruppe, 25 % in die nächst höhere. Letztere betreffen zum einen die dichtbesiedelten innerstädtischen Gebiete und zum anderen die ländlich struktu-
rierten Ortsteile im Süden und Westen.

Im Jahre 1970 schlägt sich die Zunahme der gesamt-städtischen Segregation
kaum in der Zunahme der Spannweite des IA/A nieder, aber deutlich in der
Dispersion und Anzahl der nicht in die unterste Klasse fallenden Ortsteile
(rd. 40 %). Die innerstädtischen Ortsteile sind stärker betroffen als im
Jahre 1961. In elf Ortsteilen (1961: ein Ortsteil) müßten zwischen 14 und
20 % der Bevölkerung umziehen, um dort diejenige Altersstruktur zu erreichen, die auf gesamt-städtischer Ebene gilt.

Bis zum Jahre 1981 entspannt sich das Bild. Die Klassen sind wieder so
stark besetzt wie im Jahre 1961. Es sind nur noch drei Stadtrand-Ortsteile,
die nicht in die unterste Klasse fallen. Die Zunahme der Segregation
schlägt sich zum einen in der größeren Spannweite der IA/A-Werte nieder,
zum anderen auch darin, daß jetzt 42 Ortsteile (rd. ein Viertel) eine
Segregation zwischen 11 % und 20 % aufweisen sowie fünf zwischen 20 % und
38 %. Die Dispersion ist zurückgegangen, die Segregation konzentriert sich
nun ganz überwiegend auf die nördlich der Elbe gelegenen Ortsteile der
Inneren Stadt, die ECKEY (1978:201) als "urban" klassifiziert hat.

Abb. 6-1: Klassifikation der 179 Ortsteile Hamburgs nach dem Ausmaß der Altersgruppen-Segregation 1961 (gruppierte Index-Werte IA/A)

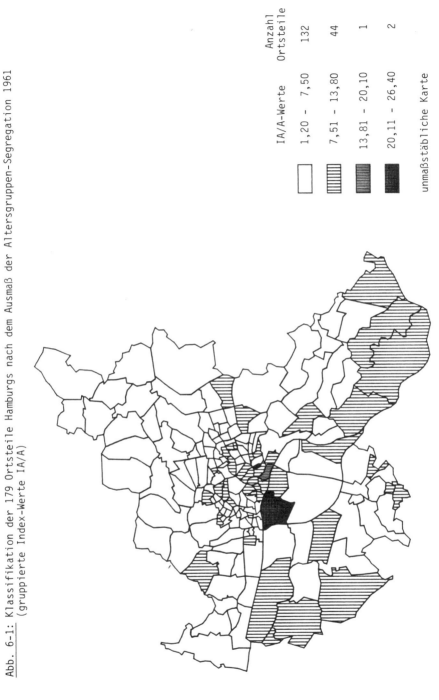

	IA/A-Werte	Anzahl Ortsteile
	1,20 – 7,50	132
	7,51 – 13,80	44
	13,81 – 20,10	1
	20,11 – 26,40	2

unmaßstäbliche Karte

Abb. 6-2: Klassifikation der 179 Ortsteile Hamburgs nach dem Ausmaß der Altersgruppen-Segregation 1970 (gruppierte Index-Werte IA/A)

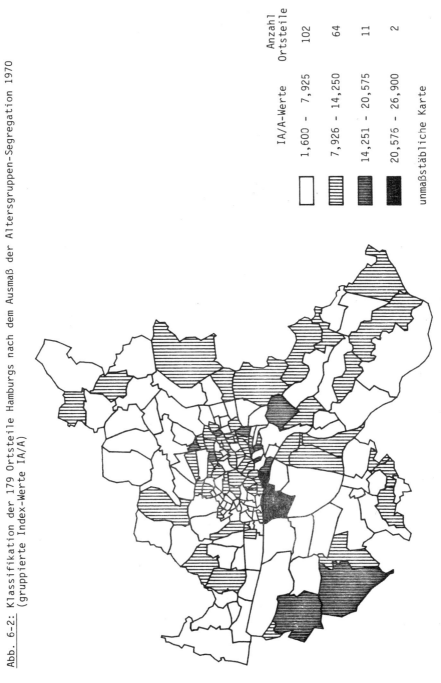

	IA/A-Werte	Anzahl Ortsteile
☐	1,600 - 7,925	102
▤	7,926 - 14,250	64
▦	14,251 - 20,575	11
■	20,576 - 26,900	2

unmaßstäbliche Karte

Abb. 6-3: Klassifikation der 179 Ortsteile Hamburgs nach dem Ausmaß der Altersgruppen-Segregation 1981
(gruppierte Index-Werte IA/A)

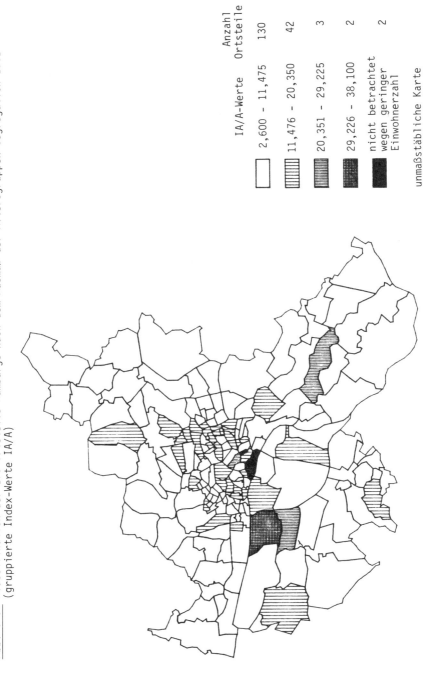

	IA/A-Werte	Anzahl Ortsteile
☐	2,600 - 11,475	130
	11,476 - 20,350	42
	20,351 - 29,225	3
	29,226 - 38,100	2
	nicht betrachtet wegen geringer Einwohnerzahl	2

unmaßstäbliche Karte

6.1.3. <u>Ebene Ortsteil-Gruppen nach ihrer Wohnungsstruktur</u>

Die Wohnstandortwahl - Standort verstanden als Zusammenfassung von Ausstattung und räumlicher Lage der Wohnung -, in Abhängigkeit von der Stellung im Lebenszyklus getroffen, impliziert den Zusammenhang zwischen Wohnungsstruktur und Altersstruktur eines Ortsteils und eine entsprechende Differenzierung der Ortsteile. Aufgrund der vorliegenden aggregierten Daten ist es nicht möglich, diesen Zusammenhang direkt, d.h. auf individueller Ebene, zu prüfen.
Ziel dieses Abschnittes ist es, die nach ihrer Wohnungsstruktur als homogen klassifizierten Ortsteile auf ihre altersspezifische Segregation hin zu untersuchen sowie Vergleiche zwischen den Ortsteil-Gruppen und zur gesamt-städtischen Ebene zu ziehen.

Wohnungsstruktur-Daten liegen nur für 1968 vor, auf ihnen beruht die Einteilung der Ortsteil-Gruppen (Abschnitt 5.5). Die Zusammenführung der Altersstruktur-Daten von 1970 mit den Wohnungsstruktur-Daten von 1968 erscheint unproblematisch und ist üblich (MÜLLER 1976; BACH 1977; FRIEDRICHS 1981:199; KNAUSS 1981). Die Betrachtung der Altersstrukturen von 1961 und 1981 auf der Grundlage der Ortsteil-Gruppierung 1968 hat daher nur heuristischen Charakter: Beschrieben wird die Veränderung der altersspezifischen Segregation über die Zeit in einem Gebiet, das 1968 eine bestimmte Wohnungsstruktur aufwies.

Die nachfolgenden Tabellen 6-7 bis 6-13 liefern die Werte zur altersspezifischen Segregation in nach Maßgabe ihrer Wohnungsstruktur eingeteilten Teilgebietsgruppen. Die Angaben zur Wohnbevölkerung sind im Anhang B in den Tabellen B6-7 bis B6-13 abgedruckt.

Entsprechend dem hier vermuteten Zusammenhang zwischen Stellung im Lebenszyklus und Wohnstandort ist anzunehmen, daß in wohnungsstrukturell homogenen Ortsteil-Gruppen die Segregationswerte IS und IA/C nur schwach sind bzw. unterdurchschnittlich ausfallen. Schwach sind sie für die Ortsteil-Gruppen mit den Wohnungsmerkmalen C,D,E und F, eher durchschnittlich sind sie für diejenigen mit den Merkmalen A und B. Lediglich die Ortsteile mit dem Wohnungsmerkmal F weisen auch überdurchschnittliche Segregationswerte auf, und zwar für die beiden jüngsten Altersgruppen. Auch der Index der Abweichung E, der hier die Segregation aller Altersgruppen für die jeweilige Ortsteil-Gruppe angibt, zeigt für alle Ortsteil-Gruppen z.T. deutlich unterdurchschnittliche Werte; lediglich die Ortsteil-Gruppe mit dem

Tabelle 6-7: Index der Segregation, Index der Abweichung C,D,E für Altersgruppen der Wohnbevölkerung Hamburgs in Ortsteilen mit dem Wohnungsmerkmal A, 9 Ortsteile, 1961, 1970, 1981

Altersgruppe* Nr.	Index der Segregation (IS)			Index der Abweichung C (IA/C)			Index der Abweichung D (IA/D)			Index der Abweichung E (IA/E)		
	1961	1970	1981	1961	1970	1981	1961	1970	1981	1961	1970	1981
1 0 - 6	3,4	4,1	5,6	3,2	3,8	5,4	5,4	6,6	3,9			
2 6 - 20**	4,7	6,7	9,0	3,9	5,9	7,7	20,9	20,5	19,6			
3 20 - 25**	11,1	7,1	5,3	10,3	6,6	5,0	23,9	13,5	6,1			
4 25 - 35	3,8	5,9	12,7	3,3	4,9	10,8	13,0	23,9	30,0			
5 35 - 45	2,0	2,5	4,5	1,8	2,2	3,7	6,9	6,4	12,7			
6 45 - 65	2,0	2,4	3,6	1,4	1,8	2,8	14,1	12,3	10,7			
7 65 u.älter	3,5	3,9	6,0	2,9	3,1	4,8	15,8	16,5	16,9			
gesamt							100,0	99,7	99,9	3,1	3,6	5,5

* von ... bis unter ... Jahren
** 1961: 6-21, 21-25
Quelle: eigene Berechnungen

Tabelle 6-8: Index der Segregation, Index der Abweichung C,D,E für Altersgruppen der Wohnbevölkerung Hamburgs in Ortsteilen mit dem Wohnungsmerkmal B, 19 Ortsteile, 1961, 1970, 1981

Altersgruppe* Nr.	Index der Segregation (IS)			Index der Abweichung C (IA/C)			Index der Abweichung D (IA/D)			Index der Abweichung E (IA/E)		
	1961	1970	1981	1961	1970	1981	1961	1970	1981	1961	1970	1981
1 0 - 6	4,3	6,5	11,2	3,9	5,9	10,5	9,8	11,7	9,5			
2 6 - 20**	3,4	3,5	8,4	2,7	2,8	6,6	14,9	12,1	22,6			
3 20 - 25**	5,7	5,6	7,4	5,3	5,3	6,8	10,7	7,5	8,5			
4 25 - 35	4,8	5,8	4,9	4,0	4,9	4,3	16,7	17,0	9,4			
5 35 - 45	4,5	4,3	5,1	4,0	3,7	4,3	12,0	11,0	10,6			
6 45 - 65	3,5	6,1	7,3	2,6	4,7	5,7	17,6	22,7	20,9			
7 65 u.älter	6,8	7,1	9,5	6,1	6,2	8,2	18,2	17,9	18,2			
gesamt							99,9	99,9	99,7	3,7	4,6	6,2

* von ... bis unter ... Jahren
** 1961: 6-21, 21-25
Quelle: eigene Berechnungen

Tabelle 6-9: Index der Segregation, Index der Abweichung C,D,E für Altersgruppen der Wohnbevölkerung Hamburgs in Ortsteilen mit dem Wohnungsmerkmal C, 14 Ortsteile, 1961, 1970, 1981

Altersgruppe* Nr.	Index der Segregation (IS)			Index der Abweichung C (IA/C)			Index der Abweichung D (IA/D)			Index der Abweichung E (IA/E)		
	1961	1970	1981	1961	1970	1981	1961	1970	1981	1961	1970	1981
1 0 - 6	7,1	8,4	9,6	6,6	7,7	9,2	13,6	12,3	7,1			
2 6 - 20**	3,8	5,6	6,0	3,1	4,7	4,8	17,3	15,8	16,6			
3 20 - 25**	3,6	4,7	4,3	3,3	4,5	4,1	6,7	4,6	4,3			
4 25 - 35	3,6	5,2	8,9	3,2	4,4	7,9	11,2	12,9	15,3			
5 35 - 45	3,5	4,5	3,3	3,1	3,9	2,7	11,0	9,8	8,4			
6 45 - 65	2,9	4,8	6,6	2,0	3,6	5,0	17,4	17,9	21,4			
7 65 u.älter	5,8	9,4	9,9	4,9	7,8	8,0	22,8	26,6	26,9			
gesamt							100,0	99,9	100,0	3,4	5,0	5,6

* von ... bis unter ... Jahren
** 1961: 6-21, 21-25
Quelle: eigene Berechnungen

Tabelle 6-10: Index der Segregation, Index der Abweichung C,D,E für Altersgruppen der Wohnbevölkerung Hamburgs in Ortsteilen mit dem Wohnungsmerkmal D, 33 Ortsteile, 1961, 1970, 1981

Altersgruppe* Nr.	Index der Segregation (IS)			Index der Abweichung C (IA/C)			Index der Abweichung D (IA/D)			Index der Abweichung E (IA/E)		
	1961	1970	1981	1961	1970	1981	1961	1970	1981	1961	1970	1981
1 0 - 6	7,0	8,0	9,6	6,4	7,3	9,2	13,4	13,1	7,9			
2 6 - 20**	4,7	7,1	7,2	3,8	5,8	5,8	18,3	20,1	21,8			
3 20 - 25**	3,5	4,4	3,8	3,3	4,2	3,5	5,8	4,4	4,8			
4 25 - 35	4,0	5,5	6,5	3,4	4,5	5,7	12,1	15,4	13,7			
5 35 - 45	3,4	3,0	3,4	3,0	2,6	2,8	9,1	6,6	9,2			
6 45 - 65	4,9	6,8	4,8	3,6	5,3	3,6	24,1	22,2	17,4			
7 65 u.älter	6,5	8,3	9,2	5,7	7,2	7,7	17,4	18,3	25,2			
gesamt							100,2	100,1	100,0	4,0	5,3	5,1

* von ... bis unter ... Jahren
** 1961: 6-21, 21-25
Quelle: eigene Berechnungen

Tabelle 6-11: Index der Segregation, Index der Abweichung C,D,E für Altersgruppen
der Wohnbevölkerung Hamburgs in Ortsteilen mit dem Wohnungsmerkmal E,
25 Ortsteile, 1961, 1970, 1981

Altersgruppe* Nr.	Index der Segregation (IS)			Index der Abweichung C (IA/C)			Index der Abweichung D (IA/D)			Index der Abweichung E (IA/E)		
	1961	1970	1981	1961	1970	1981	1961	1970	1981	1961	1970	1981
1 0 - 6	6,2	9,8	7,6	5,9	9,2	7,3	7,8	10,9	4,0			
2 6 - 20**	5,0	6,5	9,0	4,2	5,7	7,9	5,2	6,6	6,4			
3 20 - 25**	3,3	6,0	6,3	3,0	5,6	5,8	10,8	15,0	19,8			
4 25 - 35	4,2	6,2	9,9	3,7	5,2	8,3	10,8	15,0	19,8			
5 35 - 45	5,3	4,5	5,0	4,7	4,0	4,2	13,3	7,5	9,7			
6 45 - 65	4,4	5,4	4,8	3,0	4,0	3,8	23,5	19,3	12,0			
7 65 u.älter	6,4	9,1	12,5	5,2	7,1	9,6	22,8	28,1	33,2			
gesamt							100,1	100,0	100,1	4,0	5,5	6,7

* von ... bis unter ... Jahren
** 1961: 6-21, 21-25
Quelle: eigene Berechnungen

Tabelle 6-12: Index der Segregation, Index der Abweichung C,D,E für Altersgruppen
der Wohnbevölkerung Hamburgs in Ortsteilen mit dem Wohnungsmerkmal F,
40 Ortsteile, 1961, 1970, 1981

Altersgruppe* Nr.	Index der Segregation (IS)			Index der Abweichung C (IA/C)			Index der Abweichung D (IA/D)			Index der Abweichung E (IA/E)		
	1961	1970	1981	1961	1970	1981	1961	1970	1981	1961	1970	1981
1 0 - 6	7,8	7,9	14,2	7,3	7,4	13,6	10,0	7,2	6,4			
2 6 - 20**	4,8	8,6	16,3	3,9	7,4	14,2	14,6	17,2	23,5			
3 20 - 25**	5,4	5,2	6,2	5,0	4,9	5,7	6,2	4,7	5,7			
4 25 - 35	6,4	7,1	6,8	5,6	6,1	5,8	15,2	13,7	10,3			
5 35 - 45	5,2	5,9	7,3	4,5	5,2	6,3	12,4	10,6	10,2			
6 45 - 65	5,3	5,9	7,2	3,8	4,2	5,4	22,6	20,6	16,7			
7 65 u.älter	8,4	10,1	12,6	7,3	8,2	9,7	19,0	25,8	27,3			
gesamt							100,0	99,8	100,1	4,9	6,0	8,1

* von ... bis unter ... Jahren
** 1961: 6-21, 21-25
Quelle: eigene Berechnungen

Tabelle 6-13: Index der Segregation, Index der Abweichung C,D,E für Altersgruppen
der Wohnbevölkerung Hamburgs in Ortsteilen mit dem Wohnungsmerkmal G,
39 Ortsteile, 1961, 1970, 1981

Altersgruppe* Nr.	Index der Segregation (IS)			Index der Abweichung C (IA/C)			Index der Abweichung D (IA/D)			Index der Abweichung E (IA/E)		
	1961	1970	1981	1961	1970	1981	1961	1970	1981	1961	1970	1981
1 0 - 6	8,7	5,9	8,3	8,1	5,5	7,9	9,0	7,5	5,1			
2 6 - 20**	6,2	8,2	8,6	5,2	7,1	7,4	18,4	19,1	14,3			
3 20 - 25**	4,5	4,7	6,5	4,2	4,4	5,9	6,1	6,0	7,3			
4 25 - 35	5,3	5,9	11,0	4,6	5,0	8,9	12,4	15,8	22,9			
5 35 - 45	3,7	5,1	6,4	3,3	4,5	5,4	7,7	10,4	11,5			
6 45 - 65	4,9	4,2	6,9	3,4	3,1	5,6	22,3	16,9	15,2			
7 65 u.älter	8,5	7,7	11,8	7,2	6,2	9,7	22,7	24,4	23,6			
gesamt							98,6	100,1	99,9	4,7	4,9	7,3

* von ... bis unter ... Jahren
** 1961: 6-21, 21-25
Quelle: eigene Berechnungen

Wohnungsmerkmal F erreicht 1981 den Hamburger Durchschnitt von IA/E=8,1. Diese beiden Ergebnisse sprechen für einen lebenszyklus-spezifischen Zusammenhang. Dazu gehört auch, daß die IS- und IA/C-Werte nicht stetig über die Altersgruppen verteilt sind, sondern oftmals das W-Muster zeigen, das bereits die Tabelle 6-1 aufwies. Für die Altersgruppen 5 und 6 können die Tabellen 6-7 bis 6-13 zudem mit dem Satz zusammengefaßt werden: Je besser die Wohnungsausstattung, desto geringer sind die Segregationswerte für diese Altersgruppen.

Ein kurzer Blick auf die Bevölkerung der sieben Ortsteil-Gruppen: Zu allen drei betrachteten Zeitpunkten wohnen (1) überdurchschnittlich viele 20-25jährige in Ortsteilen mit dem Merkmal F, (2) überdurchschnittlich viele Personen der Altersgruppen 5 und 6 in Ortsteilen mit dem Merkmal E und (3) überdurchschnittlich viele Personen der drei jüngsten Altersgruppen in Ortsteilen mit dem Merkmal B. Daran lassen sich die Vermutungen knüpfen, daß (zu 1) die jungen Erwachsenen aus finanziellen Gründen Wohnungen mit schlechter Ausstattung gesucht haben, (zu 2) die (in der Regel erwerbstätigen) Personen der Altersgruppen 5 und 6 ebenfalls auf einen absolut gesehen billigen Wohnraumbestand angewiesen sind und (zu 3) dieses Ergebnis in erster Linie auf den ländlichen Charakter dieser Ortsteile mit ihren überwiegend agrarisch tätigen Bewohnern zurückzuführen ist: in seiner Suburbanisierungs-Studie hat ECKEY (1978:201) diese Ortsteile ganz überwiegend als "ländlichen Raum" qualifiziert.

Während alle anderen Ortsteil-Gruppen drastische Bevölkerungverluste hinzunehmen hatten, zeigen die Ortsteile mit den Merkmalen C und D starkes Bevölkerungswachstum, da es sich hier um Ortsteile mit hohem Neubau-Anteil handelt. Das führt aber auf der Ebene der Ortsteil-Gruppen weder zu bemerkenswerten Segregations-Werten noch zu besonderen Altersstrukturen.

Zusammenfassend kann gesagt werden: Innerhalb von Ortsteilen mit homogener Wohnungsstruktur ist die altersgruppen-spezifische Segregation ganz überwiegend geringer als im Hamburger Durchschnitt; dies kann als weitere Stützung der These vom Zusammenhang zwischen Stellung im Lebenszyklus und Wohnungsausstattung interpretiert werden. Gleichwohl ist die Datenlage zur Wohnungsausstattung insoweit nicht ausreichend, als reale Ausstattungsunterschiede von Neubau-Wohnungen (z.B. der Jahrgänge 1950 und 1968) nicht hinreichend abgebildet werden können und zu vermuten ist, daß auch diese Ausstattungsunterschiede Effekte auf die Segregation haben.

6.1.4. Ebene Ortsteil-Gruppen nach ihrer Lage in Innerer oder Äußerer Stadt

Die Hamburger Ortsteile werden unter stadtplanerischen Gesichtspunkten differenziert nach ihrer Lage in Innerer oder Äußerer Stadt (siehe Abb. 6-4), so z.B. im Flächennutzungsplan hinsichlich der Ausweisung von Neubau-Gebieten, der Dichte der Bevölkerung, der Gebiets-Ausstattung oder der Industrie- und Gewerbe-Ansiedlung.
Aufgabe dieses Abschnittes ist es, zu prüfen, ob sich die Segregation der Altersgruppen beider Gebietsteile unterschiedlich entwickelt hat. So ist bekannt, daß die Innere Stadt stark an Bevölkerung verloren hat, die Äußere Stadt aber trotz allgemeinem Bevölkerungsverlust ein Bevölkerungswachstum aufweist. Wenn diese Bevölkerungsverlagerung entmischende Wirkung hatte, was zu prüfen ist, so muß sich in diesen Gebietsteilen die Segregation der Altersgruppen verstärkt haben.

Die Tabelle 6-14 zeigt für die Innere Stadt fast durchgängig eine steigende Tendenz der Indizes IS und IA/C. Überdurchschnittliche Segregationswerte zeigen aber nur die jüngste und die älteste Altersgruppe für 1981. Der IA/E zeigt an, daß die Segregation 1981 mit 8,7 % in diesem Gebietsteil stärker war als auf gesamt-städtischer Ebene (8,1 %); dies gilt auch für die starken Steigerungen des IS für die Altersgruppen 1, 2, 5 und 7 mit mindestens 50 % in der Zeit von 1970 auf 1981. Ein Blick auf die Bevölkerungszahlen (Tabelle B6-14 im Anhang B) bestätigt den rapiden Bevölkerungsverlust in diesem Gebietsteil. Eine merkliche Veränderung der Altersstruktur zeigt sich jedoch nur bei der Altersgruppe 6 (Abnahme) und Altersgruppe 7 (Zunahme). Dem entspricht die Veränderung des Anteils dieser beiden Altersgruppen an der Segregation der gesamten Inneren Stadt, abzulesen an den Werten des IA/D.
In der Äußeren Stadt verzeichnen außer den Altersgruppen 1 und 6 alle Altersgruppen einen Zuwachs an Bevölkerung für das Jahr 1981 (Tabelle B6-15 im Anhang B). Die Zunahme der Segregation (IS- und IA/C-Werte der Tabelle 6-15) ist relativ gering, die IA/E-Werte für die gesamte Äußere Stadt sind unterdurchschnittlich.
Insgesamt gesehen hat sich entsprechend unserer Erwartung der Bevölkerungsverlust der Inneren Stadt entmischend, also segregationssteigernd ausgewirkt. Dem entspricht nicht die Entwicklung in der Äußeren Stadt. Bei von 1970 auf 1981 fast gleichbleibender Bevölkerungsgröße hat sich eine Veränderung der Altersstruktur ergeben, die sich nicht in einer bemerkenswerten Segregations-Steigerung niedergeschlagen hat.

Tabelle 6-14: Index der Segregation, Index der Abweichung C,D,E für Altersgruppen
der Wohnbevölkerung Hamburgs in der Inneren Stadt, 87 Ortsteile,1961, 1970, 1981

Altersgruppe* Nr.	Index der Segregation (IS)			Index der Abwei-chung C (IA/C)			Index der Abwei-chung D (IA/D)			Index der Abwei-chung E (IA/E)		
	1961	1970	1981	1961	1970	1981	1961	1970	1981	1961	1970	1981
1 0 - 6	8,1	7,0	11,3	7,6	6,5	10,9	8,4	6,6	4,8			
2 6 - 20**	5,0	6,0	9,5	4,2	5,3	8,4	13,1	11,0	11,6			
3 20 - 25**	7,0	7,3	7,7	6,6	6,8	7,1	8,3	7,5	6,7			
4 25 - 35	5,9	8,7	10,9	5,2	7,4	9,0	12,6	19,1	17,9			
5 35 - 45	7,4	6,2	9,5	6,5	5,5	8,1	15,2	10,4	13,8			
6 45 - 65	4,8	6,2	8,8	3,3	4,4	6,9	20,0	21,6	17,4			
7 65 u.ä.	8,9	8,4	14,3	7,5	6,7	11,2	22,5	23,8	27,9			
gesamt							100,1	100,0	100,1	4,4	5,2	8,7

* von ... bis unter ... Jahren
** 1961: 6-21, 21-25
Quelle: eigene Berechnungen

Tabelle 6-15: Index der Segregation, Index der Abweichung C,D,E für Altersgruppen
der Wohnbevölkerung Hamburgs i.d. Äußeren Stadt, 92 Ortsteile, 1961,1970, 1981

Altersgruppe* Nr.	Index der Segregation (IS)			Index der Abwei-chung C (IA/C)			Index der Abwei-chung D (IA/D)			Index der Abwei-chung E (IA/E)		
	1961	1970	1981	1961	1970	1981	1961	1970	1981	1961	1970	1981
1 0 - 6	8,7	9,6	9,7	8,1	8,7	9,2	13,7	11,9	6,7			
2 6 - 20**	4,5	7,9	8,8	3,6	6,5	7,1	15,1	17,9	21,6			
3 20 - 25**	3,9	5,6	5,4	3,6	5,3	5,0	6,4	4,7	5,7			
4 25 - 35	5,5	7,0	7,3	4,7	5,8	6,4	14,1	15,2	12,9			
5 35 - 45	3,5	4,4	4,9	3,1	3,8	4,1	8,1	7,8	10,8			
6 45 - 65	4,9	7,3	5,7	3,5	5,6	4,3	21,4	20,5	16,8			
7 65 u.älter	8,9	11,1	10,8	7,7	9,5	8,9	22,0	21,9	25,5			
gesamt							100,0	99,9	100,0	4,1	5,8	6,1

* von ... bis unter ... Jahren
** 1961: 6-21, 21-25
Quelle: eigene Berechnungen

Abb. 6-4: Differenzierung der Hamburger
Ortsteile nach Innerer und
Äußerer Stadt

········ Grenze der Inneren Stadt

6.1.5. Ebene Ortsteil-Gruppen nach ihrer Entfernung zur City

In der Stadtplanung wie in der Großstadt-Soziologie ist die Annahme über
die Wirksamkeit der Entfernung zum zentralen Geschäftsbezirk der Stadt auf
die Verteilung der Bevölkerung, Nutzungen und Gelegenheiten innerhalb der
Stadt allgemein anerkannt.
Entsprechend der hier vorgelegten theoretischen Überlegungen ist auch in
bezug auf die altersspezifische Verteilung der Bevölkerung und ihrer Segregation von dieser Annahme auszugehen. Präziser: Ist es richtig, daß sich
die Bevölkerung altersspezifisch über das Stadtgebiet verteilt und daß die
Entfernung zum Central Business District (CBD) das Unterscheidungs-Krite-
rium dazu ist, so müssen Teilgebiets-Gruppen, die sich durch ihre Entfernung von der City unterscheiden, in ihrer Altersstruktur und im Ausmaß der
altersspezifischen Segregation unterscheiden. Um dieser Frage nachzugehen,
bietet es sich an, die Stadt in konzentrisch um den CBD liegende Zonen ein-
zuteilen. Für die Bestimmung der Größe dieser Zonen soll auf die in der
Hamburger Regionalplanung gebräuchliche Entfernungseinteilung zurückgegriffen werden, um die Zusammenschau verschiedener Studien zu gleichen Teilräu-
men zu unterstützen. Danach wird Hamburg in die innere Zone um das Hamburger Rathaus (5 km Ring, 85 Ortsteile), die mittlere Zone (5-10 km Ring, 54
Ortsteile) und die äußere Zone (10-20 km Ring, 40 Ortsteile) unterteilt.
Die Abb. 6-5 zeigt den so gegliederten Raum.

Abb. 6-5: Differenzierung der Hamburger Orts-
teile nach Entfernungszonen:
Innere Zone (5 km-Ring)
Mittlere Zone (5-10 km-Ring)
Äußere Zone (10-20 km-Ring)

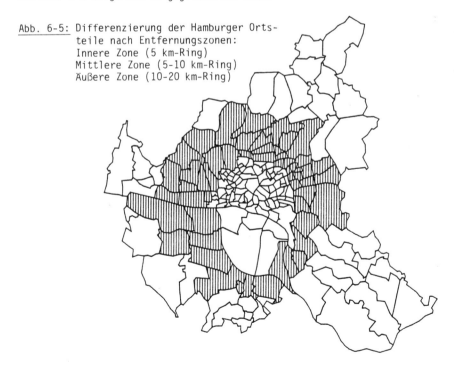

Tabelle 6-16: Index der Segregation, Index der Abweichung C,D,E für Altersgruppen
der Wohnbevölkerung Hamburgs i.d. inneren Zone, 85 Ortsteile, 1961, 1970, 1981

Altersgruppe* Nr.	Index der Segregation (IS)			Index der Abwei- chung C (IA/C)			Index der Abwei- chung D (IA/D)			Index der Abwei- chung E (IA/E)		
	1961	1970	1981	1961	1970	1981	1961	1970	1981	1961	1970	1981
1 0 - 6	9,4	7,5	12,2	8,8	7,0	11,7	9,5	7,0	5,5			
2 6 - 20**	5,7	8,7	13,0	4,8	7,5	11,2	14,0	15,8	16,7			
3 20 - 25**	6,8	7,2	7,8	6,3	6,8	7,2	7,6	7,2	6,6			
4 25 - 35	5,8	7,7	11,3	5,0	6,5	9,3	11,8	16,2	18,1			
5 35 - 45	7,1	6,7	8,4	6,2	5,9	7,1	13,5	11,2	12,2			
6 45 - 65	5,1	6,0	9,0	3,5	4,3	7,0	19,6	19,2	17,3			
7 65 u.älter	10,5	9,2	13,4	9,0	7,4	10,7	24,0	23,2	23,6			
gesamt							100,0	99,8	100,0	4,9	6,2	8,9

* von ... bis unter ... Jahren
** 1961: 6-21, 21-25
Quelle: eigene Berechnungen

Tabelle 6-17: Index der Segregation, Index der Abweichung C,D,E für Altersgruppen
der Wohnbevölkerung Hamburgs i.d. mittleren Zone, 54 Ortsteile, 1961,1970,1981

Altersgruppe* Nr.	Index der Segregation (IS)			Index der Abwei- chung C (IA/C)			Index der Abwei- chung D (IA/D)			Index der Abwei- chung E (IA/E)		
	1961	1970	1981	1961	1970	1981	1961	1970	1981	1961	1970	1981
1 0 - 6	10,6	10,7	10,5	9,8	9,8	10,0	13,8	10,2	5,7			
2 6 - 20**	5,2	10,3	12,2	4,2	8,7	10,2	15,4	18,1	22,8			
3 20 - 25**	4,7	5,0	6,0	4,4	4,7	5,6	5,9	3,6	5,6			
4 25 - 35	6,3	7,9	7,5	5,5	6,6	6,5	14,2	14,1	11,5			
5 35 - 45	4,1	6,1	6,6	3,6	5,4	5,5	8,5	8,7	11,5			
6 45 - 65	5,1	7,8	6,0	3,7	5,9	4,6	20,9	19,4	14,4			
7 65 u.älter	9,1	14,1	13,6	7,8	11,7	11,0	21,3	25,8	28,4			
gesamt							100,0	99,9	100,1	4,5	7,1	7,5

* von ... bis unter ... Jahren
** 1961: 6-21, 21-25
Quelle: eigene Berechnungen

Tabelle 6-18: Index der Segregation, Index der Abweichung C,D,E für Altersgruppen
der Wohnbevölkerung Hamburgs i.d. äußeren Zone, 40 Ortsteile, 1961, 1970, 1981

Altersgruppe* Nr.	Index der Segregation (IS)			Index der Abwei- chung C (IA/C)			Index der Abwei- chung D (IA/D)			Index der Abwei- chung E (IA/E)		
	1961	1970	1981	1961	1970	1981	1961	1970	1981	1961	1970	1981
1 0 - 6	8,7	9,1	8,1	8,0	8,3	7,8	14,1	12,8	6,6			
2 6 - 20**	3,6	5,7	5,2	2,9	4,7	4,2	12,4	14,2	16,1			
3 20 - 25**	3,9	5,3	5,1	3,6	5,0	4,8	5,9	4,6	6,3			
4 25 - 35	6,2	7,5	7,3	5,4	6,3	6,5	15,7	17,6	14,8			
5 35 - 45	3,8	4,1	4,0	3,3	3,5	3,3	8,8	7,7	11,0			
6 45 - 65	5,6	7,9	5,2	4,1	6,1	4,0	23,9	23,0	19,0			
7 65 u.älter	7,9	10,1	9,2	6,9	8,6	7,6	19,6	20,3	26,2			
gesamt							100,0	100,2	100,0	4,2	4,6	5,0

* von ... bis unter ... Jahren
** 1961: 6-21, 21-25
Quelle: eigene Berechnungen

Die Segregationswerte für diese drei Zonen sind in den Tabellen 6-16, 6-17
und 6-18 abgedruckt (die dazugehörigen Altersstruktur-Daten finden sich in
den Tabellen B6-16 bis B6-18 in Anhang B).
Die innere Zone zeigt für alle Altersgruppen z.T. stark ansteigende Segregations-Indizes IS, IA/C unbd IA/E, diese sind 1981 alle höher als für die
Gesamt-Stadt. Alle Altersgruppen haben in diesem Gebietsteil von 1961 auf
1981 Bevölkerungsverluste, die Altersgruppen 2, 3 und 6 verlieren sogar jeweils rund die Hälfte. Während der Anteil der unter 21jährigen in diesen
20 Jahren abnimmt, verstärkt sich der Anteil der Altersgruppen 4 und 5 um
sieben Prozentpunkte auf 32 %. In der Zeit von 1970 bis 1981 steigen die

Segregationswerte für die Altersgruppen 1, 2, 4 und 6 um mindestens 50 %.
Die Altersstruktur der <u>mittleren Zone</u> ist zu den drei Beobachtungszeitpunk-
ten exakt gleich, jedoch haben die Altersgruppen 1, 2 und 6 Bevölkerungsverluste und die Altersgruppen 5 und 7 Bevölkerungszunahmen zu verzeichnen. Das Segregationsniveau ist bis auf die Altersgruppe 7 unterdurchschnittlich und in der Veränderungsrichtung nicht einheitlich. Die Altersgruppen 2 und 7 haben 1981 den stärksten Anteil an der gesamten Ungleich-
verteilung in der mittleren Zone (IA/D=22,8 und 28,4), ihre IS- und IA/C-
Werte sind die höchsten.
In der <u>äußeren Zone</u>, mit ihrem starken Bevölkerungszuwachs (außer für die
Kleinkinder), fallen die Segregationswerte IS und IA/C von 1970 auf 1981
für alle Altersgruppen. Die bereits in den vorhergehenden Abschnitten genannte W-förmige Verteilung der Segregationswerte über die Altersgruppen
ist hier wieder sehr deutlich. Die Altersstruktur hat sich zu Lasten der
Kleinkinder und zu Gunsten der über 44jährigen verändert. Das Niveau der
altersspezifischen Segregation ist in diesem Gebietsteil deutlich unterdurchschnittlich.

Wir fassen zusammen: Bei starken Bevölkerungsverlusten und Altersstruktur-
Änderungen steigt die Segregation für alle Altersgruppen in der inneren
Zone um 82 % auf IA/E=8,9. In der mittleren Zone bleibt die Bevölkerungsgröße fast unverändert, ihre Altersstruktur gleicht zu allen drei Beobach-
tungszeitpunkten der der gesamt-städtischen Ebene und folgt somit auch
deren Veränderung über die Zeit, dennoch steigt die Gesamt-Segregation
dieses Gebietes um 66 % auf IA/E=7,5. Trotz starker Bevölkerungszunahme in
der äußeren Zone mit einer Veränderung der Altersstruktur hin zu den
Älteren ist die Segregation hier am schwächsten und steigt von 1961 auf
1981 nur um 19 % auf IA/E=5,0.

6.2. <u>Wien 1961, 1971, 1982</u>

6.2.1. <u>Ebene Stadt</u>

Bei Betrachtung aller Altersgruppen zeigt sich auch für Wien eine steigende Segregation. Im Jahre 1961 hätten 5,6 % der Bevölkerung Wiens innerhalb der Stadt umziehen müssen, um in jedem Zählbezirk eine Altersstruktur
zu erreichen, die der Wiens entspricht. Bis zum Jahre 1971 steigt dieser
Wert um 30 % auf 7,3 %, um bis 1982 nur gering auf 7,8 % anzuwachsen
(IA/E, Tabelle 6-19). Die Indizes IS und IA/C zeigen, daß dieses Bild

nicht uneingeschränkt für jede der einzelnen Altersgruppen gilt. Bis zum
Jahre 1971 steigt die Segregation jeder Altersgruppe, von 1971 auf 1982
sinkt sie für die Altersgruppen 1, 2 und 5 und für die Altersgruppen 4 und
6 steigt sie beträchtlich. Im Jahre 1982, ähnlich wie in den Jahren zuvor,
sind die Alten am stärksten segregiert: Sie haben 13,5 % (IS) der maximalen Segregation erreicht bzw. 10,9 % (IA/C) von ihnen müßten innerhalb
Wiens umziehen, damit sie in allen Zählbezirken den gleichen Bevölkerungsanteil hätten wie auf gesamt-städtischer Ebene. Nach ihnen sind die Jungen
stark segregiert, so daß man sagen kann: Es bleiben die Jungen und die
Alten am stärksten segregiert, ab 1971 sind die 20-25jährigen am schwächsten segregiert.
Verglichen mit ihrem Anteil an der Gesamt-Bevölkerung haben die über
64jährigen zu allen drei Zeitpunkten einen überproportionalen Anteil an
der gesamt-städtischen Segregation, der mittels des IA/D gemessen wird. Er
besagt für 1982, daß diese Altersgruppe 27,1 % des IA/E in Höhe von 7,8 %
"erklärt". Allein für die Kleinkinder geht dieser Anteil in bemerkens-
wertem Umfang zurück.

Tabelle 6-19: Index der Segregation, Index der Abweichung C,D,E für Altersgruppen
der Wohnbevölkerung in Wien,
1961 (218 Zählbezirke), 1971 und 1982 (230 Zählbezirke)

Altersgruppe* Nr.	Index der Segregation (IS) 1961 1971 1982	Index der Abwei-.chung C (IA/C) 1961 1971 1982	Index der Abwei-chung D (IA/D) 1961 1971 1982	Index der Abwei-chung E (IA/E) 1961 1971 1982
1 0 - 6	10,2 10,7 10,0	9,6 9,8 9,5	9,2 10,8 6,3	
2 6 - 20	7,1 10,6 10,5	6,0 9,3 8,8	16,1 15,8 18,5	
3 20 - 25	5,5 5,8 6,1	5,2 5,4 5,7	6,1 5,1 4,9	
4 25 - 35	7,0 7,2 8,5	6,3 6,1 7,4	12,1 12,5 12,4	
5 35 - 45	5,5 7,7 7,0	4,8 6,8 5,9	10,8 10,2 12,3	
6 45 - 65	4,8 6,5 8,3	3,2 4,7 6,4	19,2 17,3 18,5	
7 65 u.älter	10,4 13,0 13,5	8,7 10,4 10,9	26,5 28,4 27,1	
gesamt			100,0 100,1 100,0	5,6 7,3 7,8

* von ... bis unter ... Jahren
Quelle: eigene Berechnungen

Die Bevölkerung Wiens nahm in den 21 Jahren von 1961 auf 1982 insgesamt
ab. Daran waren die einzelnen Altersgruppen ungleich beteiligt, wie
Tabelle 6-20 zeigt. Die Veränderung zeigt in diesem Zeitraum sogar gegenläufige Tendenzen; so hatte 1971 die Altersgruppe 1 zunächst sehr stark zugenommen, nahm aber bis 1982 überdurchschnittlich wieder ab. Die Altersstruktur selbst hat sich in dieser Zeit nicht dramatisch verändert. Der
Anteil der Eltern-Altersgruppen 4 und 5 verstärkte sich auf 29 %, der
Kleinkinder-Anteil fiel mit 5 % auf den Stand von 1961 und der Schul-
kinder-Anteil war mit 17 % so hoch wie nie.

Tabelle 6-20: Wohnbevölkerung in Wien nach Altersgruppen, 1961,1971,1982

Altersgruppe* Nr.	1961	%	1971	%	1982	%	Veränderung 1961 = 100 1971	1982
1 0 - 6	86.268	5	129.737	8	79.926	5	150	93
2 6 - 20	241.840	15	201.450	12	254.971	17	83	105
3 20 - 25	107.214	7	110.461	7	104.294	7	103	97
4 25 - 35	175.387	11	241.379	15	202.707	13	138	116
5 35 - 45	202.732	12	177.614	11	252.949	16	88	125
6 45 - 65	536.862	33	432.298	27	346.943	22	81	65
7 65 u.ä.	276.956	17	323.785	20	300.707	19	117	109
gesamt	1.627.259	100	1.616.724	100	1.542.497	99	99	95

* von ... bis unter ... Jahren
Quelle: siehe Abschnitt 5.6

Tabelle 6-21: Index der Dissimilarität (ID) für Haushalts- und Familientypen der Wohnbevölkerung in Wien,
1961 (218 Zählbezirke) und 1971 (230 Zählbezirke)

1961 Haushalts- o. Familientyp	2	3	4	5	6	7	8
1 Einpersonen-Haushalte	9,8	6,0	10,9	16,5	24,5	14,9	4,5
2 Mehrpersonen-Haushalte		4,8	2,1	7,7	16,2	5,9	5,7
3 Zweipersonen-Haushalte			5,8	12,3	20,8	10,1	2,4
4 Dreipersonen-Haushalte				7,4	16,0	5,0	7,1
5 Vierpersonen-Haushalte					9,5	5,2	12,6
6 Haushalte mit fünf und mehr Personen						12,8	20,8
7 Familien mit Kindern aller Altersstufen							11,4
8 Familien ohne Kinder							-

1971 Haushalts- o. Familientyp	2	3	4	5	6	7	8
1 Einpersonen-Haushalte	12,1	7,4	14,4	20,1	27,1	16,5	9,1
2 Mehrpersonen-Haushalte		5,4	2,9	8,6	15,9	4,6	4,3
3 Zweipersonen-Haushalte			7,7	13,9	21,0	9,9	2,0
4 Dreipersonen-Haushalte				7,3	14,9	3,1	6,5
5 Vierpersonen-Haushalte					9,6	4,5	12,6
6 Haushalte mit fünf und mehr Personen						12,1	19,7
7 Familien mit Kindern aller Altersstufen							8,7
8 Familien ohne Kinder							-

Quelle: eigene Berechnungen

Bereits für Hamburg wurde darauf hingewiesen, daß die relativ starke Differenz zwischen den Segregationswerten der Altersgruppen 1 und 2 einerseits und den Altersgruppen 4 und 5 andererseits eine Segregation der Haushalte mit und der Haushalte ohne Kinder verdeckt. Die Tabelle 6-21 bestätigt diese Vermutung auch für Wien.

Die Segregation zwischen Familien mit Kindern und Familien ohne Kinder beträgt 1961 ID=11,4 und sinkt 1971 auf ID=8,7. Der Index der Dissimilarität läßt sich im gleichen Sinne wie der IS interpretieren, er gibt den Prozentsatz der Segregation zwischen zwei Teilgruppen an.

Sehr deutlich höhere Segregations-Werte ergeben sich zwischen Einpersonen- und Zweipersonen-Haushalten einerseits und Haushalten mit fünf und mehr Personen andererseits; sie haben steigende Tendenz. Der getrennte Wohnstandort der beiden Familientypen in Wien bildet sich zurück, verstärkt sich aber zwischen Einpersonen-Haushalten und den (Mehrgenerations-)Haushalten mit mehr als vier Mitgliedern. Mit diesen detaillierten Ergebnissen sind die empirischen Befunde von KAUFMANN (1978:31) bestätigt und auch präzisiert sowie die Behauptungen von STEINBACH & FEILMAYR (1983:23) überhaupt erst substantiiert.

Wir können zusammenfassen: Auch für Wien läßt sich die Segregation von Altersgruppen nachweisen, die, nur zum Teil von Bevölkerungsverlusten begleitet, von 1961 auf 1971 für alle Altersgruppen steigt, für den Zeitraum von 1971 bis 1982 steigt sie jedoch nur für die jungen Erwachsenen und die Alten. Die größte Bedeutung für die gesamt-städtische Segregation haben die über 64jährigen Personen, auf sie entfallen 1982 rund 27 % der Gesamt-Segregation bei einem Bevölkerungsanteil von nur 19 %.

6.2.2. Ebene Zählbezirk

Für den Vergleich der Wiener Zählbezirke untereinander wurde analog zu Hamburg vorgegangen. Ziel dieses Abschnittes ist es wieder, die Zählbezirke selbst nach ihrer Altersgruppen-Segregation zu beschreiben und das räumliche Muster darzustellen. In den Abbildungen 6-6, 6-7 und 6-8 ist die Veränderung des räumlichen Musters der altersspezifischen Segregation gut zu erkennen (Zählbezirke mit zu geringer Bevölkerungszahl wurden - zusätzlich zu den in Abschn. 5.6. genannten - aus der Betrachtung herausgenommen):

Im Jahr 1961 fallen zwei Drittel der betrachteten Zählbezirke Wiens in die Gruppe mit den niedrigsten IA/A-Werten, zusätzlich ein Viertel in die

Abb. 6-6: Klassifikation der 230 Zählbezirke Wiens nach dem Ausmaß der Altersgruppen-Segregation 1961
(gruppierte Index-Werte IA/A)

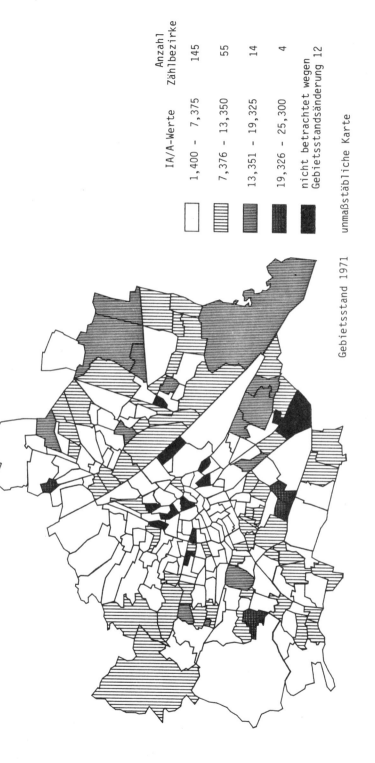

	IA/A-Werte	Anzahl Zählbezirke
	1,400 – 7,375	145
	7,376 – 13,350	55
	13,351 – 19,325	14
	19,326 – 25,300	4
	nicht betrachtet wegen Gebietsstandsänderung	12

Gebietsstand 1971

unmaßstäbliche Karte

Abb. 6-7: Klassifikation der 230 Zählbezirke Wiens nach dem Ausmaß der Altersgruppen-Segregation 1971 (gruppierte Index-Werte IA/A)

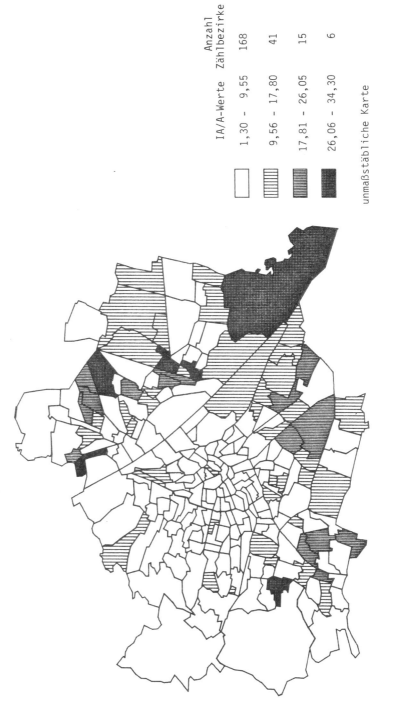

	IA/A-Werte	Anzahl Zählbezirke
	1,30 – 9,55	168
	9,56 – 17,80	41
	17,81 – 26,05	15
	26,06 – 34,30	6

unmaßstäbliche Karte

Abb. 6-8: Klassifikation der 230 Zählbezirke Wiens nach dem Ausmaß der Altersgruppen-Segregation 1982 (gruppierte Index-Werte IA/A)

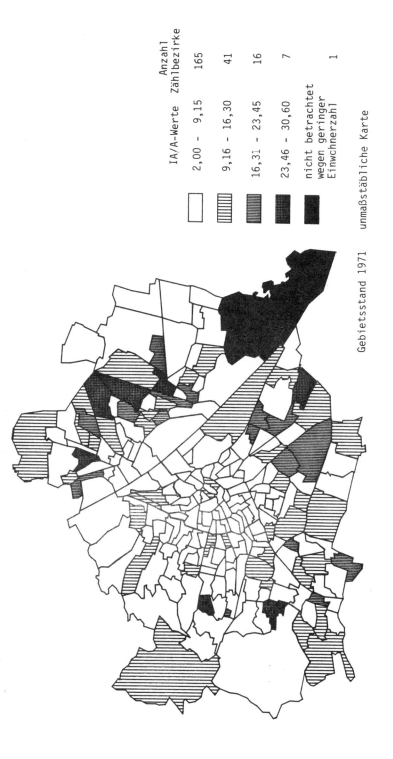

	IA/A-Werte	Anzahl Zählbezirke
☐	2,00 – 9,15	165
☰	9,16 – 16,30	41
▦	16,31 – 23,45	16
▨	23,46 – 30,60	7
■	nicht betrachtet wegen geringer Einwohnerzahl	1

Gebietsstand 1971   unmaßstäbliche Karte

nächst höhere Gruppe. Die dichtbesiedelten Wohngebiete des Inneren Gebietes rechts der Donau sind fast ausnahmslos nur gering segregiert. Die Zählbezirke mit der überwiegend jungen Wohnungsstruktur weisen eine Segregation von mehr als 7,375 % auf (vgl. SCHWEITZER 1976:Abb.16; KAINRATH 1978:
Abb.9).

Im Jahre 1971 hat sich das Bild nur wenig geändert. Die innerstädtischen
Wohngebiete liegen weiterhin in der geringsten Werte-Gruppe, die anderen
Werte-Gruppen verteilen sich etwas deutlicher zum Stadtrand hin. Die Zunahme der Segregation zeigt sich nur in der Höhe des Maximalwertes und in
der nun mit sechs Zählbezirken besetzten Gruppe der höchsten IA/A-Werte
(1961: vier). Die Tatsache, daß jetzt 73 % aller Zählbezirke in die unterste Werte- Gruppe fallen kann allerdings auch als Indiz für den Rückgang
der Segregation auf dieser Betrachtungsebene gewertet werden.

Für 1982 hat sich nichts Bemerkenswertes an dem 1971er Muster geändert.
Die Spannweite des IA/A ist um vier Prozentpunkte gesunken, die Besetzung
der Werte-Gruppen ist gleichgeblieben. Es sind nach wie vor die Rand-Zähl-
bezirke, bei denen mehr als 9,15 % der Bevölkerung segregiert sind.

6.2.3. Ebene Zählbezirk-Gruppen nach ihrer Wohnungsstruktur

Wie im voraufgegangenen Abschnitt 6.1.3. geht es in diesem Abschnitt um
den Vergleich der Altersgruppen-Segregation in Zählbezirk-Gruppen, die
sich untereinander in der Wohnungsstruktur unterscheiden. Die Abgrenzung
dieser homogenen Teilgebiete ist in Abschnitt 5.5. beschrieben.
Die Wohnungsstruktur-Daten sind der Häuser- und Wohnungszählung von 1971
entnommen, so daß hier in Anlehnung an das Verfahren in Abschnitt 6.1.3.
die Veränderung der altersspezifischen Segregation über die Zeit in
Gebietsteilen beschrieben wird, die im Jahre 1971 eine bestimmte Wohnungsstruktur aufwiesen.

Die Tabellen 6-22 bis 6-28 weisen ein uneinheitliches Bild auf. Anhand der
IA/E-Werte ist zu erkennen, daß nur die Zählbezirk-Gruppen mit dem
Wohnungsmerkmal B und F zu allen drei Zeitpunkten weniger stark segregiert
sind als der gesamt-städtische Durchschnitt (Tabelle 6-19), alle anderen
Zählbezirk-Gruppen sind zumindest zu einem, wenn nicht zu allen drei Zeitpunkten stärker segregiert. Dieses Bild wiederholt sich auch bei der
Betrachtung der Indizes IS und IA/C. Unsere Annahme, daß bei wohnungsstrukturell homogenen Zählbezirken die Segregationswerte nur schwach oder unterdurchschnittlich ausfallen, hat sich für Wien nicht bestätigt. Im Gegen-

teil zeigen sich z.B. für die Zählbezirke mit dem Wohnungsmerkmal A die absolut höchsten Werte des IS und IA/C nach denen für das relativ inhomogene
Gebiet mit dem Wohnungsmerkmal G. Es handelt sich hier um ein Gebiet, das
in der Literatur einheitlich, trotz unterschiedlicher Methoden, als Zählbezirke mit Bevölkerung hohen SES gekennzeichnet wird (HANSELY 1978:
Abb.11; KAINRATH & KOTYZA 1981:Abb.11; STEINBACH & FEILMAYR 1983:Karte 1).
Offensichtlich sind in dieser und den anderen Zählbezirk-Gruppen mit überdurchschnittlichen Werten zusätzlich andere als die Variablen zur Wohnungsausstattung für die Altersgruppen-Segregation wirksam.
Der Zusammenhang zwischen Segregation und Stellung im Lebenszyklus wird
trotzdem in allen Tabellen durch die W-förmige Verteilung der Segregationswerte über die Altersgruppen augenfällig.
Der Anstieg der Segregation von 1961 auf 1982 ist z.T. erheblich; so
weisen die Untersuchungsgebiete mit dem Merkmal A 122 %, mit dem Merkmal D
66 % und mit dem Merkmal G 68 % Zunahme des IA/E auf (Wien: 39 %).

Die starke Bevölkerungsmobilität in Wien (KAUFMANN 1975) wird auch auf der
Ebene dieser Zählbezirk-Gruppen deutlich. Die abgebenden Zählbezirke sind
diejenigen mit der schlechtesten Wohnungsausstattung (Merkmal F, Tabelle
B6-27 im Anhang B), die aufnehmenden Zählbezirke sind die mit den Wohnungsmerkmalen A, D und G (Tabellen B6-22, B6-25 und B6-28). Die abgebenden
Zählbezirke haben mit 7 % die geringste Segregations-Zunahme überhaupt, die
anderen drei Zählbezirk-Gruppen die höchsten. Dies bedeutet: Die Bevöl-
kerungs-Abwanderung hat einen nur geringfügig entmischenden und daher nur
gering segregationssteigernden Effekt gehabt; die Zuwanderung in die 230
Zählbezirke Wiens muß dagegen altersgruppen-spezifisch erfolgt sein, mit
der Folge der Segregations-Zunahme.
Die stärkste Altersstruktur-Veränderung zeigt daher auch die Zählbezirk-
Gruppe mit dem Wohnungsmerkmal D: Dort wuchs der Anteil der Altersgruppe
der unter 45jährigen Personen von 1961 auf 1982 um 20 Prozentpunkte auf
73 % bei starkem absoluten Wachstum auch der über 44jährigen (Tabelle
B6-25). In der gesamten Stadt Wien wuchs der Anteil der erstgenannten
Altersgruppe nur um neun Prozentpunkte auf 59 %, in der abgebenden Zähl-
bezirk-Gruppe (mit den Merkmal F, Tabelle B6-27) um acht Prozentpunkte auf
56 %.

Wir fassen zusammen: Trotz homogener Wohnungsstruktur weisen nur zwei Zählbezirk-Gruppen unterdurchschnittliche Segregationswerte auf, die Altersgruppen der fünf anderen sind z.T. sehr deutlich stärker segregiert als im
Wiener Durchschnitt. Daher ist zu vermuten, daß zusätzlich andere als nur

Tabelle 6-22: Index der Segregation, Index der Abweichung C,D,E für Altersgruppen
der Wohnbevölkerung Wiens in Zählbezirken mit dem Wohnungsmerkmal A,
31 Zählbezirke, 1961, 1971, 1982

Altersgruppe* Nr.	Index der Segregation (IS) 1961 1971 1982	Index der Abwei- chung C (IA/C) 1961 1971 1982	Index der Abwei- chung D (IA/D) 1961 1971 1982	Index der Abwei- chung E (IA/E) 1961 1971 1982
1 0 - 6	8,8 15,2 17,1	8,2 13,5 16,2	11,8 17,1 8,6	
2 6 - 20	5,4 7,2 13,0	4,5 6,1 10,3	15,8 10,5 21,0	
3 20 - 25	5,5 8,2 5,5	5,2 7,6 5,2	7,3 5,7 3,3	
4 25 - 35	5,9 10,5 10,2	5,2 8,7 9,0	13,2 17,0 10,5	
5 35 - 45	5,1 4,1 8,4	4,4 3,6 6,8	13,1 5,1 12,7	
6 45 - 65	4,3 11,9 12,0	3,0 9,1 9,4	20,1 24,3 20,5	
7 65 u.älter	6,8 14,5 19,2	5,0 12,5 16,4	18,7 20,2 23,5	
gesamt			100,0 99,9 100,1	4,6 8,8 10,2

* von ... bis unter ... Jahren
Quelle: eigene Berechnungen

Tabelle 6-23: Index der Segregation, Index der Abweichung C,D,E für Altersgruppen
der Wohnbevölkerung Wiens in Zählbezirken mit dem Wohnungsmerkmal B,
1961 (15 Zählbezirke), 1971, 1982 (19 Zählbezirke)

Altersgruppe* Nr.	Index der Segregation (IS) 1961 1971 1982	Index der Abwei- chung C (IA/C) 1961 1971 1982	Index der Abwei- chung D (IA/D) 1961 1971 1982	Index der Abwei- chung E (IA/E) 1961 1971 1982
1 0 - 6	6,0 6,4 5,8	5,7 6,0 5,5	8,2 9,3 8,0	
2 6 - 20	4,0 4,6 5,0	3,4 4,1 4,3	16,2 11,5 18,1	
3 20 - 25	4,2 9,3 4,4	3,9 8,6 4,1	9,0 16,9 7,1	
4 25 - 35	3,5 4,2 4,2	3,2 3,7 3,7	9,5 12,4 13,6	
5 35 - 45	3,8 3,8 2,0	3,3 3,5 1,7	13,6 7,8 8,0	
6 45 - 65	2,9 4,5 4,4	1,9 3,1 3,4	20,6 23,1 23,6	
7 65 u.älter	5,1 4,4 4,0	4,2 3,4 3,1	22,9 18,9 21,6	
gesamt			100,0 99,9 100,0	3,1 4,0 3,4

* von ... bis unter ... Jahren
Quelle: eigene Berechnungen

Tabelle 6-24: Index der Segregation, Index der Abweichung C,D,E für Altersgruppen
der Wohnbevölkerung Wiens in Zählbezirken mit dem Wohnungsmerkmal C,
29 Zählbezirke, 1961, 1971, 1982

Altersgruppe* Nr.	Index der Segregation (IS) 1961 1971 1982	Index der Abwei- chung C (IA/C) 1961 1971 1982	Index der Abwei- chung D (IA/D) 1961 1971 1982	Index der Abwei- chung E (IA/E) 1961 1971 1982
1 0 - 6	9,4 5,0 10,0	8,7 4,6 9,5	10,0 7,3 5,1	
2 6 - 20	10,1 7,2 12,2	8,3 6,1 9,7	22,4 17,7 21,8	
3 20 - 25	4,2 8,8 4,8	3,9 8,2 4,5	4,3 9,5 2,9	
4 25 - 35	9,1 4,9 10,7	8,0 4,2 9,4	14,6 10,4 12,8	
5 35 - 45	6,9 6,4 6,6	6,1 5,6 5,4	10,5 13,0 10,6	
6 45 - 65	5,3 5,8 11,4	3,7 4,3 8,8	17,0 21,0 22,7	
7 65 u.älter	11,8 7,8 15,3	10,2 6,4 12,7	21,2 21,0 24,1	
gesamt			100,0 99,0 100,0	6,6 5,4 8,9

* von ... bis unter ... Jahren
Quelle: eigene Berechnungen

Tabelle 6-25: Index der Segregation, Index der Abweichung C,D,E für Altersgruppen
der Wohnbevölkerung Wiens in Zählbezirken mit dem Wohnungsmerkmal D,
9 Zählbezirke, 1961, 1971, 1982

Altersgruppe* Nr.	Index der Segregation (IS) 1961 1971 1982	Index der Abwei- chung C (IA/C) 1961 1971 1982	Index der Abwei- chung D (IA/D) 1961 1971 1982	Index der Abwei- chung E (IA/E) 1961 1971 1982
1 0 - 6	7,6 8,2 14,7	7,2 7,0 13,8	7,9 16,6 10,3	
2 6 - 20	7,4 9,6 9,1	6,2 8,1 6,9	20,9 20,3 20,0	
3 20 - 25	6,6 11,3 5,4	6,2 10,6 5,0	8,2 10,7 4,0	
4 25 - 35	4,7 5,7 13,1	4,2 4,3 11,3	9,2 16,2 19,0	
5 35 - 45	5,4 7,5 3,8	4,7 6,6 2,9	12,1 12,9 7,9	
6 45 - 65	3,5 5,5 14,3	2,4 4,6 11,6	15,4 12,3 26,3	
7 65 u.älter	10,7 9,5 13,7	9,2 8,7 12,6	26,0 11,0 12,5	
gesamt			99,7 100,0 100,0	5,0 6,4 8,3

* von ... bis unter ... Jahren
Quelle: eigene Berechnungen

Tabelle 6-26: Index der Segregation, Index der Abweichung C,D,E für Altersgruppen
der Wohnbevölkerung Wiens in Zählbezirken mit dem Wohnungsmerkmal E,
1961 (27 Zählbezirke), 1971 und 1982 (28 Zählbezirke)

Altersgruppe* Nr.		Index der Segregation (IS)			Index der Abweichung C (IA/C)			Index der Abweichung D (IA/D)			Index der Abweichung E (IA/E)		
		1961	1971	1982	1961	1971	1982	1961	1971	1982	1961	1971	1982
1	0 - 6	7,1	11,4	9,4	6,7	10,4	9,0	8,3	11,3	5,4			
2	6 - 20	7,2	9,6	9,7	6,0	8,2	8,1	19,8	15,8	18,4			
3	20 - 25	4,1	4,6	7,0	3,8	4,3	6,5	4,5	3,6	6,4			
4	25 - 35	7,5	8,5	6,7	6,5	7,3	5,9	16,0	13,8	9,5			
5	35 - 45	4,1	6,3	8,3	3,5	5,5	7,0	9,7	9,1	15,3			
6	45 - 65	4,6	9,5	6,7	3,2	7,0	5,0	18,8	24,0	18,2			
7	65 u.älter	10,0	12,7	12,6	8,6	10,6	10,2	22,7	22,4	26,8			
gesamt								99,8	100,0	100,0	5,2	7,7	7,2

* von ... bis unter ... Jahren
Quelle: eigene Berechnungen

Tabelle 6-27: Index der Segregation, Index der Abweichung C,D,E für Altersgruppen
der Wohnbevölkerung Wiens in Zählbezirken mit dem Wohnungsmerkmal F,
1961 (79 Zählbezirke), 1971 und 1982 (86 Zählbezirke)

Altersgruppe* Nr.		Index der Segregation (IS)			Index der Abweichung C (IA/C)			Index der Abweichung D (IA/D)			Index der Abweichung E (IA/E)		
		1961	1971	1982	1961	1971	1982	1961	1971	1982	1961	1971	1982
1	0 - 6	7,6	5,1	6,1	7,3	4,7	5,8	8,5	8,2	7,1			
2	6 - 20	5,2	6,7	4,1	4,5	6,0	3,5	15,0	15,6	11,8			
3	20 - 25	5,2	4,3	4,5	4,8	4,0	4,2	7,7	6,7	6,7			
4	25 - 35	5,6	4,0	5,4	5,0	3,4	4,7	12,5	11,8	15,0			
5	35 - 45	4,1	5,6	3,8	3,6	5,0	3,2	10,3	12,4	11,5			
6	45 - 65	3,2	2,8	5,2	2,1	2,0	4,1	17,2	13,4	20,2			
7	65 u.älter	8,1	7,7	7,1	6,6	6,0	5,6	28,8	32,0	27,8			
gesamt								100,0	100,1	100,1	4,1	4,2	4,4

* von ... bis unter ... Jahren
Quelle: eigene Berechnungen

Tabelle 6-28: Index der Segregation, Index der Abweichung C,D,E für Altersgruppen
der Wohnbevölkerung Wiens in Zählbezirken mit dem Wohnungsmerkmal G,
28 Zählbezirke, 1961, 1971, 1982

Altersgruppe* Nr.		Index der Segregation (IS)			Index der Abweichung C (IA/C)			Index der Abweichung D (IA/D)			Index der Abweichung E (IA/E)		
		1961	1971	1982	1961	1971	1982	1961	1971	1982	1961	1971	1982
1	0 - 6	10,9	12,0	18,9	10,3	11,0	17,8	7,8	9,1	7,5			
2	6 - 20	8,6	12,5	15,7	7,2	10,7	12,7	15,0	15,8	18,8			
3	20 - 25	6,9	7,1	9,6	6,5	6,7	9,0	5,5	4,1	4,3			
4	25 - 35	8,9	10,4	16,4	8,0	9,0	14,2	10,6	12,6	14,4			
5	35 - 45	7,0	8,1	7,8	6,1	7,2	6,5	9,8	8,3	8,3			
6	45 - 65	5,0	8,0	13,6	3,5	5,9	10,7	13,8	15,6	17,6			
7	65 u.älter	19,0	19,9	24,8	15,4	15,7	20,2	37,6	34,5	29,1			
gesamt								100,1	100,0	100,0	7,7	9,7	12,9

* von ... bis unter ... Jahren
Quelle: eigene Berechnungen

die Faktoren der Wohnungsausstattung auf die Segregation der Altersgruppen
in Wien einwirken. Der Zusammenhang zwischen Segregation und Stellung im
Lebenszyklus wird durch die deutlich nicht stetige Verteilung der Segregationswerte über die Altersgruppen angezeigt.

6.2.4. Ebene Zählbezirk-Gruppen nach ihrer Lage im Inneren oder Äußeren Gebiet

Inneres und Äußeres Gebiet der Stadt Wien zeigen deutlich unterscheidbare
Segregations-Muster:
Das Innere Gebiet weist eine am gesamt-städtischen Gebiet gemessen unter-
durchschnittliche Segregation aller Altersgruppen auf (Tabelle 6-29). Der
IA/E bleibt hier bis zu 25 % unter den für das gesamte Stadt-Gebiet Wiens
geltenden Werten. Der IA/D zeigt dabei, daß der Anteil der beiden ältesten
Altersgruppen daran wächst, obgleich deren Anteil an der Gesamt-Bevölkerung des Inneren Gebietes abnimmt (Tabelle B6-29 im Anhang).
Die Altersstruktur hat sich in dem betrachteten Zeitraum von 21 Jahren nur
mäßig verändert. Der Anteil der über 44jährigen sank in dieser Zeit von
50 % auf 44 %, wobei die Altersgruppe 6 am stärksten abnahm. Die sehr
stark schwankenden Maßzahlen der Veränderung deuten auf eine hohe Mobilität der Bevölkerung in diesem Gebiet; unter diesen Umständen hat die Mobilität keine merklich altersspezifische Entmischung zur Folge gehabt, da
sonst die Segregation stärker sein müßte.

Das Äußere Gebiet zeigt demgegenüber, daß hier hohes Bevölkerungswachstum
(Tabelle B6-30) und eine überdurchschnittliche Segregation (Tabelle 6-30)
zusammenfallen. Ein deutliches Indiz dafür, daß Neubau-Maßnahmen in Teilen
dieser Zählbezirke homogene Altersstrukturen generiert haben. War das
Ausmaß der Segregation 1961 vergleichsweise nur gering oberhalb des
gesamt-städtischen Niveaus, so öffnete sich diese Schere 1971 und 1982 weiter. Für alle drei Zeitpunkte sieht man ein deutliches W-Muster in der Verteilung der Segregationswerte auf die Altersgruppen. Besonders stark sind
die Älteren betroffen: Sie haben 1982 mehr als ein Fünftel der maximalen
(=vollständigen) Segregation erreicht (IS=21,7), knapp ein Fünftel von
ihnen (IA/C=18,3) müßte umziehen, um in allen Zählbezirken des Äußeren
Gebietes einen Alten-Anteil von 16 % zu erreichen. Nächst ihnen sind die
beiden jüngsten Altersgruppen sehr hoch segregiert. Die Segregation der
Kleinkinder nimmt in den Jahren zwischen 1971 und 1982 leicht ab, die der
Schulkinder nimmt um rund 40 % zu. Die starke Segregation zwischen den

Tabelle 6-29: Index der Segregation, Index der Abweichung C,D,E für Altersgruppen
der Wohnbevölkerung Wiens im Inneren Gebiet,
1961 (127 Zählbezirke) 1971 und 1982 (138 Zählbezirke)

Altersgruppe* Nr.	Index der Segregation (IS)			Index der Abweichung C (IA/C)			Index der Abweichung D (IA/D)			Index der Abweichung E (IA/E)		
	1961	1971	1982	1961	1971	1982	1961	1971	1982	1961	1971	1982
1 0 - 6	9,1	7,5	8,3	8,6	6,9	7,8	9,1	8,8	7,1			
2 6 - 20	5,9	9,2	6,0	5,1	8,1	5,1	15,1	16,3	13,5			
3 20 - 25	5,2	5,1	5,2	4,8	4,8	4,8	6,5	5,6	5,8			
4 25 - 35	6,4	5,7	6,9	5,8	4,9	6,0	12,7	12,1	13,9			
5 35 - 45	4,9	7,4	5,1	4,3	6,6	4,3	11,1	12,1	11,7			
6 45 - 65	4,1	4,7	6,9	2,7	3,4	5,3	18,6	15,8	20,7			
7 65 u.älter	9,1	10,5	9,7	7,6	8,3	7,7	26,9	29,3	27,3			
gesamt							100,0	100,0	100,0	4,9	5,9	5,8

* von ... bis unter ... Jahren
Quelle: eigene Berechnungen

Tabelle 6-30: Index der Segregation, Index der Abweichung C,D,E für Altersgruppen
der Wohnbevölkerung Wiens im Äußeren Gebiet,
1961 (91 Zählbezirke), 1971 und 1982 (92 Zählbezirke)

Altersgruppe* Nr.	Index der Segregation (IS)			Index der Abweichung C (IA/C)			Index der Abweichung D (IA/D)			Index der Abweichung E (IA/E)		
	1961	1971	1982	1961	1971	1982	1961	1971	1982	1961	1971	1982
1 0 - 6	11,9	16,4	15,3	11,2	14,7	14,5	9,2	14,2	6,3			
2 6 - 20	9,6	10,1	14,9	8,0	8,6	11,8	17,7	12,3	21,3			
3 20 - 25	7,4	8,4	7,5	6,9	7,9	7,0	6,0	4,9	3,8			
4 25 - 35	9,2	13,0	11,7	8,2	11,0	10,3	12,2	16,6	10,9			
5 35 - 45	7,9	6,4	9,6	6,9	5,6	7,8	11,6	6,4	12,3			
6 45 - 65	6,3	11,8	13,5	4,4	8,9	10,5	17,3	20,8	20,2			
7 65 u.älter	15,2	18,8	21,7	12,9	15,7	18,3	26,0	24,7	25,1			
gesamt							100,0	99,9	99,9	7,7	10,4	11,5

* von ... bis unter ... Jahren
Quelle: eigene Berechnungen

Abb. 6-9: Differenzierung der Wiener Zählbezirke nach Innerem und
Äußerem Stadt-Gebiet

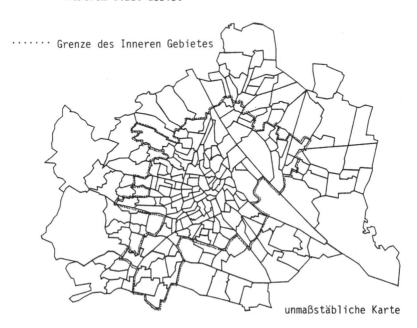

········ Grenze des Inneren Gebietes

unmaßstäbliche Karte

Jungen und den Alten zeigt Tabelle 6-31. Ausgehend von einer vollständigen
wohnräumlichen Trennung (IS=100) bezeichnen diese Werte eine außerordent-
lich hohe Segregation zwischen den Alten und den Jungen im Äußeren Gebiet.
Sie ist zwar, verglichen mit den Werten für die soziale Segregation 1961
in Wien (GISSER 1969), relativ niedrig, aber für das hier in Rede stehende
Problem der Segregation nach der Stellung im Lebenszyklus doch sehr
bedeutend.

Tabelle 6-31: Index der Dissimilarität (ID) für ausgewählte Altersgruppen
der Wohnbevölkerung Wiens im Äußeren Gebiet,
1961 (91 Zählbezirke), 1971 und 1982 (92 Zählbezirke)

| Altersgruppen | 65 Jahre und älter | | |
	1961	1971	1982
bis unter 6 Jahren	21,7	28,2	27,9
6 bis unter 20 Jahren	19,8	23,0	29,4

Quelle: eigene Berechnungen

Wir fassen zusammen: Im Inneren Gebiet hat der von 1971 auf 1982 sechs von
sieben Altersgruppen betreffende Bevölkerungsverlust per saldo nur geringe
entmischende Wirkungen gehabt, so daß zwar das Niveau der Segregation
stieg, aber stets deutlich unterhalb des gesamt-städtischen Durchschnitts
blieb. Im Äußeren Gebiet hat das z.T. sehr starke Bevölkerungswachstum zu
Zählbezirken mit homogenen Altersstrukturen geführt, mit der Folge eines
starken Anstiegs der Segregationswerte. Es läßt sich von einer bedeutenden
wohnräumlichen Trennung zwischen Jung und Alt in diesem Gebiet sprechen.
Die Segregation in diesem Gebiet ist 1982 fast um die Hälfte höher als in
allen Zählbezirken Wiens zusammen.

6.2.5. Ebene Zählbezirk-Gruppen nach ihrer Entfernung zur City

Die Unterteilung Wiens in drei konzentrische Ringe in Abhängigkeit von der
Entfernung zum CBD läßt das Segregations-Muster der Äußeren Stadt für diejenigen Zählbezirke durchscheinen, die in der mittleren Zone liegen.
Die innere Zone (0-5 km) zeigt 1982 eine um knapp 40 % niedrigere Segregation als die Gesamt-Stadt. Es bleibt bei dem W-förmigen Muster der Verteilung der Segregationswerte über die Altersgruppen. Die über 44jährigen
tragen die Hälfte zur Gesamt-Segregation in diesem Gebiet bei (Tabelle
6-32). Die Altersstruktur ist fast mit der Wiens identisch; Bevölkerungszu-

Tabelle 6-32: Index der Segregation, Index der Abweichung C,D,E für Altersgruppen
der Wohnbevölkerung Wiens in der inneren Zone
1961 (89 Zählbezirke), 1971 und 1982 (99 Zählbezirke)

Altersgruppe* Nr.	Index der Segregation (IS)			Index der Abweichung C (IA/C)			Index der Abweichung D (IA/D)			Index der Abweichung E (IA/E)		
	1961	1971	1982	1961	1971	1982	1961	1971	1982	1961	1971	1982
1 0 - 6	8,7	5,5	7,1	8,3	5,1	6,8	9,0	7,3	7,1			
2 6 - 20	5,8	8,1	4,0	4,9	7,2	3,4	15,3	16,7	10,4			
3 20 - 25	5,0	5,0	5,0	4,7	4,6	4,6	6,7	6,5	6,5			
4 25 - 35	6,2	4,7	6,0	5,5	4,0	5,2	12,7	11,6	14,5			
5 35 - 45	4,8	7,2	4,4	4,2	6,4	3,7	11,2	13,7	11,6			
6 45 - 65	3,9	3,5	6,7	2,6	2,6	5,2	18,5	14,3	24,1			
7 65 u.älter	8,7	8,9	7,5	7,2	7,0	5,9	26,6	29,9	25,8			
gesamt							100,0	100,0	100,0	4,7	5,0	4,9

* von ... bis unter ... Jahren
Quelle: eigene Berechnungen

Tabelle 6-33: Index der Segregation, Index der Abweichung C,D,E für Altersgruppen
der Wohnbevölkerung Wiens in der mittleren Zone,
1961 (110 Zählbezirke), 1971 und 1982 (112 Zählbezirke)

Altersgruppe* Nr.	Index der Segregation (IS)			Index der Abweichung C (IA/C)			Index der Abweichung D (IA/D)			Index der Abweichung E (IA/E)		
	1961	1971	1982	1961	1971	1982	1961	1971	1982	1961	1971	1982
1 0 - 6	11,9	15,7	14,4	11,2	14,2	13,6	9,0	13,0	6,7			
2 6 - 20	9,0	12,3	14,1	7,6	10,6	11,4	16,6	14,3	20,2			
3 20 - 25	6,6	7,3	7,8	6,2	6,8	7,3	5,5	4,3	4,4			
4 25 - 35	8,8	11,6	11,6	7,9	9,8	10,1	12,2	15,0	12,0			
5 35 - 45	7,0	7,5	8,9	6,1	6,7	7,3	10,8	7,5	12,1			
6 45 - 65	6,2	10,5	11,0	4,2	7,9	8,6	18,8	18,9	17,4			
7 65 u.älter	14,0	19,2	21,1	11,7	15,8	17,6	27,1	27,0	27,4			
gesamt							100,0	100,0	100,2	7,1	10,4	10,8

* von ... bis unter ... Jahren
Quelle: eigene Berechnungen

Tabelle 6-34: Index der Segregation, Index der Abweichung C,D,E für Altersgruppen
der Wohnbevölkerung Wiens i.d. äußeren Zone, 19 Zählbezirke, 1961, 1971, 1982

Altersgruppe* Nr.	Index der Segregation (IS)			Index der Abweichung C (IA/C)			Index der Abweichung D (IA/D)			Index der Abweichung E (IA/E)		
	1961	1971	1982	1961	1971	1982	1961	1971	1982	1961	1971	1982
1 0 - 6	11,5	6,7	6,5	10,7	6,1	6,2	11,6	9,2	5,1			
2 6 - 20	8,8	7,1	4,0	7,3	6,0	3,3	18,7	14,6	11,2			
3 20 - 25	4,3	4,7	4,0	4,0	4,4	3,8	4,1	4,4	4,2			
4 25 - 35	6,3	8,2	7,8	5,6	7,0	7,0	9,9	17,1	14,2			
5 35 - 45	7,9	5,6	6,5	7,0	4,9	5,4	12,7	9,8	17,5			
6 45 - 65	4,0	6,8	7,8	2,8	5,1	5,9	13,0	21,4	26,1			
7 65 u.älter	13,5	9,4	7,9	11,2	7,7	6,5	29,9	23,6	21,8			
gesamt							99,9	100,1	100,1	6,4	6,0	5,4

* von ... bis unter ... Jahren
Quelle: eigene Berechnungen

Abb. 6-10: Differenzierung der Wiener Zählbezirke
nach Entfernungszonen: Innere Zone (5 km-Ring),
mittlere Zone (5-10 km-Ring),
äußere Zone (10-20 km-Ring)

unmaßstäbliche Karte

wächse und -verluste der einzelnen Altersgruppen ähneln derjenigen auf
Wiener Ebene (Tabelle B6-32). Der Unterschied in den Segregationswerten
der Altersgruppen 1 und 2 einerseits und der Altersgruppen 4 und 5 andererseits ist nur sehr gering.

Die mittlere Zone (5-10 km) zeigt in Struktur und Ausmaß das Segregations-
muster des Äußeren Gebietes: Stark überdurchschnittliche Gesamt-Segregation, klare W-Verteilung, die Alten sind am stärksten segregiert (Tabelle
6-33). Auch der Bevölkerungszuwachs entspricht dem Muster des Äußeren
Gebietes (Tabelle B6-33), ist aber per saldo deutlich geringer als dort.
Die äußere Zone verzeichnet wiederum nur unterdurchschnittliche Segregationswerte, hier fällt der IA/E-Wert 1982 sogar unter das Niveau von 1961
(Tabelle 6-34). Die Altersstruktur verändert sich in diesem Gebietsteil
zugunsten der Altersgruppen 4 und 5 bei Abnahme des Kleinkinder-Anteils
(Tabelle B6-34).

6.3. Vergleich der Altersgruppen-Segregation in beiden Städten

In beiden Städten liegt die Altersgruppen-Segregation zu allen drei Zeitpunkten auf gleichem Niveau, sowohl für jede einzelne Altersgruppe als
auch für alle Altersgruppen zusammen betrachtet (Tabellen 6-1, 6-3 bis
6-5, 6-19). Sie hat steigende Tendenz. In beiden Städten ist die relativ
starke Zunahme der Segregation 1961/1970 bzw. 1961/1971 begleitet von
einem nur schwachen Bevölkerungsrückgang; das Umgekehrte gilt für den Zeitraum 1970/1981 bzw. 1971/1982. Den ersten Unterschied zwischen den beiden
Städten ergibt der Vergleich der Segregation von Haushalts- und Familientypen (Tabellen 6-2 und 6-21). Zunächst fällt auf, daß die Segregation von
Haushalts- und Familientypen in beiden Städten fast ausnahmslos über dem
Niveau der Altersgruppen liegt; dies legt für beide Städte die Vermutung
nahe, daß die Segregation nach dem Merkmal Alter die Segregation nach dem
Merkmal Stellung im Lebenszyklus unterschätzt. Dies trifft für Hamburg
stärker zu als für Wien: 1970 liegt in Hamburg das Ausmaß der Haushalts-
typen-Segregation über dem entsprechenden (von 1961 auf 1971 angestiege-
nen) Ausmaß für Wien 1971. Beim Vergleich der Hamburger und Wiener Teilgebiete untereinander bestätigt sich das nur für 1981/1982: Das Ausmaß der
Segregation innerhalb der Teilgebiete ist, gemessen an der Spannweite,
für Hamburg höher als für Wien, aber gemessen an der Besetzung der beiden
höchsten Klassen geringer.

Die Vermutung, daß sich in städtischen Teilgebieten mit homogener Wohnungsstruktur Segregationswerte finden, die unterhalb des gesamt-städtischen
Durchschnitts liegen, hat sich nur für Hamburg bestätigt. In Wien zeigten
solche Teilgebiete deutlich überdurchschnittliche Segregationswerte. Daher
ist zu vermuten, daß in Wien neben der Wohnungsstruktur, anders als in
Hamburg, weitere Faktoren der Altersgruppen-Segregation wirken.

Während in Hamburg die Innere Stadt bei hohem Bevölkerungsverlust stärker
segregiert ist als die Äußere und auch stärker als im Hamburger Durchschnitt, so verhält es sich für Wien umgekehrt. Das Wiener Äußere Gebiet
verzeichnet bei starkem Bevölkerungszuwachs weit überdurchschnittliche
Segregationswerte. Die entmischende Wirkung der Bevölkerungsmobilität hat
sich in beiden Städten räumlich unterschiedlich niedergeschlagen, obgleich
die Wanderungsrichtung in beiden Städten gleich war. Dieser Unterschied
zeigt sich auch bei der Einteilung von Entfernungszonen in beiden Städten:
In Hamburg weist nur die innere Zone mit ihren Bevölkerungsverlusten überdurchschnittliche Segregationswerte auf, in Wien ist es die mittlere Zone
mit dem stärksten Bevölkerungswachstum.

Diese beiden letzten Befunde lassen den Schluß zu, daß in Hamburg der
Wegzug die entmischende Wirkung gehabt hat, aber nicht der Zuzug. Für Wien
gilt, daß der Wegzug die Altersgruppen eher gleich betraf, sich diese aber
dann bei ihrem Zuzug in andere Zählbezirke der mittleren Zone altersgruppen-spezifisch niederließen, mit der Folge steigender Segregation. Dies
spiegelt sich denn auch bei dem Vergleich der kartierten IA/A-Werte für
die beiden Städte wider: Während in Hamburg in erster Linie die innerstädtischen Wohngebiete nicht im unteren Viertel der IA/A-Spannweite angesiedelt sind, so sind es in Wien eher die Zählbezirke in städtischer Rand-
lage. Anders ausgedrückt: Die innerstädtischen dichtbevölkerten Wohngebiete Hamburgs sind in mittlerem Ausmaß segregiert, diejenigen Wiens nur
unterdurchschnittlich.

Die Altersstruktur der beiden Städte hat sich - bei jeweils abnehmender
Bevölkerung - ungleich entwickelt. In Wien betrug der Anteil der über 44-
jährigen Personen 1961 50 % und sank bis 1982 auf 41 %, der Anteil der 25-
45jährigen nahm zu. In Hamburg blieb der Anteil der über 44jährigen nahezu
konstant bei 43 %, aber der Anteil der 25-45jährigen nahm ebenfalls zu.
Diese unterschiedlichen Veränderungen der Altersstrukturen können nicht
allein auf den je spezifischen Altersaufbau der Bevölkerung zurückgeführt
werden. Die Daten der einzelnen Teilgebiets-Gruppen legen nahe, daß hier
je spezifische Wohnungsstrukturen der Städte ausschlaggebend sind und
selektive Migration ausgelöst haben. Diese Unterschiede spiegeln sich in

der hier verwendeten Cluster-Analyse naturgemäß nicht wider und sind auch
nicht Gegenstand der vorliegenden Untersuchung.

Zusammenfassend: In Hamburg und Wien ist die Bevölkerung nach Altersgruppen segregiert, die Segregation nimmt zu. Das Ausmaß der Segregation ist
in beiden Städten gleich und liegt deutlich unter den Werten, die für nordamerikanische Städte veröffentlicht wurden. Die altersgruppen-spezifische
Segregation ist auch deutlich geringer als die Segregation nach der Stellung im Beruf oder nach der Nationalität (in deutschen Städten). Dennoch
ist sie unter Beachtung lebenszyklischer Zusammenhänge als relativ bedeutend einzuschätzen. In Hamburg und Wien wird die Segregation nach der Stellung im Lebenszyklus durch die Messung der Segregation nach dem Merkmal
Alter unterschätzt, da sich in beiden Städten für die Segregation von Haus-
halts- und Familientypen höhere Werte zeigten. Die Messung der Segregation
unterhalb der Ebene Gesamt-Stadt zeigte z.T. ebenfalls höhere Werte, hier
unterscheiden sich die beiden Städte aber deutlich. Teilgebiets-Gruppen
haben in Wien überdurchschnittliche Werte bei Bevölkerungszunahme, in Hamburg bei Bevölkerungsabnahme.

6.4. Der Zusammenhang von Wohnungsstruktur und Altersstruktur in Hamburg 1970 und Wien 1971

Die unterschiedliche Entwicklung der Altersgruppen-Segregation in diesen
Städten deutet an, daß für beide unterschiedliche Segregations-Determinan-
ten wirken. Um sie zu bestimmen, wird eine Überlegung zu Beginn des Abschnittes 6.1.3. aufgenommen. Dort wurde Wohnstandort als Zusammenfassung
von Ausstattung und räumlicher Lage der Wohnung verstanden und - entsprechend dem theoretischen Konzept dieser Arbeit - die Wahl des Wohnstandortes als abhängig von der Stellung im Lebenszyklus angenommen. Dem so her-
gestellten Zusammenhang zwischen Wohnungsstruktur und Altersstruktur eines
städtischen Teilgebietes gehen wir nachfolgend mittels eines einfachen Zu-
sammenhangsmaßes nach. Dabei kann der lebenszyklus-phasenspezifische Charakter der Segregation bereits deutlich nachgewiesen werden (Tabellen 6-35
und 6-36). Für diesen Zweck gehen wir von der in Abschnitt 4.4.2. gegebenen Definition der altersgruppen-spezifischen Segregation ab: Die Korrelation der Altersgruppen untereinander läßt sich als Segregation interpretieren, wenn positive Werte als räumliche Nähe und negative Werte als räumliche Trennung anzeigend angesehen werden. Den lebenszyklischen Zusammenhang zwischen AG- und anderen Variablen zeigen die Korrelationskoeffizienten dann an, wenn ihre Werte nicht stetig über die AG-Variablen variieren.

Hamburg

Lebenszyklus-Phasen und Segregation. Die räumliche Trennung zwischen Jung und Alt ist mittels der hohen negativen Korrelationen zwischen ihnen deutlich zu beobachten. Hohe positive Korrelationen zeigen die Jungen und Alten jeweils untereinander, die Jungen auch zusätzlich mit den Eltern-Altersgruppen 4 und 5. Die Kleinkinder wohnen dabei eher bei der Altersgruppe 4, die Schulkinder bei der Eltern-Altersgruppe 5. (Dies ist eine Bestätigung für die in dieser Arbeit gewählte Altersgruppen-Einteilung.) Die relativ niedrigen Zusammenhangswerte zwischen den Altersgruppen 4 und 5 einerseits und 6 und 7 andererseits lassen darauf schließen, daß die Altersgruppen 4 und 5 immer dann eher in der Nähe der Altersgruppen 6 und 7 wohnen, wenn sie keine Kinder haben. Der räumliche Zusammenhang der 20-25jährigen mit den anderen Altersgruppen ist schwach, was mit den niedrigen Segregationswerten für diese Altersgruppe in den vorhergehenden Abschnitten korrespondiert. Insgesamt tritt der lebenszyklische und der segregative Charakter erkennbar hervor.

Lebenszyklus-Phasen und Wohnstandort. Der in der vorliegenden Arbeit postulierte altersspezifische Wohnstandort in Abhängigkeit von der Entfernung zur City kann mit den vorliegenden Daten gut belegt werden. Danach ist der Zusammenhang zwischen dem Anteil der Kinder und der Entfernung des Ortsteils vom CBD relativ stark positiv, für die Alten etwas weniger stark negativ. Anders ausgedrückt, die Kinder wohnen eher draußen in den entfernteren Ortsteilen und nicht zusammen mit den Alten in den innerstädtischen Wohngebieten. Die geringen Werte für die Altersgruppen 3 bis 5 zeigen, daß diese (soweit kinderlos) eher keinen altersspezifischen Wohnstandort haben. Diese Personengruppen können wir etwas näher beschreiben, wenn wir die Einpersonen-Haushalte (Variable EINP) und die Haushalte ohne Kinder näher betrachten (Umkehrung der Variablen KINDJA): Danach leben die Einpersonen-Haushalte und die Haushalte ohne Kinder stark getrennt von den Kinder-Altersgruppen und eher in räumlicher Nähe zu den Alten sowie die 20-25jährigen in räumlicher Nähe zu den Einpersonen-Haushalten. (Hier muß allerdings beachtet werden, daß diese Variablen teilweise das gleiche messen.) Folgerichtig ist der Zusammenhang zwischen dem Anteil der Einpersonen-Haushalte und der Entfernung zum CBD (relativ stark) negativ und in bezug zur Bevölkerungsdichte (genauso stark) positiv. Ähnliches gilt für die Haushalte ohne Kinder, so daß es nicht überrascht, daß die Alten und nicht die Kinder eher dort zu finden sind, wo die Bevölkerungsdichte hoch ist.

Tab. 6-35: Korrelationskoeffizienten (Pearson) zum Zusammenhang von Wohnungsstruktur (1968) und Altersstruktur (1970) in Hamburg

	AG1	AG2	AG3	AG4	AG5	AG6	AG7	ETNP	KINDJA
AG1	1.0000**	0.6854**	-.1743*	0.4870**	0.3078**	-.7874**	-.6615**	-.6656**	0.6516**
AG2		1.0000**	-.2831**	-.0630	0.5542**	-.5485**	-.7050**	-.8144**	-.5852**
AG3			1.0000**	0.3139**	-.1811*	-.2172*	-.0353	0.4849**	-.0976
AG4				1.0000**	0.1434	-.6647**	-.2619**	0.1535	0.7374**
AG5					1.0000**	-.8000**	-.8000**	-.4158**	-.5660**
AG6						1.0000**	-.2438**	0.3099**	-.7882**
AG7							1.0000**	0.5394**	-.7776**
ENTFERNG	0.4770**	0.5908**	-.1405	-.0127	0.1571	-.4250**	-.2943**	-.6601**	0.5409**
DICHTE	-.5503**	-.6021**	-.0844	-.2181*	-.4700**	-.4700**	-.5998**	0.5998**	-.6380**
PERSWO	-.4870**	-.7880**	0.0235	0.2126*	-.4480**	-.6362**	-.6632**	-.7091**	-.8477**
FLAPERS	-.7329**	-.5546**	0.0818	0.0771	-.7620**	0.1279	0.3275**	0.2893**	-.3310**
RAUMPERS	-.4489**	-.5733**	0.1207	-.0676	-.5677**	0.2087**	0.0050	0.0968**	-.5692**
NRAUM1	-.0502	-.1358	0.1822*	0.1090	-.0520	-.0691	0.0716	0.2397**	-.0777
NRAUM2	-.3968**	-.4260**	0.1116	-.0883	-.2058*	0.1220	0.3556**	0.4855**	-.4116**
NRAUM3	-.4592**	-.4475**	-.1151	-.3076**	-.1980*	0.5355**	0.3913**	0.2988**	-.5415**
NRAUM4	-.2258*	-.2570**	-.2151*	0.0048	0.1907**	0.0349	-.4202**	-.2018*	0.2595**
NRAUM5	0.4700**	0.4091**	-.0437	0.3357**	0.1141	-.5437**	-.5244**	-.6004**	0.5046**
NRAUM6	0.3077**	0.3512**	0.1776	0.1054	-.0086	-.4053**	-.1609	-.3497**	0.4768**
FLAWO	0.3319**	0.3274**	0.0701	0.2103*	0.0617	-.3722**	-.2501**	-.3220**	0.3321**
FLARAU	0.4092**	0.4523**	-.0877	0.1650	0.0945	-.4544**	-.2941**	-.0425**	0.5308**
EINFAM	-.1177	0.0135	-.0039	-.2321**	0.0105	-.1163	-.1156	-.0614	0.0516
EIGENTUM	-.5685**	0.4597**	-.1274	0.1891*	-.5380**	-.5144**	-.1181*	-.6179**	0.6409**
BAUJAHR1	-.5498**	-.6730**	-.1376	0.0614	0.2583**	-.5017**	-.3598**	-.6823**	0.6773**
BAUJAHR2	-.0378	-.1841*	0.4216**	0.1963*	-.1220	-.1151	0.0449	0.2735**	-.0524
BAUJAHR3	-.0924	-.2829**	0.2546**	0.0215	-.2972**	0.0330	0.2533**	0.2500**	-.1732*
BAUJAHR4	0.1298	0.1176	-.1068	-.0556	0.0982	0.1111	0.0616	-.2157*	0.0599
KOMFORT1	-.0032	0.2184*	-.3859**	-.1254	0.3019**	0.1304	-.2011*	-.2120*	0.1138
KOMFORT2	0.1671	0.1511	-.2241*	-.2272*	0.1632	-.1426	-.2130*	-.1487	0.1716
KOMFORT3	-.3913**	-.1073	-.0849	-.5040**	0.0011	0.6865**	0.1954*	0.0067	-.2752**
KOMFORT4	-.1090*	-.4081**	0.2111*	-.0050	-.3533**	0.1426	0.3518**	0.4382**	-.3625**
MIETE	-.2999**	-.2933**	0.1839*	-.2863**	-.2437**	-.2407**	0.3302**	0.2276**	-.3387**
AUSL	-.0882	-.0631	0.1170	0.0721	-.2437**	-.1196	0.2026*	0.1784*	-.0530
ANST	-.1532	-.1470	0.2368*	0.1899	0.0658	-.2046	-.2352*	0.4719**	0.0324

AG1 Anteil der Altersgruppe von 0 bis unter 6 J. (1)
AG2 dto, 6-20 (1)
AG3 dto, 20-25 (1)
AG4 dto, 25-35 (1)
AG5 dto, 35-45 (1)
AG6 dto, 45-65 (1)
AG7 dto, 65+ (1)
ENTFERNG Entfernung vom CBD
DICHTE Wohnbevölkerung pro Hektar
PERSWO Personen pro Wohnung
FLAPERS Wohnfläche pro Person
RAUMPERS Räume pro Person

(1) Basis: Gesamt-Wohnbevölkerung

NRAUM1 Anteil der Wohnungen mit 1 Wohnraum (2)
NRAUM2 dto, 2 Räume (2)
NRAUM3 dto, 3 Räume (2)
NRAUM4 dto, 4 Räume (2)
NRAUM5 dto, 5 Räume, Wien: 5+ Räume (2)
NRAUM6 dto, 6+ Räume (nur Hamburg) (2)
FLAWO Wohnfläche pro Wohnung
FLARAU Wohnräume pro Wohnung
EINFAM Anteil Wohnungen in Ein- o. Zweifamilien-H. (2)
EIGENTUM Anteil Eigentümer-Wohnungen (2)
BAUJAHR1 Anteil Whg., erb. bis 1900, Wien: bis 1880 (2)

(2) Basis: Gesamtzahl der Wohnungen

BAUJAHR2 dto, 1901-1918, Wien: 1880-1918 (2)
BAUJAHR3 dto, 1919-1948, Wien: 1919-1944 (2)
BAUJAHR4 dto, nach 1948, Wien: 1945-1960 (2)
BAUJAHR5 dto, Wien: nach 1960 (2)
KOMFORT1 Anteil Wohnungen mit Zentralhzg., Bad, WC (2)
KOMFORT2 dto, mit Bad, WC (2)
KOMFORT3 dto, mit WC (2)
KOMFORT4 dto, ohne WC, (Wien: aber- mit fl.Wasser) (2)
KOMFORT5 dto, Wien: ohne fl.Wasse- (2)
MIETE DM/öS pro qm
AUSL Anteil Ausländer (1)
ANST Anteil Anstaltsbewohner 1)
EINP Anteil Einpersonen-Haushalte
KINDJA Anteil Haushalte mit Kincern u. 18 Jahren

Die Variablen PERSWO, FLAPERS und RAUMPERS sind Indikatoren für die interne Dichte, also für die Wohnungsbelegung, und zeigen, daß die Alten eher in weniger stark belegten Wohnungen leben. Dies kann als Indiz dafür gewertet werden, daß die Alten eher nicht wandern, um die Wohnung der geringeren Haushaltsgröße anzupassen. Bei den Variablen zur Wohnungsgröße NRAUM zeigt sich, daß der Zusammenhang Anteil der Kinder und Anteil der Wohnungen mit n Räumen erst ab Wohnungen mit vier Räumen und nicht schon ab drei Räumen positiv wird. Hier zeigt sich auch ein kohortenspezifischer Unterschied bei den Eltern-Altersgruppen 4 und 5: für die jüngere ist der Koeffizient erst bei den Fünf-Zimmer-Wohnungen positiv, bei der älteren bereits bei den Vier-Zimmer-Wohnungen und dort geringfügig stärker. Es liegt nahe, diesen Unterschied als kohortenspezifischen Wohnraum-Anspruch zu interpretieren. Die Variablen FLAWO, RAUMWO und FLARAU bestätigen dies aber nicht.

Kinder wohnen eher in Wohnungen, deren Wohnfläche größer ist als die der Alten, das gleiche gilt in bezug auf die Anzahl der Räume. Demgegenüber ist der Zusammenhang zwischen dem Anteil der Kinder und der durchschnittlichen Wohnfläche pro Raum negativ, bei dem Anteil der Alten aber positv. Die Jungen und die Alten wohnen also in Wohnungen mit unterschiedlichen Charakteristika. Dies läßt sich mit dem BAUJAHR nicht bestätigen, aber mit dem KOMFORT der Wohnungen: Die Kinder- und die Eltern-Altersgruppen wohnen eher in Wohnungen, die über Sammel-Heizung, Bad und WC verfügen, die 45-65jährigen wohnen eher in Wohnungen, die nur über Bad und WC verfügen und die über 64jährigen wohnen eher in den Wohnungen der beiden schlechtesten Ausstattungskategorien.

Die 20-25jährigen wohnen eher in Wohnungen, die vor 1900 erbaut wurden und nicht in Neubau-Wohnungen, sie haben eine signifikante Nähe zu Ausländern und zu Einpersonen-Haushalten. Dies bestätigt die Vermutung, daß diese Altersgruppe auf das absolut billige Wohnungsangebot angewiesen ist, wobei damit auch die Nähe zu den Ausländern erklärt werden könnte.

Der positive Zusammenhang zwischen dem Anteil der Altersgruppen 3, 4 und 7 einerseits und dem Anteil der Bewohner von Anstalten andererseits nimmt mit zunehmendem Alter ab und kann für die über 64jährigen als vernachlässigbar angesehen werden. Die relativ hohen Werte für die beiden anderen Altersgruppen sind zurückzuführen auf Studentenheime, Schwesternheime, betriebliche Wohnunterkünfte und Kasernen.

Lebenszyklus-phasenspezifische Besitzbildungschance. Ein Indiz für die
oben in Abschnitt 4.2.4. geäußerte These vom Zusammenhang zwischen Stellung im Lebenszyklus und Einkommen ergeben die Variablen EINFAM und EIGEN-
TUM. Danach gibt es zunächst einen relativ starken positiven Zusammenhang
zwischen dem Anteil der Wohnungen in Ein- oder Zwei-Familien-Häusern und
dem Anteil der Eigentümer-Wohnungen in einem Ortsteil einerseits und dem
Anteil der Kinder und dem Anteil der Haushalte mit Kindern in einem Ortsteil andererseits. Dies weist auf einen starken Anteil derjenigen Haushalte hin, die ökonomisch in der Lage sind, lebenszyklus-phasenspezifische
Wohnbedürfnisse und Wohnsituation in Übereinstimmung zu bringen. Hier zeigen sich aber Unterschiede zwischen den Altersgruppen. Die Altersgruppe 5
zeigt einen stärkeren positiven Zusammenhang als die Altersgruppe 4. Dies
deutet auf lebenszyklus-phasenspezifische Einkommensunterschiede hin.
Anders bei den Altersgruppen 6 und 7, sie zeigen zu den genannten Variablen relativ stark negative Werte. Hier sind daher kohortenspezifische
Unterschiede in der Besitzbildungschance anzunehmen (SCHÜTZ 1982b:63). Der
stark negative Zusammenhang zwischen EINP einerseits und EINFAM und EIGEN-
TUM andererseits stützt die These vom lebenszyklischen Charakter des
Einkommens.
Die gegensätzlichen Vorzeichen der Koeffizienten bei den beiden jüngsten
Altersgruppen einerseits und den beiden ältesten andererseits bestätigen
allgemein das Lebenszyklus-Konzept in diesem Zusammenhang.

Wien

Lebenszyklus-Phasen und Segregation. Auch in Wien zeigt sich eine starke
wohnräumliche Trennung zwischen Jung und Alt in den hohen negativen Korrelationen zwischen diesen beiden Gruppen. Die 20-25jährigen sind wiederum
eher gleichverteilt mit der größten Trennung von der Altersgruppe 5.

Lebenszyklus-Phasen und Wohnstandort. Der Entfernungsgradient ist für die
Wiener Altersgruppen weniger stark ausgeprägt als in Hamburg, aber immer
noch deutlich: Die Kinder und die Altersgruppe 5 wohnen eher von der City
entfernt, die Anteile der Altersgruppen 6 und 7 nehmen mit abnehmender Entfernung zu. Der Dichtegradient zeigt ebenfalls das gleiche Bild wie in Hamburg, aber schwächer als dort: Die Alten wohnen eher in den dichtbevölkerten Zählbezirken, dagegen wohnen insbesondere die Altersgruppen 2 und 5
eher in den weniger dichtbesiedelten. Die Indikatoren für die interne
Dichte spielen in Wien eine deutlich geringere Rolle als in Hamburg; für

die Variable PERSWO sind die Werte vernachlässigenswert gering, sie hat also keine altersgruppen-spezifischen Ausprägungen. Im Gegensatz dazu zeigt die Variable FLAPERS das gleiche Bild wie in Hamburg in Stärke und Richtung, positiv für die Alten, negativ für die Kinder und die Eltern-Altersgruppen. Insgesamt gesehen ist die Wohnungsbelegungs-Dichte für Wien von geringerer Bedeutung für den Lebenszyklus-Zusammenhang. In Wien wohnen die Kinder nicht in Wohnungen mit vier oder fünf Zimmern, sondern eher in Drei-Zimmer-Wohnungen, wo die über 44jährigen eher nicht wohnen. Die Wohnfläche hat in Wien keine altersgruppen-spezifische Bedeutung.
Dagegen sind die Wiener Altersgruppen - anders als in Hamburg - deutlich polarisiert in bezug auf das Alter und die Ausstattung der Wohnungen. Insbesondere die Kleinkinder, die Eltern-Altersgruppe 4 und die Haushalte mit Kindern bewohnen in erster Linie die nach 1960 erbauten Wohnungen; die Altersgruppen 2 und 5 konzentrieren sich in den zwischen 1919 und 1960 erbauten Wohnungen und die Altersgruppen 3, 6 und 7 sind wie die Einpersonen-Haushalte eher in den vor 1919 erbauten Wohnungen zu finden. Dieses altersgruppen-spezifische Muster wiederholt sich bei der Wohnungsausstattung. In den bestausgestatteten Wohnungen wohnen in erster Linie die Altersgruppen 1 und 4, die Alten und die Einpersonen-Haushalte erscheinen in den drei schlechtesten Ausstattungskategorien konzentriert. Der gemeinsame Wohnstandort von 20-25jährigen und Ausländern läßt sich auch für Wien nachweisen, ist aber weniger stark ausgeprägt als in Hamburg. Dagegen ist der positive Zusammenhang zwischen dem Anteil der Alten und dem Anteil der Anstaltsbewohner, der das Vorhandensein von Kranken- und Altenpflege-Anstalten anzeigt, stärker.

Die lebenszyklus-phasenspezifische Besitzbildungschance ist auch für Wien anhand der Korrelationskoeffizienten für die Altersgruppen und die Variablen EINFAM und EIGENTUM nachweisbar. Wieder kann unterschieden werden zwischen lebenszyklus-phasenspezifischen und kohortenspezifischen Unterschieden. Erstere sind in Wien stärker ausgeprägt, weil hier die Altersgruppe 4 negative, die Altersgruppe 5 aber positive Vorzeichen zeigt. Letztere beziehen sich wieder auf die Unterschiede zwischen der Altersgruppe 5 einerseits, 6 und 7 andererseits; sie sind in Wien schwächer als in Hamburg. Darüberhinaus ist auffallend, daß die entsprechenden Werte für die Altersgruppen 1 und 2 sehr viel geringer sind als in Hamburg und im Gegensatz zu dort die Werte für die Altersgruppen 5 kaum überschreiten. Eine mögliche Erklärung dafür wäre, daß sich die staatliche Eigenheim- und Eigentums-Politik in Österreich und der BRD inhaltlich wie im zeitlichen Ablauf unterscheidet und unterschiedliche Effekte produziert.

Tab. 6-36: Korrelationskoeffizienten (Pearson) zum Zusammenhang von Wohnungsstruktur und Altersstruktur 1971 in Wien

	AG1	AG2	AG3	AG4	AG5	AG6	AG7	ETNP	KINDJA
AG1	1.0000**	0.4280**	0.0355	0.7835**	0.3104**	-0.8287**	-0.7033**	-0.6437**	0.6614**
AG2		1.0000**	-0.2103**	0.1260	-0.7085**	-0.5135**	-0.7114**	-0.7385**	0.7609**
AG3			1.0000**	0.2031**	-0.2692**	-0.0098	-0.1449	0.2030**	-0.0528
AG4				1.0000**	0.1442	-0.7102**	-0.6602**	-0.3519**	0.4154**
AG5					1.0000**	-0.4198**	-0.6550**	-0.5585**	-0.4426**
AG6						1.0000**	0.5394**	0.5091**	-0.6623**
AG7							1.0000**	0.7422**	-0.6838**
ENTFERNG	0.3274**	0.5714**	-0.1517	0.0747	0.4595**	-0.3868**	-0.3667**	0.5126**	-0.3756**
DICHTE	-0.2167**	-0.5132**	0.0160	0.0108	-0.6386**	-0.2587**	0.3974**	0.5231**	-0.3087**
PERSWO	-0.1194	-0.0008	-0.0376	-0.0028	0.0246	-0.0189	-0.1248	0.1390	-0.2389**
FLAPERS	-0.3113**	-0.2987**	0.1052	-0.1012**	-0.6082**	-0.3873**	0.2804**	0.2011*	-0.1166
RAUMPERS	-0.1884*	-0.2384**	0.1444	-0.0900	-0.3639**	-0.3377**	0.1315	0.0639	-0.1710*
NRAUM1	-0.2563**	-0.3415**	0.2640	-0.1792**	-0.0808	0.2181**	0.2910**	0.5352**	-0.4947**
NRAUM2	-0.1154	-0.2004*	0.0765	0.1432	-0.0673	-0.0267	0.1235	0.3584**	-0.1916**
NRAUM3	0.4386**	0.4520**	-0.1852*	0.2494**	0.2374**	-0.3420**	-0.4305**	-0.7104**	0.5985**
NRAUM4	0.1377	0.2718**	-0.0779	-0.0644	0.0260	-0.0469	-0.1542*	-0.4391**	0.3666**
NRAUM5	-0.0873	0.0725	-0.0825	-0.1554*	-0.0900	-0.1578*	-0.0151	-0.1693*	-0.1164
FLAWO	0.0139	0.1410*	0.0284	-0.0435	-0.0600	0.0691	-0.1135	-0.2857**	0.3282**
FLARAU	0.1411	0.2690**	-0.0136	0.0227	-0.0073	-0.0481	-0.2048**	-0.4488**	0.3844**
RAUMWO	-0.1016	-0.0492	0.0199	-0.0870	-0.0098	0.1079	0.0406	0.0726	-0.0459
EINFAM	0.1525	0.4273**	-0.2294**	0.1169	0.5898**	-0.1905**	-0.2152**	-0.5733**	0.2214**
EIGENTUM	0.1434	0.3629**	-0.2465**	-0.0657	0.7392**	-0.1549*	-0.2006**	-0.4714**	0.1453
BAUJAHR1	-0.2779**	-0.5649**	-0.2957**	-0.1300	-0.4299**	0.3451**	0.2864**	-0.4373**	-0.7241**
BAUJAHR2	-0.3370**	0.1254**	-0.1043*	-0.0905	0.2053**	0.2603**	0.4938**	0.7017**	-0.4497**
BAUJAHR3	-0.0033	0.3173**	-0.0290	-0.3717**	-0.3855**	-0.0517	0.0374	-0.3381**	0.0209
BAUJAHR4	-0.0900	0.4900**	-0.1128	0.7722**	0.4520**	0.2115**	-0.2585**	-0.3488**	-0.1001
BAUJAHR5	0.7639**	0.6544**	-0.1449	-0.5439**	-0.4520**	-0.7712**	-0.6830**	-0.6236**	-0.6476**
KOMFORT1	0.6544**	-0.2637**	0.1695*	-0.1016	-0.2416**	-0.5090**	-0.5156**	-0.5319**	-0.5231**
KOMFORT2	-0.0008	0.3561**	-0.1302	-0.0550	-0.1698	0.0823	-0.2502**	-0.3724**	-0.3440**
KOMFORT3	-0.2871**	-0.0066	0.1283	-0.0491	-0.3741**	0.2134**	0.3282**	0.1313	-0.2825**
KOMFORT4	-0.2777**	-0.5150**	0.3804**	-0.0401	-0.1870*	-0.1684*	-0.4526**	0.6416**	-0.4277**
KOMFORT5	-0.1948**	-0.3477**	-0.0282	-0.3104**	-0.2277**	0.0909	0.3157**	0.5157**	-0.4858**
MIETE	0.2319**	-0.0391	-0.1302	-0.0159	-0.0367	-0.0769	-0.1609	-0.0390	-0.2082**
AUSL	-0.1845*	-0.1710	0.3804**	-0.0159	-0.2277**	-0.1203	-0.2317**	-0.2310**	0.2782**
ANST	-0.2360**	-0.1802**	-0.0282	-0.1826**	0.1693*	0.0288	-0.2273**	-0.2269**	0.0960

AG1   Anteil der Altersgruppe von 0 bis unter 6 J. (1)
AG2   dto., 6-20 (1)
AG3   dto., 20-25 (1)
AG4   dto., 25-35 (1)
AG5   dto., 35-45 (1)
AG6   dto., 45-65 (1)
AG7   dto., 65+ (1)
ENTFERNG   Entfernung vom CBD
DICHTE   Wohnbevölkerung pro Hektar
PERSWO   Personen pro Wohnung
FLAPERS   Wohnfläche pro Person
RAUMPERS   Räume pro Person

NRAUM1   Anteil der Wohnungen mit 1 Wohnraum
NRAUM2   dto., 2 Räume (2)
NRAUM3   dto., 3 Räume (2)
NRAUM4   dto., 4 Räume (2)
NRAUM5   dto., 5 Räume, Wien: 5+ Räume (2)
NRAUM6   dto., 6+ Räume (nur Hamburg) (2)
FLAWO   Wohnfläche pro Wohnung
RAUMWO   Wohnräume pro Wohnung
FLARAU   Wohnfläche pro Wohnraum
EINFAM   Anteil Wohnungen in Ein- o. Zweifamilien-H. (2)
EIGENTUM Anteil Eigentümer-Wohnungen (2)
BAUJAHR1 Anteil Whg., erb. bis 1900, Wien: bis 1880 (2)

BAUJAHR2 dto., 1901-1918, Wien: 1880-1918 (2)
BAUJAHR3 dto., 1919-1948, Wien: 1919-1944 (2)
BAUJAHR4 dto., nach 1948, Wien: 1945-1960 (2)
BAUJAHR5 dto., Wien: nach 1960 (2)
KOMFORT1 Anteil Wohnungen mit Zentralhzg., Bad, WC (2)
KOMFORT2 dto., mit Bad, WC (2)
KOMFORT3 dto., mit WC (2)
KOMFORT4 dto., ohne WC, (Wien: aber mit fl.Wasser) (2)
KOMFORT5 dto., Wien: ohne fl.Wasser (2)
MIETE   DM/öS pro qm
AUSL   Anteil Ausländer (1)
ANST   Anteil Anstaltsbewohner (1)
EINP   Anteil Einpersonen-Haushalte
KINDJA   Anteil Haushalte mit Kindern u. 18 Jahren

(1) Basis: Gesamt-Wohnbevölkerung

(2) Basis: Gesamtzahl der Wohnungen

Allgemein ist in bezug auf die Erklärung der dargestellten Unterschiede
zwischen Hamburg und Wien anzunehmen, daß sich in beiden Städten die kommu-
nale und staatliche Wohnungsbau- und Wohnungsvergabe-Politik unterscheiden. Deren Verteilungswirkungen innerhalb des Wohnungsmarktes und hier insbesondere auf die Altersgruppen-Verteilung innerhalb der Stadt können aber
mit den Volkszählungsdaten allein nicht analysiert werden.

Abschließend ist noch eine methodische Anmerkung zum Zusammenhangsmaß anzu-
bringen. Der verwendete Korrelationskoeffizient von Pearson setzt die Linearität des Zusammenhanges voraus. Diese Annahme ist aber für stadtstruktu-
relle Zusammenhänge seit den ökologischen Arbeiten von QUINN (1950) und
SCHMID (1950) unrealistisch. Für Wien und Hamburg wurde diese Voraussetzung empirisch geprüft, in Abschnitt 8.2. gehen wir detailliert darauf
ein. Hier genügt der Hinweis, daß die dargestellten Zuammenhänge Aussagen
von der Form "je...desto" erlauben.

7. Kausal-Modell zur Erklärung der altersgruppen-spezifischen Bevölkerungs-Verteilung

Die in Abschnitt 3.2. dargestellten empirisch-analytischen Arbeiten von GUEST (1972), MYERS (1978), PAMPEL & CHOLDIN (1978), LA GORY et al. (1980, 1981), CHEVAN (1982) und SCHÜTZ (1982b) können als Grundlage für die Bildung des nachfolgenden Erklärungsmodells der Altersgruppen-Verteilung in der Stadt herangezogen werden. Sie argumentieren in der Regel sozialökologisch, ohne allerdings gleichlautende Ergebnisse vorzulegen. Die Auswahl der erklärenden Variablen ist heterogen, die Ergebnisse sind nicht verallgemeinerbar. Aus diesem Grunde werden die genannten Arbeiten im ersten Schritt in einem orientierenden Modell zusammengefaßt, das zunächst nur Dimensionen enthält. Im zweiten Schritt werden für die Dimensionen und Sub-Dimensionen Indikatoren und ihre Operationalisierung eingeführt, die forschungspragmatisch auf die zur Verfügung stehenden Daten eingeengt werden müssen.

Aus Gründen der Anschaulichkeit der Darstellung verzichten wir auf die Verbalisierung der Hypothesen. Stattdessen fassen wir sie in einem Diagramm zusammen: die Richtungen der Pfeile zeigen die vermuteten Effekte "von X auf Y" an, die Vorzeichen nennen die vermutete Richtung des Zusammenhanges, die Aussagen von der Art "je...desto" darstellen.

7.1. Orientierendes Modell

Als abhängige, zu erklärende Variable wird der Anteil der jeweiligen Altersgruppe in das Modell eingeführt. Da die theoretische Diskussion in Kapitel 4 und die Beschreibung in Kapitel 6 nahelegen, stattdessen das Ausmaß der Segregation zu erklären, muß dies begründet werden: (1) Die Meß-Ebene des IS ist das Teilgebiet, die Untersuchungs-Ebene aber die Stadt, so daß der IS keine Aussagen über die einzelnen Teilgebiete machen kann; in der vorliegenden Untersuchung ist das Teilgebiet als Meß- und Untersuchungseinheit definiert. (2) Könnte der vorhergehende Einwand ausgeräumt werden (z.B. durch Unterteilung der Teilgebiete, um letztere als Untersuchungseinheit zu etablieren), so bliebe der IS weiterhin als zu erklärende Variable nicht verwendbar: Der IS bezieht sich entsprechend seiner mathematischen Konstruktion auf zwei Altersgruppen gleichzeitig, auf die betrachtete Altersgruppe und die restliche Bevölkerung (siehe Abschn. 5.3.1.). Daher würden auch beide Altersgruppen in die Analyse eingehen, Effekte auf

die einzelne Altersgruppe ließen sich nicht isolieren. (3) Die Verwendung
von Segregations-Indizes als abhängige Variable mindert die Anschaulichkeit und damit die Rezeption der Ergebnisse, ohne die Erklärungskraft wesentlich zu steigern. Aus diesem Grunde wird auch davon abgesehen, die
Höhe des IA/A oder IA/C zu erklären.

Die genannten Studien weisen unterschiedliche Lageparameter auf, wobei die
Entfernung bei GUEST (1972), PAMPEL & CHOLDIN (1978) und SCHÜTZ (1982b) jeweils als exogene Variable behandelt wurde, auf die keine anderen Effekte
wirken. Ob von diesem Lageparameter direkte Effekte auf die abhängige Variable wirken, ist bei den genannten Autoren uneinheitlich, zu vermuten ist,
daß dieser Effekt von Altersgruppe zu Altersgruppe unterschiedlich ist.
Daher soll dieser Zusammenhang geprüft werden. Als weitere Lageparameter
werden in der Literatur genannt: regionale Lage, örtlicher Charakter, Charakter der Wohnbebauung.
Die Dimension der externen Dichte (in Abhängigkeit von der Entfernung)
wird von PAMPEL & CHOLDIN und von SCHÜTZ als Bevölkerungsdichte, von GUEST
aber als Wohnungsdichte in die Analyse einbezogen, von ihr gehen jeweils
direkte Effekte auf die abhängige Variable und auf die Dimension der Wohnstruktur, verstanden als Zusammenfassung aller W o h n u n g s merkmale,
aus. Diese Dimension ist die eigentlich sozialökologische. Sie beinhaltet
bei den Autoren Variablen der Wohnungsausstattung, Größe, Baualter, Bele-
gung (interne Dichte) und den Bodenwert (als Wettbewerbsvariable). Die interne Kausal-Struktur dieser Dimension ist in der Literatur uneinheitlich.
Von dieser Dimension gehen ebenfalls direkte Effekte auf die abhängige Variable, sie ist ihrerseits determiniert durch die Dimension der räumlichen
Lage und der externen Dichte.
Als weitere Dimension findet sich in der Literatur die Dimension der
Bevölkerungsstruktur-Veränderung. Sie wird nur der Vollständigkeit wegen
erwähnt, und um zu begründen, warum sie hier nicht in die Analyse einbezogen wird. Diese Dimension beinhaltet zum einen die im deskriptiven Teil
dieser Studie widerlegte Hypothese, daß das Bevölkerungswachstum einen positiven Effekt auf die Segregation von Altersgruppen hat, zum anderen wurde in Abschn. 3.2.2. die Verwendung entsprechender Variablen als für die
Prediktion wertlos bezeichnet.

Die Abb. 7-1 zeigt die Dimensionen des orientierenden Modells in kausaler
Verknüpfung. Auf die Vorzeichen muß in diesem Modell noch verzichtet werden, weil diese abhängig sind von den Indikatoren und ihrer Operationalisierung, die im nächsten Abschnitt eingeführt werden.

Abb. 7-1: Orientierendes Modell der Dimensionen

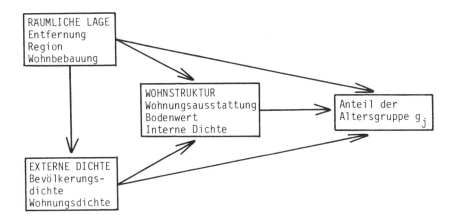

7.2. Kausal-Modell

Die Zuordnung von Indikatoren zu den drei erklärenden Dimensionen und die
Operationalisierung der Indikatoren sind geprägt von der Verfügbarkeit entsprechender Aggregat-Daten und ihrer Vergleichbarkeit zwischen den beiden
betrachteten Städten Hamburg und Wien. Tabelle 7-1 zeigt das Ergebnis.

Zunächst wurde versucht, die Dimensionen dort, wo nötig, klarer zu fassen
durch Bildung von Sub-Dimensionen, denen erst dann Indikatoren zugeordnet
wurden. Wo es möglich war, wurden mehrere Indikatoren für die empirische
Erfassung der Sub-Dimensionen operationalisiert:
Der Dimension RÄUMLICHE LAGE wurde nur der Indikator Entfernung zugeordnet; die Sub-Dimension Wohnbebauung hätte durch den Indikator der Einfamilienhäuser repräsentiert werden können, dieser wird aber der nachfolgenden
Sub-Dimension SES zugeordnet, um die Sub-Dimension Bodenwert besser abbilden zu können. Die Sub-Dimension Region muß hier außer acht bleiben, weil
sie nur sinnvoll ist, wenn sich die Untersuchungseinheit auf die Stadt
bezieht.
Die Wohnungsdichte als Sub-Dimension für die Dimension EXTERNE DICHTE wurde vernachlässigt zugunsten der personenbezogenen Sub-Dimension Bevölkerungsdichte mit dem Indikator gleichen Namens.
Die Dimension WOHNSTRUKTUR kann in vier Sub-Dimensionen unterteilt werden,
für die jeweils mehrere Indikatoren zur Verfügung stehen. Bei den Sub-

Dimensionen Wohnungsalter und Wohnungsausstattung standen Indikatoren zur
Verfügung, deren Variablen sich je zu 1 addieren (sind drei von vier bekannt, so ist auch die vierte bekannt); um das zu umgehen, wurden die jeweiligen Extreme herangezogen. Ähnliches gilt für die Variable NRAUM.
Wegen des ex-post-Charakters der Sub-Dimension Interne Dichte blieb diese
außer Betracht. Die Sub-Dimension Bodenwert soll durch klassische Wettbewerbs-Variablen repräsentiert werden, um der sozialen Tatsache des in der
Stadt unterschiedlich bewerteten Bodens näher zu kommen. Allerdings stehen
außer der Variablen MIETE keine weiteren Variablen zur Vefügung, so daß
Aussagen über andere als Mietwohnungen, wie z.B. Eigentümer-Wohnungen,
nicht gemacht werden können. Zum Ersatz des fehlenden Bodenwert-Indikators
stellen wir deshalb auf den sozialökonomischen Status der Teilgebiete ab
und ziehen dazu die Indikatoren Arbeiter-Anteil, Eigentümer-Anteil, Einfa-
milienhaus- Anteil, Ausländer-Anteil und Schulbildung heran.

Die Ergebnisse des Abschnittes 6.4. zeigen, daß einige Altersgruppen-Vari-
ablen nicht unerheblich mit dem Anteil der Anstaltsbewohner korrelieren.
Da Anstaltsbewohner ihren Wohnstandort nach dem Standort der Anstalt rich-
ten (müssen) und weniger nach der Ausstattung, soll diese Variable zur
Kontrolle ihres Einflusses auf die Altersgruppen-Variable in das Kausal-
Modell einbezogen werden.

Das Kausal-Modell wird entsprechend der Zweisprachentheorie von HEMPEL
(1973) formuliert; das bedeutet: Die Indikatoren der Dimensionen RÄUMLICHE
LAGE und EXTERNE DICHTE gehen als manifeste, direkt beobachtete Variablen
in die Analyse ein. Die Sub-Dimensionen der Dimension WOHNSTRUKTUR werden
als latente, nicht direkt beobachtete Variablen angesehen, ihre Indikatoren als manifeste Variablen (zur Methode siehe Abschnitt 8.1). Das Kausal-
Modell (Abb. 7-2) ist die Erweiterung des orientierenden Modells (Abb.
7-1), die Kausal-Beziehungen sind deswegen von letzterem übernommen. Die
Kausal-Beziehungen zwischen den Sub-Dimensionen der Dimension WOHNSTRUKTUR
sind im wesentlichen der früheren pfadanalytischen Arbeit des Verfassers
(SCHÜTZ 1982b) entnommen und durch empirische Befunde von GUEST (1972) und
LA GORY et al. (1981) ergänzt.
Bei den direkten Effekten auf die abhängige Variable ist auf die Einfügung
des Vorzeichens für die Richtung des Kausal-Zusammenhanges verzichtet worden, weil es in Abhängigkeit von der Altersgruppe steht. Die formalen
Strukturgleichungs-Modelle werden hier nicht angeführt; sie bieten gegenüber dem Kausal-Diagramm keinen Informationsgewinn.

Tab. 7-1: Liste der Modell-Variablen

Variablen-Name	DIMENSION: SUBDIMENSION Indikator	Operationalisierung
	RÄUMLICHE LAGE	
ENTFERNG	Entfernung	Vom Rathaus weitestentfernter Punkt auf der Teilgebietsgrenze in Metern
	EXTERNE DICHTE	
DICHTE	Bevölkerungsdichte	Anzahl der Einwohner pro Hektar
	WOHNSTRUKTUR: WOHNUNGSGRÖSSE	
NRAUM1	Wohnungsgröße 1	Anteil der Wohnungen mit 1 Zimmer a.d. Gesamtzahl d. Wo. d. Teilgebietes
NRAUM4	Wohnungsgröße 2	Anteil der Wohnungen mit 4+ Zimmern a.d. Gesamtzahl d. Wo. d. Teilgeb.
FLAWO	Wohnfläche	durchschnittliche Fläche pro Wohnung des Teilgebietes
NRAUM9	Wohnraum	durchschnittliche Anzahl der Wohnräume pro Wohnung im Ortsteil
FLARAU	Raumgröße	durchschnittliche Fläche pro Wohnraum des Teilgebietes
	WOHNSTRUKTUR: WOHNUNGSALTER	
ALTBAU	alte Wohnungen	Anteil der vor 1919 erb. Wohnungen a.d. Gesamtzahl d. Wo. d.Teilgebietes
NEUBAU	neue Wohnungen	Anteil der nach 1944 erb. Wohnungen a.d. Gesamtzahl d. Wo.d.Teilgebietes
	WOHNSTRUKTUR: WOHNUNGSAUSSTATTUNG	
KOMF	guter Wohnungskomfort	Anteil der Wohnungen mit Sammel-Heizung, Bad, WC und Anteil d. Wohnungen ohne Sammelheizung, mit Bad und WC a.d. Gesamtzahl d. Wo. d. Teilgeb.
NONKOMF	sehr schlechter Wohnungskomfort	Anteil der Wohnungen ohne Sammel-Heizung, ohne Bad und ohne WC in der Wohnung an der Gesamtzahl der Wohnungen des Teilgebietes
	WOHNSTRUKTUR: SES	
MIETE	Miete	durchschnittliche Miete pro Quadratmeter Wohnfläche im Teilgebiet
ARB	Arbeiter	Anteil der Arbeiter an der Wohnbevölkerung des Teilgebietes
EIGENTUM	Eigentümer	Anteil bewohnter Eigentümer-Wohnungen a.d. Gesamtzahl d. Wo. d. Teilgeb.
EINFAM	Einfamilienhäuser	Anteil der Wohnungen in Ein- oder Zweifamilienhäusern an der Gesamtzahl der Wohnungen des Teilgebietes
AUSL	Ausländer	Anteil der Ausländer an der Wohnbevölkerung des Teilgebietes
ABI	Schulbildung	Anteil der Personen mit Abitur oder Hochschulabschluß an der Wohnbevölkerung des Teilgebietes
	ANSTALTSGEBUNDENE PERSONEN	
ANST	Bewohner von Anstalten	Anteil der Bewohner von Anstalten an der Wohnbevölkerung d. Teilgebietes
	ZIEL-VARIABLEN	
AG1	Kleinkinder	Anteil der unter 6jährigen Personen an der Teilgebiets-Bevölkerung
AG2	Schulkinder u. Jugendliche	Anteil der 6- bis unter 20j. Personen an der Teilgebiets-Bevölkerung
AG3	Jungerwachsene	Anteil der 20- bis unter 25j. Personen an der Teilgebiets-Bevölkerung
AG4	frühe Eltern-Phase	Anteil der 25- bis unter 35j. Personen an der Teilgebiets-Bevölkerung
AG5	mittlere Eltern-Phase	Anteil der 35- bis unter 45j. Personen an der Teilgebiets-Bevölkerung
AG6	späte Eltern-Phase	Anteil der 45- bis unter 65j. Personen an der Teilgebiets-Bevölkerung
AG7	Ruhestands-Phase	Anteil der über 64jährigen Personen an der Teilgebiets-Bevölkerung

Abb. 7-2: Kausalmodell zur Erklärung der altersgruppen-spezifischen Bevölkerungsverteilung

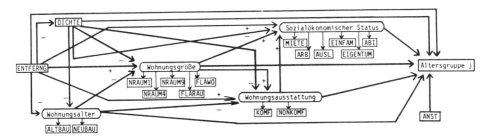

8. Empirische Analyse der Städte Hamburg und Wien

Das im vorigen Kapitel vorgestellte Kausalmodell wird hier einer empirischen Überprüfung unterzogen. Ziel ist es, den lebenszyklus-phasenspezifischen Charakter der Altersgruppen-Segregation auch auf der Ebene der empirischen Erklärung nachzuweisen. Die im Kausalmodell enthaltenen stadtstruk-
turellen Zusammenhänge erlauben ferner die Prüfung der Frage, ob die Determinanten der Altersgruppen-Segregation verallgemeinerungsfähig sind, das
heißt, als auf andere Städte übertragbar erscheinen.

8.1. Methode, Vorgehen, Daten

Als Analyse-Instrument wird das Strukturgleichungsmodell der Linear Structural Relationships (LISREL) von JÖRESKOG & SÖRBOM (1981) verwendet. Es
liegt gut elaboriert und dokumentiert vor und kann als in der empirischen
Sozialwissenschaft akzeptiert gelten. Eine Einführung in die Schätzverfahren und in den formalen Aufbau des LISREL-Modells nebst Hinweisen für die
EDV-Anwendung geben LONG (1983) und SCHMIDT (1983a).

LISREL erlaubt sowohl die Analyse der Kausal-Effekte (Strukturmodell) als
auch die Prüfung der Frage, ob die zu latenten, nicht direkt beobachteten
Variablen zusammengefaßten manifesten, direkt beobachteten Variablen die
ersteren zuverlässig messen (Meßmodell). Die wissenschaftstheoretischen
Grundlagen für den Zusammenhang von Strukturmodell und Meßmodell diskutiert SCHMIDT (1983b). Darauf aufbauend definieren wir für den Fortgang
der Analyse:
Meßmodell in Abb. 7-2 sind die Beziehungen zwischen den Sub-Dimensionen
und ihren Indikatoren ("Korrespondenz-Hypothesen"); die Sub-Dimensionen
sind die latenten, nicht direkt beobachteten Variablen, die Indikatoren
sind die manifesten, direkt beobachteten Variablen. Strukturmodell sind
die kausalen Beziehungen ("theoretische Postulate") zwischen den latenten,
nicht direkt beobachteten Variablen untereinander, von den manifesten, direkt beobachteten Variablen ENTFERNG und DICHTE (sie gehören nicht zum Meßmodell, da ihnen keine Korrespondenz-Hypothesen und damit keine latenten,
nicht direkt beobachteten Variablen zugeordnet wurden) sowie alle Pfade
auf die abhängige Variable. Die Trennung zwischen Meß- und Strukturmodell
erfolgt nur dort, wo eine latente, nicht direkt beobachtete Variable aus
mindestens zwei manifesten, direkt beobachteten Variablen gebildet wird,
wie z.B. die latente Variable SES (des Ortsteils) in den empirischen
Kausalmodellen (Abb. 8-1 und 8-2). Als exogene Variablen werden solche be-

zeichnet, auf die keine Pfade gerichtet sind, alle anderen Variablen werden endogene Variablen genannt. -

Das LISREL-Modell hat zur Grundlage:

(a) Die Variablen werden als Abweichung vom Mittelwert gemessen;
(b) die latenten Variablen sind mit den Residuen der Indikatoren
    unkorreliert;
(c) zwischen den Gleichungen sind die Residuen der Indikatoren mit den
    Residuen der latenten, endogenen Variablen unkorreliert;
(d) die exogenen Variablen sind mit den Residuen unkorreliert;
(e) keine der Strukturgleichungen ist redundant;

und setzt voraus:

(f) Additivität;
(g) Lineariät;
(h) Multinormalverteilung;
(i) metrisches Skalenniveau.

Die Analyse erfolgte in drei Schritten:

(1) Test der Voraussetzungen. Für den Test auf Normalverteilung wurden
Schiefe und Exzeß herangezogen (GESKE 1975:55ff); rein normalverteilte
Daten liegen nicht vor. Der Test auf Linearität erfolgte durch Inspektion
der Streuungsdiagramme. Außer der Variablen ENTFERNG und DICHTE weisen
alle Korrelationen eine Kurvilinearität auf, die trotzdem mit Aussagen von
der Form "je ... desto" interpretierbar sind. Die Variable ENTFERNG wurde
quadriert (vgl. PAMPEL & CHOLDIN 1978:1128), die Variable DICHTE
logarithmiert (vgl. GALLE et al. 1973:15). Zur Prüfung der Additivität
schlagen NIE et al. (1975:334ff) einen hierarchischen F-Test vor; für den
Fortgang dieser Arbeit wird die Additivität als gegeben betrachtet.

(2) Prüfung des Meßmodells mittels der konfirmatorischen Faktorenanalyse
als LISREL-Submodell auf Dimensionalität und formale Gültigkeit.

(3) Prüfung des Strukturmodells durch Test der kausalen Beziehungen
mittels des Maximum-Likelihood-Schätzverfahrens sowie des stochastischen
Fehlers. Im Verlaufe der Analyse wurden solche Pfade aus dem Modell
herausgenommen, deren Beta-Koeffizienten bei allen Ziel-Variablen (den
Altersgruppen-Anteilen) in der standardisierten Lösung den Wert .05 nicht
überschritten, auch wenn die T-Werte anzeigten, daß die Beta-Koeffizienten
von Null verschieden sind; dies hatte aufgrund der full-information
estimation in der Regel die Folge, daß sich dadurch andere Pfade
veränderten.

Die Ergebnisse zu (2) und (3) sind in den Abschnitten 8.2. dargestellt. -

Die wohnungsbezogenen Daten zu den in Tab. 7-1 genannten Variablen sind

der Gebäude- und Wohnungszählung 1968 entnommen, die personenbezogenen

Daten der Volkszählung 1970 (siehe Abschn. 5.6.).

Die Daten sind metrisch skaliert. Um die Effekte der schwankenden Größe

der städtischen Teilgebiete (nach Zahl der Einwohner, Wohnungen etc.) aus-

zuschließen, mußten Proportionen gebildet werden. Der Nachteil, daß mit

Dividend und Divisor zwei Variablen je Quotient in die Analyse eingehen

(vgl. DUNCAN 1966:7), deren einzelne Effekte ungeprüft bleiben, ist hier

unumgänglich.

Die Analyse wurde mit Version V des LISREL-Programms im Rechenzentrum der Universität Hamburg gerechnet.

8.2. Ergebnisse für Hamburg

Der empirische Test des Kausalmodells (Abb. 7-2) verlief negativ, die hypothetische Struktur wurde durch die Daten nicht bestätigt. Das Modell ist im wesentlichen daran gescheitert, daß das hypothetische Meßmodell im Rahmen der konfirmatorischen Faktorenanalyse falsifiziert wurde. Die für die latenten Variablen jeweils angenommenen Indikatoren verfügen über eine stark inhomogene Struktur, sodaß die Zusammenfassung zu latenten Variablen in der hypothetischen Form mißlang. Dies muß dahingehend interpretiert werden, daß die Indikatoren, trotz ihrer theoretisch-inhaltlich homogenen Aussagefähigkeit, empirisch Unterschiedliches messen.

Bei der Suche nach einem den Daten adäquaten Meßmodell wurden unter den hypothetischen Indikatoren für die latenten Variablen diejenigen herausgesucht, die das Meßmodell empirisch am besten repräsentieren. Kriterien dazu waren: maximale Zusammenhangswerte zwischen latenten und manifesten Variablen, minimale Differenz zwischen der S- und der Sigma-Matrix. Bei den latenten Variablen Wohnungsalter und Wohnungsausstattung wurde jeweils einer der beiden Indikatoren zur weiteren Analyse herangezogen. Indikatoren für latente Variablen, die keinen Eingang in das Meßmodell fanden, wurden bei der weiteren Analyse nicht mehr berücksichtigt.

Das empirische Meß- und Strukturmodell

Abb. 8-1 zeigt das modifizierte Kausalmodell mit den empirischen Werten für die zu erklärende Variable der Altersgruppe 1 (0-6jährige). Das Meßmodell besteht aus den Indikatoren ARB, MIETE und ABI für die latente Variable des Sozialökonomischen Status' (des Ortsteils) sowie aus den Indikatoren NRAUM4 und FLAWO für die latente Variable der Wohnungsgröße.
Die weiter unten diskutierten empirischen Zusammenhänge für das innere Modell legen die Feststellung nahe, daß die Ergebnisse zur latenten Variable des Sozialökonomischen Status' das SES-Modell nicht vollständig abbilden. Die in diese latente Variable eingegangenen Indikatoren ARB, MIETE und ABI haben keinen ausreichenden Bezug zu Personengruppen des oberen Drittels des Schichtmodells, wie z.B. Freie Berufe, selbständige Kaufleute und Leitungspersonen in Wirtschaft und Verwaltung. So mißt die Variable

ARB die Anwesenheit von Arbeitern im Ortsteil oder, umgekehrt, die Anwesenheit der sozial sehr heterogenen Gruppe der Nicht-Arbeiter. Die Variable
MIETE, darauf wurde bereits hingewiesen, läßt nur Aussagen über Mietwohnungen zu, aber nicht über Eigentümer-Wohnungen (Wohnungen, die vom Eigen-
tümer selbst bewohnt werden). Unter der Annahme, daß untere und mittlere
Sozialschichten eher in Mietwohnungen als in Eigentümer-Wohnungen leben,
kann die Variable MIETE die Anwesenheit oberer Sozialschichten im Ortsteil
nicht hinreichend messen. Auch die Variable ABI ist nicht trennscharf:
Zwar sind (im Jahre 1972) die Arbeiterkinder auf höheren Schulen unterre-
präsentiert, überrepräsentiert sind auf diesen Schulen Ober- und Mittel-
schicht-Kinder (BUNDESMINISTERIUM 1976). Aus diesen Einwänden ziehen wir
den Schluß, daß die empirischen Ergebnisse der latenten SES-Variable nicht
den SES des Ortsteils messen, sondern nur einen Teil des Schichtmodells abbilden: Die Variable SES mißt in unserem Modell die Anwesenheit (positiver
Effekt) oder die Abwesenheit (negativer Effekt) von Angehörigen der
Mittelschicht im Ortsteil; aufgrund der verwendeten Indikatoren ist es
nicht möglich, diese soziale Gruppe näher zu benennen. Die Bezeichnung
"SES-Variable" wird beibehalen und "Mittelschicht-Variable" synonym
verwendet.
Die kausalen Beziehungen zwischen den Struktur-Variablen entsprechen denen
des Kausalmodells aus Abb. 7-2, es ergaben sich jedoch Änderungen. Die Zusammenfassung der referierten kausalanalytischen Arbeiten (über nordamerikanische Städte) im orientierenden Modell (Abb. 7-1) führte zu den Hypothesen, daß kausale Effekte von der Bevölkerungsdichte auf das Wohnungsalter
(Variable NEUBAU) und die Wohnungsgröße weisen. Dem widersprechend ergeben
theoretische Überlegungen und die empirische Analyse, diese Kausalrichtung
umzudrehen; die Stärke des kausalen Zusammenhanges zwischen DICHTE und Wohnungsausstattung (Variable KOMF) fiel unter die Relevanzgrenze von .05.
Der in Abb. 7-2 angenommene kausale Effekt von Wohnungsgröße auf Wohnungsausstattung (Variable KOMF in Abb. 8-1) hat sich empirisch bestätigt, die
Beta-Werte für die Stärke des Zusammenhanges liegen in Abhängigkeit von
der zu erklärenden Altersgruppe zwischen .385 und .393. Ein alternatives
Modell ergab jedoch eine bessere Anpassung des Modells an die Daten, wenn
kein kausaler Effekt zwischen diesen beiden Variablen, sondern eine Kovarianz ihrer Residuen zugelassen wurde. Da die bivariaten Korrelationen nur
gering sind und die Verschlechterung der Anpassung ("Fit des Modells")
gegen diese Hypothese spricht, wurde die Kovarianz der beiden Residuen als
im Modell nicht weiter erklärbar hingenommen.
Als Kriterium für die Anpassung des Modells an die Daten wurde die Reproduktion der S-Matrix durch die Sigma-Matrix herangezogen. Mit anderen Wor-

ten: Das Modell ist umso besser, je geringer die Differenz zwischen beiden
Matrizen ist. Das dementsprechende allgemeine Maß für den Gesamt-Fit des
Modells ist das durch LISREL berechnete Maß "Root Mean Square Residual"
(RMR); der Maximal-Fit ist erreicht, wenn RMR = 0.
Die Differenz zwischen den beiden Matrizen für einen Variablen-Zusammen-
hang kann demzufolge auch als Indikator für Modell-Verbesserungen angesehen werden, wenn ein solcher Zusammenhang theoretisch begründet werden
kann. So ergab sich in dem vorliegenden Modell der Hinweis auf einen Zusammenhang zwischen den Variablen ANST und AUSL, der in dem hypothetischen Modell (Abb. 7-2) nicht vorgesehen war. Dieser Zusammenhang wurde in dem
empirischen Modell zugelassen, weil er theoretisch begründbar ist: Oben
gingen wir von der Annahme aus, daß die Verteilung von Anstalten für bestimmte Altersgruppen (z.B. Kinderheime, Studentenwohnheime, Altersheime)
ebenfalls einen Einfluß auf die Verteilung der entsprechenden Altersgruppen hat, da diese Personen ihren Wohnstandort nach dem Standort dieser Anstalten richten müssen und gegenüber anderen Personen in der Wahlfreiheit
ihres räumlichen Standortes eingeschränkt sind. (Diese Annahme hat sich
empirisch bestätigt.) Entsprechendes kann nun auch für die räumliche Verteilung eines Teils der Ausländer angenommen werden. Als Anstalten wurden
u.a. gezählt (STAT. LANDESAMT HAMBURG 1972:313f): "Berufstätigenwohn-
heime", "Unternehmenseigene Arbeiterwohnheime, -lager; Schiff", "Durch-
gangs-, Wohnlager für Vertriebene, Flüchtlinge, Zuwanderer, Aussiedler".
Für die Durchgangslager ist der Zusammenhang zu Nicht-Deutschen evident;
für Berufstätigen- und Arbeiterwohnheime kann angenommen werden, daß sie
1970 in nicht unbeträchtlichem Ausmaße von alleinstehenden, ausländischen
Arbeitnehmern bewohnt wurden. Dies begründet insgesamt die Zulassung eines
kausalen Effektes von ANST auf AUSL, die eine Verbesserung des Modells
ergab.
Die Werte der "Residual Variances and Covariances"-Matrix übersteigen für
das Strukturmodell nicht den Wert .15, und der RMR-Wert bleibt unter .08.
Das Modell kann als den Daten gut angepaßt gelten. Weitere Verbesserungen
wären nur noch durch data fitting zu erreichen.

Interpretation des Strukturmodells

Das innere Modell besteht aus der Kausalstruktur der Variablen, die in
Abb. 8-1 links von der Zielvariablen stehen. Diese Struktur wirkt unabhängig davon, welche Altersgruppe als Zielvariable in das Modell eingesetzt
wird. Die Beta-Koeffizienten (für die Stärke des Effektes) des inneren
Modells variieren leicht in Abhängigkeit von der Zielvariablen (Tab. 8-1),

Abb. 8-1: Empirisches Kausalmodell für die Verteilung der unter 6jährigen in Hamburg 1970

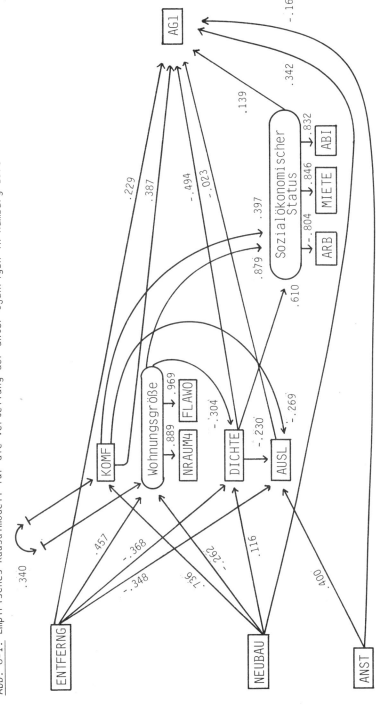

da das Schätzverfahren als full-information estimation arbeitet. Die Ergebnisse des inneren Modells werden hier nur kurz diskutiert, da im Vorder-
grund die Verteilung der Altersgruppen steht.

Der sozialökonomische Status des Ortsteils, interpretiert als Mittelschicht-Orientierung des Ortsteils, wird zu fast 90 % durch die beiden
Variablen KOMF und Wohnungsgröße erklärt, die Beta-Koeffizienten sind
nächst dem Effekt der Variablen NEUBAU auf die Variable KOMF die stärksten. Der SES ist nicht determiniert durch die ENTFERNG, da Hamburg eine
mehrkernige Struktur aufweist. Ferner ist der SES unabhängig vom Ausländer-Anteil (AUSL). Dies ist in Hamburg bedingt durch einen vergleichsweise
hohen Anteil von Ausländern, die keine Arbeitnehmer aus den früheren Anwerbeländern sind: Konsulatsangehörige, Angestellte ausländischer Handels-
und Schiffahrts-Firmen, selbständige Kaufleute etc. Die Verteilung dieser
beiden (nur grob unterschiedenen) Arten von Ausländern (die VZ 1970 differenziert hier nicht) über das Stadtgebiet ergibt keinen signifikanten
Effekt auf den SES des Ortsteils.

Die Variablen KOMF, DICHTE, Wohnungsgröße und AUSL werden in unterschied-
lichem Ausmaß durch die ENTFERNG und den Anteil von Neubauten (Variable
NEUBAU) determiniert. Diese Zusammenhänge sind - bis auf die Effekte auf
AUSL - auch durch andere Segregations-Studien bestätigt (GUEST 1972, PAM-
PEL & CHOLDIN 1978, LA GORY et al. 1981). Der im ursprünglichen Modell
(Abb. 7-2) angenommene Effekt der Entfernung auf den Neubau-Anteil ist für
Hamburg nicht nachweisbar. Die Variable NEUBAU mußte so konstruiert wer-
den, daß von ihr sowohl die innerstädtischen, nach Kriegsende mit geringen
Mitteln (wieder auf-) gebauten Wohnungen als auch die Ende der 60er Jahre
am Stadtrand erstellten Wohnungen in Neubau-Vierteln erfaßt werden. Dasselbe gilt für die Variable KOMF, die keinen Zusammenhang mit der Variable
ENTFERNG aufweist; zusätzlich werden bis 1968 abgeschlossene Modernisie-
rungsarbeiten diesen Zusammenhang verwischt haben. Die Variable KOMF ist
zu grob, sie erlaubt keine Differenzierung in der Ausstattung von Wohnungsjahrgängen. Dennoch ist der kausale Zusammenhang zwischen NEUBAU und KOMF
empirisch sehr deutlich faßbar. (Wegen der geringen Differenzierung dieser
beiden Variablen und der hohen bivariaten Korrelation wurde versucht,
diese als latente Variable des "Baustandards" empirisch zusammenzufassen,
welches aber vom Schätzmodell nicht bestätigt wurde.)
Der negative Effekt der Wohnungsgröße auf die Variable DICHTE weist darauf
hin, daß (im Modell nicht enthaltene) Variablen wie Anzahl der Stockwerke
und Wohnungsbelegungsdichte kaum intervenieren.

Der Ausländer-Anteil (AUSL) ist determiniert durch den Anteil der Anstaltsbewohner (ANST), weil 1970 ein hoher Anteil der Ausländer in Anstalten
lebte (s.o.). Die Tatsache, daß Ausländer eher in schlecht ausgestatteten
Wohnungen leben (negativer Effekt der Variable KOMF auf den Ausländer-
Anteil), ist Teil des besonderen Segregationsprozesses der ausländischen
Arbeitnehmer aus den früheren Anwerbeländern und wird hier für Hamburg bestätigt. Dagegen ist der negative Effekt der Einwohnerdichte (DICHTE) auf
den Ausländer-Anteil interpretationsbedürftig. Hier wird angenommen, daß
sich die ausländischen Arbeitnehmer aus den früheren Anwerbeländern in
wenigen dichtbesiedelten Wohnvierteln konzentrieren, die Teil eines größeren, aber weniger dichtbesiedelten Ortsteils sind; weiter wird angenommen,
daß die Ausländer aus Nicht-Anwerbeländern eher dort wohnen, wo die Ausländer aus Anwerbeländern eher nicht wohnen, so daß bei der Analyse der Ortsteile die dichte Besiedelung nicht zu dem erwarteten positiven Effekt auf
AUSL führt (bivariate Korrelation: r = -.11).

Die Zielvariablen sind die Altersgruppen, die einzeln in das Modell eingeführt wurden, so daß für jede der beiden Städte sieben empirische Kausal-
modelle vorliegen. Die einzelnen Werte der Analyse sind in Tab. 8-1 zusammengefaßt. Nachfolgend wird der oberste Block dieser Tabelle diskutiert,
er enthält alle Variablen, die einen Effekt auf die Zielvariable ausüben.
Neben der Stärke der Effekte interessiert insbesondere der Vergleich der
Altersgruppen untereinander.

Der kausale Effekt der Entfernung (Variable ENTFERNG) auf die Verteilung
der Altersgruppen ist erwartungsgemäß für die beiden jüngsten Altersgruppen am stärksten (.229 und .369). Aufgrund der Inhomogenität der AG 4 und
5 in bezug auf die Stellung im Lebenszyklus ist der entsprechende Effekt
auf die AG 4 und 5 sehr schwach. Daher können die Ergebnisse für die AG 1
und 2 als Indikatoren für die Verteilung von Familien angesehen werden.
Entgegen der theoretischen Annahme ist auch der kausale Zusammenhang
zwischen Entfernung vom CBD und der Verteilung der AG 3 so gut wie nicht
gegeben, so daß für Hamburg mit seiner Mehrkern-Struktur von einer wohnräumlichen Stadtzentrums-Orientierung dieser Altersgruppe nicht gesprochen
werden kann. Dagegen wohnen die beiden ältesten Altersgruppen eher in
innerstädtischen Ortsteilen als am Stadtrand.

Der kausale Effekt des Baualters (Variable NEUBAU) auf die Verteilung der
Altersgruppen zeigt eine Dreiteilung: Personen unter 45 Jahren, mit Aus-

Tab. 8-1: Empirische Werte der Kausalanalyse für Hamburg

erklärte Variable	erklärende Variable	AG1	AG2	AG3	AG4	AG5	AG6	AG7
BETA:								
AG	ENTFERNG	.229	.369	.020	-.098	.075	-.246	-.129
	NEUBAU	.342	.464	-.283	.147	.289	-.358	-.330
	ANST	-.167	-.143	.029	-.004	-.081	-.103	.279
	SES+	.139	-.017	.153	.319	-.379	-.365	.155
	DICHTE	-.494	-.485	.181	-.285	-.416	.387	.556
	KOMF	.387	.218	-.052	.204	.366	.556	-.136
	AUSL	-.023	-.030	.457	.452	.406	-.199	-.409
SES+	WoGröße*	.879	.873	.877	.875	.853	.886	.863
	DICHTE	.610	.603	.608	.604	.583	.621	.594
	KOMF	.397	.395	.397	.396	.392	.403	.394
WoGröße*	ENTFERNG	.457	.455	.458	.456	.455	.464	.455
	NEUBAU	-.262	-.261	-.262	-.261	-.261	-.266	-.261
DICHTE	ENTFERNG	-.368	-.369	-.368	-.368	-.369	-.365	-.369
	NEUBAU	.116	.116	.116	.116	.116	.114	.116
	WoGröße*	-.304	-.303	-.304	-.303	-.303	-.306	-.303
KOMF	NEUBAU	.736	.736	.736	.736	.736	.736	.736
AUSL	ENTFERNG	-.348	-.348	-.348	-.348	-.348	-.348	-.348
	ANST	.400	.400	.400	.400	.400	.400	.400
	DICHTE	-.230	-.230	-.230	-.230	-.230	-.230	-.230
	KOMF	-.269	-.269	-.269	-.269	-.269	-.269	-.269
PSI (unerklärte Varianz):								
AG		.577	.379	.627	.726	.393	.617	.386
SES+		.113	.123	.116	.121	.158	.104	.139
WoGröße*		.722	.725	.722	.726	.725	.714	.725
DICHTE		.639	.639	.639	.639	.639	.638	.639
KOMF		.459	.459	.459	.459	.459	.459	.459
AUSL		.670	.670	.670	.670	.670	.670	.670
KOMF/WoGröße**		.340	.342	.340	.341	.342	.336	.342
LAMBDA Y (Faktorenladungen):								
LY$_{SES}$	ARB	-.804	-.808	-.806	-.807	-.820	-.799	-.814
	MIETE	.846	.844	.846	.844	.842	.851	.844
	ABI	.832	.837	.832	.836	.854	.823	.844
LY$_{WoGröße}$	NRAUM4	.889	.888	.889	.888	.888	.892	.888
	FLAWO	.969	.971	.969	.970	.971	.966	.971
RMR:		.076	.079	.078	.076	.076	.079	.078

+ latente, nicht direkt beobachtete Variable des Sozialökonomischen Status
* latente, nicht direkt beobachtete Variable der Wohnungsgröße
** Kovarianz der Residuen der Variablen KOMF und Wohnungsgröße
Quelle: Eigene Berechnungen

nahme der AG 3, wohnen eher in Neubauten, die über 44jährigen und die AG 3
wohnen eher in Altbauten. Für die AG 3 stimmt dieses Ergebnis mit der Annahme überein, daß diese ihren Wohnstandort eher in herabgefilterten älteren Wohnungen finden, obgleich die Ergebnisse zu den Effekten der Variablen SES, DICHTE und KOMF dies nicht bestätigen. Aber es könnte hier noch
einen Zusammenhang mit der Variable AUSL geben, auf den wir später noch
eingehen. Um zu prüfen, ob die Alten eine lebenszyklus-phasenspezifische
Anpassungswanderug vollziehen, wäre eine Variable zur Wohndauer notwendig;
ohne diese Variable bleibt nur zu konstatieren, daß die Variable NEUBAU
einen negativen Effekt auf die AG 6 und 7 hat (-.358 und -.330).

Der kausale Effekt des Anteils der Anstaltsbewohner (Variable ANST) hat
nur bei der AG 7 eine bedeutsame, positive Wirkung (.279), womit die
altersspezifische Infrastruktur (Altenheime, Stifte, Pflegeheime) erfaßt
wird. Für die anderen Altersgruppen ist dieser Zusammenhang vernachlässigenswert, obgleich Kinderheime, Studentenwohnheime, Kasernen etc.
anderes hätten erwarten lassen.

Die Variable SES, so wurde oben deren Aussagekraft eingeschränkt, mißt
lediglich die Anwesenheit von Mittelschichts-Bevölkerung. Die Prüfung der
Besitzbildungs-Hypothese "Je höher der SES des Ortsteils, desto höher ist
der Anteil der über 45jährigen" ist nicht möglich. Dennoch zeigt die Analyse einen mittelstarken kausalen Effekt des SES auf die AG 4, 5 und 6
(.319, -.379, -.365). Für die Eltern-AG 4 und 5 kann dieses Ergebnis damit
interpretiert werden, daß die AG 4 sich (in den 60er Jahren) bei der Bildung eines eigenen Haushaltes woanders niedergelassen haben als die AG 5
(in den 50er Jahren). Die Gründe hierfür sind in der Neubautätigkeit der
60er Jahre zu sehen und in der unterschiedlichen Entwicklung des Mietprei-
ses für Neubauten der 50er Jahre einerseits und der 60er Jahre andererseits.

Der kausale Effekt der DICHTE auf die Verteilung der Altersgruppen entspricht den theoretischen Annahmen über den Zusammenhang zwischen Stellung
im Lebenszyklus und Wohnstandort: Die Kinder wohnen mit ihren Eltern eher
in den weniger dichtbesiedelten Ortsteilen, die 20-35jährigen und die über
45jährigen in den dichter besiedelten. Die bivariate Korrelation zeigt
aber keine lebenszyklus-phasenspezifische Nähe zwischen den AG 3 und 7.
Der kausale Effekt weist wieder die gleiche Dreiteilung auf, die bei dem
Effekt der Variablen NEUBAU auf die Altersgruppen-Verteilung gefunden
wurde. Es liegt nahe, hier einen Zusammenhang zu sehen dergestalt, daß die

Alten in den dichtbesiedelten Altbau-Ortsteilen wohnen, die Jungen in den weniger dichtbesiedelten Neubau-Ortsteilen. Dies wird aber durch den positiven Effekt der Variablen NEUBAU auf die Variable DICHTE nicht bestätigt, wobei die Stärke dieses Effektes mit .116 gering ist.

Der kausale Effekt der Ausstattung (Variable KOMF) auf die Altersgruppen-Verteilung zeigt für die AG 1, 2, 4, 5 und 6 positive Effekte, für die AG 3 keinen und für die AG 7 schwach negative. Der Unterschied zwischen den AG 6 und 7 kann als auf lebenszyklus-phasenspezifische Einkommensunterschiede zurückführbar interpretiert werden, da sich ein solch starker Unterschied für diese beiden Altersgruppen weder bei der Variablen NEUBAU noch bei der Variablen DICHTE gezeigt hat.

Der kausale Effekt des Anteils der Ausländer (Variable AUSL) auf die Altersgruppen-Verteilung zeigt, daß die AG 6 (-.199) und die AG 7 (-.409) von den Ausländern räumlich getrennt leben. Die geringen Koeffizienten in bezug auf die Kinder-Altersgruppen und die hohen Koeffizienten für die AG 3, 4 und 5 können wie folgt interpretiert werden: Die Ausländer, insbesondere diejenigen aus den früheren Anwerbeländern, haben eine Altersstruktur mit dem Schwergewicht auf dem arbeitsfähigen Alter (AG 3, 4 und 5), weil sie noch in ihren Heimatländern nach ihrer Leistungskraft ausgewählt wurden. Im Jahre 1970, zum Zeitpunkt der VZ, waren die ausländischen Arbeitnehmer eher auf Rückkehr in das Heimatland und weniger auf die Bildung einer Familie in der BRD oder auf den Nachzug der bestehenden Familie orientiert. Auf dem Wohnungsmarkt-Segment für (absolut betrachtet) billige Altbau-Wohnungen ohne Komfort trafen sie sich mit alleinstehenden deutschen Jungerwachsenen der AG 3.

Der lebenszyklus-phasenspezifische Unterschied ist bei allen erklärenden Variablen mit Effekt auf die Altersgruppen deutlich. Die Effekte variieren in Abhängigkeit von der Zielvariablen in Stärke und Richtung. Läge kein lebenszyklus-phasenspezifischer Zusammenhang vor, so dürften die Beta-Koeffizienten keine unterschiedliche Richtung aufweisen und nicht wesentlich in der Stärke variieren.

Die Erklärungskraft der Modelle ist nicht einheitlich. Am besten ist die Varianz der AG 2 und der AG 5 erklärt; hier bleiben nur 38 % bzw. 39 % unerklärt. Mit einer unerklärten Varianz von 73 % ist die AG 4 am schwächsten erklärt.
Unerklärte Varianzen besagen, daß die im Modell enthaltenen Variablen

nicht ausreichen, die gesamte Varianz der Zielvariablen zu erklären. Die Unterschiede in der Erklärungskraft der hier diskutierten Modelle besagen, daß derselbe Satz erklärender Variablen für die einzelnen Altersgruppen lebenszyklus-phasenspezifisches Gewicht haben. Ob die in den Modellen fehlenden erklärenden Variablen für alle Altersgruppen dieselben sind mit unterschiedlichem Gewicht, oder ob Variablen fehlen, die abhängig von der zu erklärenden Altersgruppe sind, ist ein Problem der weiteren Forschung.

8.3. Ergebnisse für Wien

Auch für Wien verlief der Test des Kausalmodells (Abb. 7-2) negativ. Die konfirmatorische Faktorenanalyse falsifizierte das hypothetische Meß-modell.
Nachfolgend interpretieren wir die Ergebnisse des empirischen Meß- und Strukturmodells und folgen im weiteren Ablauf dem Vorgehen im vorigen Abschnitt.

Das empirische Meß- und Strukturmodell

Das für Wien gültige Modell mit seinen Kausalbeziehungen zeigt Abb. 8-2. Das Meßmodell für die latente, nicht direkt beobachtete Variable des Sozialökonomischen Status des Zählbezirks besteht aus den manifesten, direkt beobachteten Variablen ARB und MIETE, so daß die Einschränkung in bezug auf die inhaltliche Interpretation dieser SES-Variablen auch hier gilt: Gemessen wird hier nicht der SES, sondern das Vorhandensein von Mittelschicht-Bevölkerung im Zählbezirk.
Das Meßmodell hat sich ebenfalls nicht bestätigt. Als einziger Indikator für Wohnungsgröße ist im Modell die Variable FLAWO verblieben, die als manifeste, direkt beobachtete Variable in das Strukturmodell eingeht.
Auch in Wien sprachen theoretische Überlegungen und die empirischen Daten für kausale Effekte von NEUBAU und FLAWO auf DICHTE. Weiterhin hat sich auch für Wien ein nicht weiter erklärbarer Zusammenhang von KOMF und Wohnungsgröße (Variable FLAWO) ergeben, der als nicht erklärte Kovarianz ihrer Residuen im Modell verblieb.
Die Werte der "Residual Variances and Covariances"-Matrix überschreiten auch für Wien nicht den Wert .15; der Gesamt-Fit des Modells ist ebenfalls gut, der RMR-Wert bleibt unter .06.

Interpretation des Strukturmodells

Das innere Modell (die Kausalbeziehungen links der Zielvariablen, Abb.
8-2) weicht von dem Hamburger Modell ab (zum Vergleich beider Modelle
siehe Abschn. 8.4.). Die Mittelschicht-Orientierung des Zählbezirks (Variable SES) wird ebenfalls zu fast 90 % durch die kausal vorangehenden Variablen erklärt. Diese werden determiniert durch die beiden Variablen
ENTFERNG und NEUBAU, die ihrerseits durch einen Pfad von ENTFERNG auf NEU-
BAU mit einer Stärke von .419 kausal verbunden sind. In diesem Zusammenhang spiegelt sich die starke Neubau-Tätigkeit der 60er Jahre wider, die
überwiegend in den südlichen Randlagen und nördlich der Donau erfolgte.
Ein schwach negativer Effekt geht von NEUBAU auf SES aus. Dies kann mit
dem Wiener Gemeindewohnungsbau der späten 50er und der 60er Jahre erklärt
werden, der sich in erster Linie auf sozial benachteiligte Personen rich-
tete (HANSELY 1978; KAINRATH 1978). Der Effekt von ENTFERNG auf FLAWO ist
nur schwach positiv, damit hat der Wohnungsneubau nicht wesentlich zu
einer durchschnittlichen Vergrößerung der Wohnungen geführt. Der mit -.768
in allen Modellen starke Effekt von ENTFERNG auf DICHTE spiegelt die
dichte Bevölkerungsverteilung im Inneren Gebiet der Stadt einschließlich
der Vorstadt sowie die z.T. sehr dünne Besiedelung der Stadtränder wider.
Der NEUBAU hat so gut wie keinen Effekt auf die DICHTE, die Wohnungsgröße
(Variable FLAWO) nur einen gering negativen.
Der kausale Zusammenhang zwischen NEUBAU und KOMF ist in Wien (.688) nur
gering schwächer positiv als in Hamburg. Auch hier verdeckt die Variable
KOMF reale Ausstattungsunterschiede zwischen den Wohnungsjahrgängen, die
Variable NEUBAU ließe sich dagegen bei Bedarf noch einmal untergliedern
(worauf verzichtet wurde, um die direkte Vergleichbarkeit zwischen den
Städten nicht zu verlieren). Insgesamt gilt auch für Wien, daß dieser
kausale Zusammenhang weniger ein Ursache/Wirkungs-Gefüge und mehr einen
"Baustandard" darstellt.
In Wien geht ein negativer kausaler Effekt von ENTFERNG auf den Anteil der
Ausländer (Variable AUSL), er ist mit -.340 für alle Modelle von mittlerer
Stärke. Gleichzeitig geht ein negativer Effekt von DICHTE (-.549) und von
NEUBAU (-.247) auf AUSL (der kausale Effekt von FLAWO ist nur schwach posi-
tiv und kann vernachlässigt werden). Diese Effekte bedeuten, die Ausländer
wohnen eher nicht in Zählbezirken des sogenannten inneren Ringes und der
Vorstadt mit ihrer hohen Dichte; andererseits wohnen sie auch nicht an den
Stadträndern in den Neubauten. Aufklärung gibt eine Karte von HANSELY
(1978:13). Danach haben die höchsten Ausländer-Anteile die Gemeindebezirke
Hernals, Liesing, Donaustadt, Penzing und Ottakring. Diese Gemeindebezirke

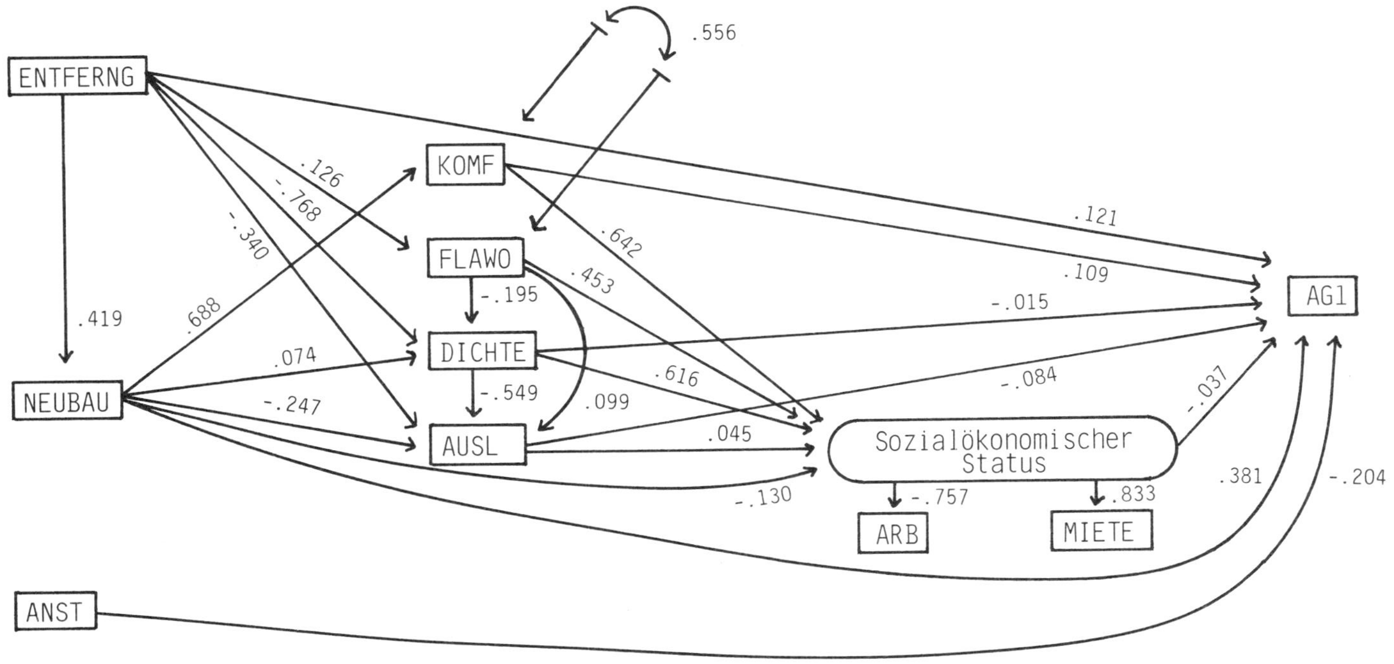

Abb. 8-2: Empirisches Kausalmodell für die Verteilung der unter 6jährigen in Wien 1971

bedecken sowohl die mittlere als auch die äußere Zone, in ihnen wohnen die Ausländer (50 % Jugoslawen, 11 % Türken) in den Bereichen um den Gürtel, in den nördlichen und östlichen Gebieten mit agrarischer und industrieller Struktur (ebenda). Zieht man wohnungswirtschaftliche Aspekte für die Begründung dieser Verteilung heran, so kann man sagen: Infolge wohnungsrechtlicher Bestimmungen wie Erbpacht, Mietpreisbindung, Mieterschutz etc. gelingt es den Ausländern nicht oder nur in geringem Maße, in die Wohnungsgebiete mit hoher Bevölkerungsdichte und geringer Wohnungsausstattung in der Inneren Stadt einzudringen, es gelingt ihnen auch nicht, Neubau-Wohnungen in der Äußeren Stadt zu erlangen. Die ökologischen Nischen für Ausländer aus Anwerbeländern sind in Wien die agrarischen und industriellen, nur gering besiedelten Zählbezirke im Norden und Osten, wo sie nahe ihren Arbeitsplätzen und fern von der Wiener Bevölkerung wohnen.

Jede der sieben Zielvariablen konstituiert ein Modell. Die einzelnen Werte sind in Tab. 8-2 zusammengefaßt. Nachfolgend wird wieder der oberste Block dieser Tabelle interpretiert, in dem alle Variablen zusammengestellt sind, die einen direkten Effekt auf die Zielvariablen haben.

Der kausale Effekt der ENTFERNG auf die Verteilung der Altersgruppen ist in Wien sehr schwach mit Ausnahme der AG 6 (-.241). Die anderen Altersgruppen sind fast unabhängig von der Entfernung zur Stadtmitte verteilt.

Der kausale Effekt des Anteils der Anstaltsbewohner (Variable ANST) auf die Verteilung der Altersgruppen zeigt nur für die AG 7 mit .321 eine bedeutsame Stärke, womit auch in Wien die Bewohner von Alten- und Altenpflegeheimen erfaßt werden.

Der kausale Effekt der Mittelschicht-Orientierung des Zählbezirkes (Variable SES) auf die Verteilung der beiden jüngsten Altersgruppen zeigt, daß diese in Wien einen unterschiedlichen Standort haben. Die AG 2 und 5 wohnen im Gegensatz zu den AG 3, 6 und 7 eher nicht in Zählbezirken mit Mittelschicht-Bevölkerung. Dies wird in den Auswirkungen der Wohnungsbau-Tätigkeit Ende der 50er und Anfang der 60er Jahre auf den Wohnstandort von jungen Familien begründet sein.

Die DICHTE ist nur von geringem kausalen Effekt auf die Verteilung der Altersgruppen, wie z.B. die AG 1 (-.015) und die AG 2 (-.138) zeigen.

Tab. 8-2: Empirische Werte der Kausalanalyse für Wien

erklärte Variable	erklärende Variable	Z i e l v a r i a b l e						
		AG1	AG2	AG3	AG4	AG5	AG6	AG7
BETA:								
AG	ENTFERNG	.121	-.017	-.132	-.007	-.007	-.241	.164
	ANST	-.204	-.158	-.014	-.145	-.119	.003	.321
	SES+	-.037	-.624	.284	.040	-.739	.282	.392
	DICHTE	-.015	-.138	-.123	.087	.098	-.138	.124
	NEUBAU	.381	.070	.182	.375	.385	-.258	-.423
	KOMF	.109	.788	-.360	.027	.568	-.217	-.549
	AUSL	-.084	-.073	.374	.104	.177	.012	-.144
SES+	FLAWO	.453	.375	.433	.445	.398	.461	.454
	DICHTE	.616	.570	.613	.614	.600	.614	.605
	NEUBAU	-.130	-.214	-.125	-.129	-.148	-.139	-.155
	KOMF	.642	.716	.645	.643	.673	.644	.652
	AUSL	.045	.042	.050	.047	.053	.041	.038
FLAWO	ENTFERNG	.126	.126	.126	.126	.126	.126	.126
DICHTE	ENTFERNG	-.768	-.768	-.768	-.768	-.768	-.768	-.768
	FLAWO	-.195	-.195	-.195	-.195	-.195	-.195	-.195
	NEUBAU	.074	.074	.074	.074	.074	.074	.074
NEUBAU	ENTFERNG	.419	.419	.419	.419	.419	.419	.419
KOMF	NEUBAU	.688	.688	.688	.688	.688	.688	.688
AUSL	ENTFERNG	-.340	-.340	-.340	-.340	-.340	-.340	-.340
	FLAWO	.099	.099	.099	.099	.099	.099	.099
	DICHTE	-.549	-.549	-.549	-.549	-.549	-.549	-.549
	NEUBAU	-.247	-.247	-.247	-.247	-.247	-.247	-.247
PSI (unerklärte Varianz):								
AG		.659	.383	.819	.838	.392	.743	.312
SES+		.113	.174	.135	.122	.160	.104	.113
FLAWO		.984	.984	.984	.984	.984	.984	.984
DICHTE		.378	.378	.378	.378	.378	.378	.378
NEUBAU		.824	.824	.824	.824	.824	.824	.824
KOMF		.527	.527	.527	.527	.527	.527	.527
AUSL		.776	.776	.776	.776	.776	.776	.774
KOMF/FLAWO*		.556	.556	.556	.556	.556	.556	.556
LAMBDA Y (Faktorenladungen):								
LY_{SES}	ARB	-.757	-.804	-.754	-.756	-.766	-.762	-.775
	MIETE	.833	.824	.848	.839	.852	.823	.818
RMR:		.054	.049	.043	.053	.043	.055	.052

+ latente, nicht direkt beobachtete Variable des Sozialökonomischen
   Status
* Kovarianz der Residuen der Variablen KOMF und FLAWO
Quelle: Eigene Berechnungen

Der Einfluß des Baualters der Wohnungen (Variable NEUBAU) auf die Verteilung der Altersgruppen ist lebenszyklus-phasenspezifisch: Die AG 6 und 7
wohnen eher nicht in Neubauten (-.258 bzw. -.423), die AG 1, 4 und 5
empfangen fast gleichstarke positive Effekte von der Variablen NEUBAU.
Damit zeigt sich, daß der Wohnungs-Neubau in Wien in erster Linie auf die
Unterbringung von Familien ausgerichtet war.

Auch der Effekt der Variable KOMF auf die Verteilung der Altersgruppen hat
lebenszyklus-phasenspezifische Ausprägungen: Die AG 3, 6 und 7 haben eher
keine Wohnungen mit Sammelheizung, Bad und WC, dagegen ist der Effekt der
Variablen KOMF auf die AG 2 und 5 mit .788 und .568 als sehr stark anzusehen. Dieses Ergebnis ist aufgrund des relativ hohen Effektes von NEUBAU
auf KOMF (.688) nicht ganz konsistent mit den Ausprägungen des Effektes
der Variable NEUBAU auf die Altersgruppen. Das könnte damit erklärt werden, daß zum Zeitpunkt der Niederlassung von Familien mit Kindern der AG 1
(die sich zu einem späteren Zeitpunkt niederließen als Familien mit Kindern, die im Jahre 1971 in der AG 2 waren) in nicht unbedeutendem Umfang
familiengeeigneter Wohnraum aus der Zeit vor 1945 frei und von Familien
belegt wurde.

Der Anteil von Ausländern (Variable AUSL) hat nur auf die AG 3 bedeutsamen
Effekt (.374). Vorausgesetzt, die Altersstruktur der ausländischen Arbeitnehmer in Wien hatte nicht ihr Schwergewicht auf der Altersgruppe der 20-
25jährigen, so werden auch in Wien die Jungerwachsenen der AG 3 eher in
den Zählbezirken ihren Wohnstandort finden, wo die Ausländer wohnen, weil
sich diese beiden Bevölkerungsgruppen auf dem gleichen Wohnungsmarkt-Segment als Nachfrager treffen.

Der lebenszyklus-phasenspezifische Unterschied ist auch in Wien deutlich,
weil die Kausal-Effekte in Abhängigkeit von der Altersgruppe in Stärke und
Richtung differieren. Am deutlichsten ist dies für die AG 1 und 2 einerseits und für die AG 7, z.T. auch für die AG 6 andererseits .

Die Erklärungskraft der Modelle für Wien schwankt in Abhängigkeit von der
Altersgruppe. Auch hier ist die Zielvariable der AG 2 am besten erklärt,
die unerklärte Varianz beträgt 38 %; am schlechtesten ist die AG 5 erklärt
mit einer unerklärten Varianz von 84 %.

8.4. Vergleich der Ergebnisse

Die in Kapitel 7 aufgestellte Theorie über die Determinanten der räumlichen Verteilung der verschiedenen Altersgruppen ist als Gesamt-Modell widerlegt worden, und zwar in der Anwendung für Hamburg und Wien. Teile der prädizierten Kausalzusammenhänge konnten jedoch für beide Städte bestätigt werden. Das Modell, das sich für Hamburg als am besten den Daten angepaßt erwies, ist dem entsprechenden für Wien sehr ähnlich. Dennoch kann das Modell für die eine Stadt nicht auf die andere Stadt angewendet werden. Dies wurde geprüft, indem das Hamburger Ergebnis-Modell mit Wiener Daten gerechnet wurde und das Wiener Modell mit Hamburger Daten. Das bedeutet, daß die geringen Abweichungen zwischen den beiden empirischen Modellen der beiden Städte doch erhebliches Gewicht haben. Die Unterschiede im einzelnen:

(1) Die beiden Meßmodelle des SES und der Wohnungsgröße unterscheiden sich.

(2) ENTFERNG hat nur in Wien einen Effekt auf NEUBAU. Durch Kriegsschäden ist in Hamburg in großflächigem Umfang Wohnungssubstanz vernichtet worden, die zu einem großen Teil erst nach 1949 wieder aufgebaut und statistisch als Neubau gezählt wurde.

(3) ANST hat nur in Hamburg einen Effekt auf AUSL. Dies spiegelt eine unterschiedliche Politik der Wohnungsversorgung gegenüber ausländischen Arbeitnehmern in beiden Städten wider, die bereits in der bivariaten Korrelation sichtbar ist.

(4) NEUBAU hat nur in Hamburg einen Effekt auf Wohnungsgröße. Der Wiederaufbau und die Richtlinien für staatlich subventionierten Wohnungsbau generierten in Hamburg Wohnungen, die gegenüber dem nicht zerstörten Altbau-Bestand eine Reduzierung der durchschnittlichen Wohnungsgröße bewirkte; in Wien veränderte dagegen die Wohnbautätigkeit nicht den bestehenden Wohnungsgrößen-Standard.

(5) NEUBAU hat nur in Wien einen Effekt auf AUSL. Wien hat die Ausländer mehr oder weniger am Bezug einer Neubau-Wohnung gehindert; in Hamburg sind diejenigen Ausländer am Wohnungsmarkt am stärksten diskriminiert, die der letzten Anwerbewelle angehörten, die Türken. Weniger diskriminiert sind in Hamburg die Ausländer, die nicht als "Gastarbeiter" gelten wie die Angehörigen von Handels- und Schiffahrtsunternehmen und Konsulaten.

(6) KOMF hat nur in Hamburg einen Effekt auf AUSL. Dies ist in Hamburg in dem Segregationprozeß derjenigen Ausländer begründet, die eher als Ethnie in einem Wohnviertel zusammenleben; es sind dies in erster Linie Türken,

die sich in Gebieten unterdurchschnittlicher Wohnsubstanz konzentrieren.
(7) Die Wohnungsgröße hat nur in Wien einen Effekt auf AUSL. Dies dürfte
auf diejenigen Ausländer zurückzuführen sein, die in agrarisch strukturier-
ten Gebieten mit ihrer eher bäuerlichen Wohnsubstanz mit überdurchschnitt-
licher Wohnungsgröße leben.

Die Stärke der Kausalzusammenhänge im inneren Modell variieren bei beiden
Städten. Alle im Modell enthaltenen Variablen außer der Wohnungsgröße bzw.
FLAWO haben einen direkten Effekt auf die Zielvariablen, dabei sind Richtung und Stärke der Zusammenhänge sehr unterschiedlich. Die Erklärungskraft der Modelle in bezug auf die Altersgruppen-Variablen variiert von
Zielvariable zu Zielvariable, hat aber eine Ähnlichkeit im Muster.
Die Zusammenhangsmaße für die Zielvariablen zeigen in beiden Städten kein
gleichmäßiges, stetiges Muster, sondern ein uneinheitliches. Das bedeutet,
die gleiche Kausalstruktur hat für jede Altersgruppe unterschiedliches Gewicht. Das kann als Bestätigung dafür angesehen werden, daß der Bevölkerungsverteilung der Altersgruppen Determinanten zugrundeliegen, die auf
die einzelnen Altersgruppen ungleich einwirken, d.h. lebenszyklus-phasenspezifisch sind. Der Vergleich der Zusammenhangsmaße zwischen den Städten
zeigt, daß die Effekte stadt-spezifischen Charakter haben, worauf auch das
zwischen den Städten unterschiedliche Ausmaß der Erklärungskraft hinweist.

Die Unterschiede zwischen den Städten deuten daraufhin, daß die getestete
Theorie noch nicht genügend verallgemeinert ist.

9. Zusammenfassung und Schlußbetrachtung:
   Segregation von Altersgruppen, demographischer Wandel und
   stadtstruktureller Wandel

Das Individuum durchläuft Phasen des Lebenszyklus: Kindheit, Jugend, Phase
des Alleinstehens, generative Phase, postgenerative Phase, Ruhestand. Mit
dem Wechsel der Lebenszyklus-Phase ändern sich die Wohnbedürfnisse und
-wünsche. Einzelpersonen und Familien ohne Kinder benötigen weniger internen und externen Wohnraum als Familien mit Kindern, sie sind Freizeit- und
Stadtzentrums-orientiert. Die zunehmende Größe des Haushalts erhöht den Bedarf an internem Wohnraum und Außenflächen, die Aktivitäten sind eher fami-
lienorientiert. Verkleinert sich die Familie durch Auszug der Kinder, so
verringert sich der Bedarf an Wohnraum; mit zunehmendem Alter erhöht sich
der Bedarf an altersspezifischer Infrastruktur. Die nunmehr alleinstehenden Eltern passen die Größe des Wohnraums dem verringerten Wohnraumbedarf
an und verlegen ihren Wohnstandort in die Nähe der notwendigen Infrastruktur z.B. des Gesundheitswesens.
Die Wohnungsstruktur der Stadt ist differenziert nach Größe, Ausstattung
und Lage; die Größe und Ausstattung sind historisch nicht invariant. Durch
die Ergänzung der alten Wohnungen durch neue mit modernerer Ausstattung
entstehen wohnungsstrukturell homogene städtische Teilgebiete, deren Wohnungen von Bevölkerungsgruppen tendentiell gleichen Wohnbedarfes nachgefragt werden. Damit determiniert die Wohnungsstruktur des Teilgebietes die
Struktur der Bevölkerung nach ihrer Stellung im Lebenszyklus: Segregation
von Altersgruppen. Je differenzierter die Wohnungsstruktur, desto eher bilden sich lebenszyklus-phasenspezifische Wohnstandorte in der Stadt heraus.

Die untersuchten Städte Hamburg und Wien zeigten im Untersuchungszeitraum
1961 bis 1981 bzw. 1982 steigende Segregation bei sinkender Einwohnerzahl.
Die Bevölkerung der beiden Städte wanderte im Untersuchungszeitraum in das
städtische Umland und in Wohngebiete am Stadtrand. Dabei zeigte sich u.a.,
daß in Hamburg die Segregation für die abgebenden Teilgebiete stieg, in
Wien aber für die aufnehmenden. Die Wanderungsströme innerhalb dieser beiden Städte hatten also unterschiedlich entmischende Wirkung. Die Segregation betrifft die Altersgruppen in unterschiedlichem Ausmaß; dieskann als
Segregation nach der Stellung im Lebenszyklus interpretiert werden. Weiterhin konnte auch für Haushalts- und Familientypen eine Segregation nachgewiesen werden, so daß vorgeschlagen wird, die Altersgruppen-Segregation
als Teil einer allgemeinen Segregation der städtischen Bevölkerung nach demographischen Merkmalen anzusehen.

Die Kausalanalyse ging von der allgemeinen Hypothese aus, daß die Wohnungsstruktur die Altersstruktur des städtischen Teilgebietes bestimmt. Dies
konnte anhand der empirischen Daten für Hamburg (1970) und Wien (1971) bestätigt werden. Die kausalen Effekte differieren von Altersgruppe zu
Altersgruppe in Richtung und Stärke. Dies ist eine weitere Bestätigung für
den lebenszyklischen Charakter der Altersgruppen-Segregation. Die Kausal-
modelle sind für Hamburg und Wien verschieden, d.h. die ihr zugrundeliegen-
de Theorie ist nicht genügend allgemein, um auf andere Städte angewandt
werden zu können.

Altersgruppen-Segregation und sozialer Wandel

Die hier vorgelegten Ergebnisse belegen, daß das gegenwärtige Wirkungsgefü-
ge in der Stadt die bisher verborgene Kraft in sich birgt, die Stadt-Bevöl-
kerung nicht nur nach sozialen Merkmalen, sondern auch nach ihrem Alter zu
segregieren.

Während die soziale Segregation, z.B. nach Berufsgruppen oder Status, ein
bekanntes Phänomen ist, das sowohl für die antike wie für die mittelalter-
liche Stadt belegt ist und damit keine spezielle Erscheinung der Stadt des
modernen Industriezeitalters mit seiner extensiven Arbeitsteilung darstellt, so muß die moderne Stadt als diejenige angesehen werden, die die
Segregation der Bevölkerung nach ihrem Alter auf ihrem Gebiet erstmalig
hervorgebracht hat.

Erforderte die gesellschaftliche Produktion vor der Industrialisierung die
Organisation der gesellschaftlichen Reproduktion in Form der gemeinsam
wirtschaftenden Mehrgenerationen-Familie, so ist heute die gesellschaft-
liche Produktion keinesfalls dadurch gefährdet, daß der Anteil derjenigen
Menschen, die außerhalb eines Familienverbandes leben, ansteigt (s.u.).
Diese Art des sozialen Wandels schlägt sich nieder in der Differenzierung
der Bevölkerung nach ihrer Stellung im Lebenszyklus oder aber nach ihrer
Lebensweise, nämlich soweit sie den theoretisch vorgestellten Lebenszyklus
nur teilweise durchläuft. Die Differenzierung der Bevölkerung nach der
Stellung im Lebenszyklus und der soziale Wandel in der Struktur der Fami-
lie sind Voraussetzungen - nicht die Gründe - für die Segregation der
Bevölkerung nach ihrem Alter.

Effekte der Wohnungsstruktur

Die Gründe für diese Segregation liegen in der differenzierten Wohnungsstruktur, die sich - prononciert betrachtet - als Zuzugsbarriere für bestimmte Altersgruppen auswirkt. Diese Wirkung ist abhängig von der sozialen Bewertung der Wohnungsstruktur und unterliegt ihrerseits sozialem Wandel dergestalt, als die Vorstellung dessen, was Ausstattungsstandard sei,
nicht invariant, sondern historisch bedingt ist. Diese Wirkung ist weiterhin abhängig von Wohnungs-marktwirtschaftlichen Bedingungen: Sind z.B. Ein-
zimmer- und Klein-Wohnungen profitabler als familiengeeigneter Wohnraum,
so werden erstere gebaut oder große Wohnungen aufgeteilt in mehrere kleine
und damit für Familien Zuzugsschranken errichtet. Die soziale Bewertung
des Bodens in innerstädtischen Gebieten ist dafür die allgemeinere Form.

Altersgruppen-Segregation und Migration

Führt die Wohnungsstruktur zu homogener Altersstruktur, so bedeutet dies
in der Tendenz steigende Bevölkerungsmobilität. Will in einem Wohnviertel,
das sich in seiner Wohnungsstruktur ausschließlich oder überwiegend auf Familien ausrichtet, ein junger Erwachsener die elterliche Familie verlassen, ohne seinerseits gleich eine Familie zu gründen, so muß er in einen
anderen Stadtteil umziehen, der ihm die Wohnung für seinen Haushalt mit
seinen materiellen Möglichkeiten bietet. Bei der späteren Gründung einer
eigenen Familie ist ein neuer Umzug notwendig, eventuell wieder in ein speziell für junge Familien erstelltes Neubau-Viertel. Die räumliche Trennung
von Altersgruppen erzwingt auf diese Art eine gewisse Mobilität nach Umfang, Distanz und Richtung.

Demographischer Wandel und Stadtstruktur

Die empirischen Werte zur Haushalts- und Familien-Segregation (Tab. 6-2 u.
6-21) geben in Verbindung mit dem Lebenszyklus-Konzept die Anregung, die
Segregation von Altersgruppen als Teil einer allgemeineren Segregation der
Bevölkerung nach demographischen Merkmalen aufzufassen. Hinzutreten müßte
ein Erklärungsansatz, der bevölkerungssoziologische Aspekte beinhält.
Diese Teil-Theorie zu liefern ist nicht Ziel dieser Arbeit gewesen, an dieser Stelle sollen aber einige Hinweise dafür gegeben werden, daß demographische Veränderungen Effekte auf die Stadtstruktur und auf die Segregation von Altersgruppen haben können.

Zu unterscheiden sind in bezug auf die Stadt drei demographische Komponenten: Anzahl der Einwohner, Altersstruktur der Einwohner, Struktur der Familien und Haushalte (vgl. ALONSO 1980:32). Diese drei Komponenten sind eng
miteinander verbunden, ihre Veränderung hat starke Effekte auf die Entwicklung der städtischen Struktur. Wie sie verbunden sind, kann hier vernachlässigt werden; daß sie Effekte auf die Stadtstruktur haben, konnte für
die beiden erstgenannten Komponenten der Altersgruppen-Segregation empirisch gezeigt werden.
Aufgrund der Herangehensweise unterlag in der vorliegenden Studie ein demo-
graphisches Phänomen nicht der gesonderten Betrachtung, das sich in der
städtischen Altersstruktur niederschlägt und noch weiterhin niederschlagen
wird: die wellenförmige Entwicklung der Fertilität. Die stark ansteigende
Geburtenquote zu Beginn der 60er Jahre und ihr späteres steiles Abfallen
("Baby-Boom" und "Pillen-Knick") werden sich in der Stadt niederschlagen
in der wellenförmigen Nachfrage nach lebenszyklus-phasenspezifischem Wohnraum. Zunächst fragen die Jungen Übergangswohnraum nach, um einen eigenen
Haushalt gründen zu können. Diesen werden sie für absehbare Zeit bewohnen,
um später einen familiengeeigneten Wohnraum nachzufragen. Die starken Jahrgänge richten ihre Nachfrage zunächst auf die dichtbesiedelten innerstädtischen Wohnquartiere, den familiengeeigneten Wohnraum werden sie später
dort jedoch nicht finden. Insoweit die Nachfrage nach diesem familiengeeigneten Wohnraum dann nicht befriedigt werden kann durch die natürliche
Bevölkerungsentwicklung, insoweit entsteht ein bugwellenförmiger Fehlbe-
stand an Wohnraum, der nur durch rechtzeitigen Neubau verhindert werden
kann. Dieser Neubau wird die Achsenzwischenräume stärker zuwachsen lassen
und im städtischen Umland zu dichterer Besiedelung führen. Schließlich
wird es gleichzeitig zu einer stärkeren Nachfrage nach Ein- und Zweifami-
lienhäusern kommen, sodaß ingesamt gesehen daraus eine zweite Suburbani-
sierungswelle werden könnte, die in ihrem Gefolge auch eine weiter ansteigende Segregation von Altersgruppen mit sich brächte.
Die geringe Wohnungsnachfrage der geburtenschwachen Jahrgänge könnte wiederum zu einem Überangebot an Wohnraum führen: Zuerst werden die Appartements und Klein-Wohnungen für die intermediäre Zeit bis zur Familiengründung geringer nachgefragt, dann werden die freiwerdenden familiengeeigneten Wohnungen wegen kohortenspezifisch fehlender Nachfrage leerstehen.
Hier exakte Prognosen zu liefern ist nicht nur wegen der fehlenden Daten-
basis schwierig bis unmöglich, hier wirkt eine intervenierende Variable,
die noch nicht quantitativ bewertet werden kann: Es ist die Art und Weise,
wie die jungen Leute leben werden. Leben sie wie ihre Eltern, d.h. verhalten sie sich in bezug auf Heirat, Fruchtbarkeit und Scheidung so wie ihre

Eltern, so reduzieren sich die Effekte der bisherigen wellenförmigen Entwicklung der Fertilität auf ein Mengen-Problem. Realistischer ist es jedoch, von sich ändernden Lebensgewohnheiten auszugehen, die sich niederschlagen im Wandel von Haushalts- und Familien-Strukturen (dritte demographische Komponente).

Zunächst kann festgestellt werden, daß die durchschnittliche Haushaltsgröße seit dem Ende des Zweiten Weltkrieges sinkt: 1950 lebten 2,99 Personen in einem Haushalt, 1961 waren es 2,88, 1970 waren es 2,74 und 1982
sank dieser Durchschnittswert auf 2,43 Personen (STAT. BUNDESAMT 1983:66).
Mit der abnehmenden Haushaltsgröße korrespondiert das schnelle Wachstum
der Einpersonen-Haushalte: Während die westdeutsche Bevölkerung zwischen
1950 und 1982 um 21,3 % anwuchs, stieg die Zahl aller privaten Haushalte
um 52,2 %, der Einpersonen-Haushalte um 145,5 %, der Zweipersonen-Haushalte um 73 %; die Zahl der Haushalte mit mehr als 4 Personen sank in demselben Zeitraum um 25,1 % (Tabelle 9-1). Die Größe der Haushalte sinkt in
Großstädten stärker als im Durchschnitt; das Stat. Jahrbuch 1983 weist für
die Bundesländer Berlin (1,81), Bremen (2,17) und Hamburg (2,06) die drei
geringsten Quoten aus (STAT. BUNDESAMT 1983:66). Daraus kann entnommen
werden, daß das Verhalten in bezug auf Haushaltsgründung und Haushalts-
führung einem sozialen Wandel unterliegt, der über den lebenszyklus-phasenspezifischen Wohnraumbedarf mittelbare Effekte auf die Stadtstruktur hat.

Tab. 9-1: Bevölkerung und Privathaushalte (in 1000) in der Bundesrepublik Deutschland, 1950, 1961, 1970, 1982

	1950		1961			1970			1982	
	a	%	a	%		a	%		a	%
Bevölkerung	50.809	(100)	56.185	(110,6)		60.651	(119,4)		61.638	(121,3)
Privathaushalte, insg.	16.650	(100)	19.460	(116,9)		21.991	(132,1)		25.336	(152,2)
Einpersonen-Haushalte	3.229	(100) 19,4	4.010	(124,2)	20,6	5.527	(171,2)	25,1	7.926	(245,5) 31,3
Zweipersonen-Haushalte	4.209	(100) 25,3	5.156	(122,5)	26,5	5.959	(141,6)	27,1	7.283	(173,0) 28,8
Dreipersonen-Haushalte	3.833	(100) 23,0	4.389	(114,5)	22,6	4.314	(112,5)	19,6	4.474	(116,7) 17,7
Vierpersonen-Haushalte	2.692	(100) 16,2	3.118	(115,8)	16,0	3.351	(124,5)	15,2	3.636	(135,1) 14,4
Haushalte mit 5+ Pers.	2.687	(100) 16,1	2.787	(103,5)	14,3	2.839	(105,5)	12,9	2.017	(74,9) 8,0

Zahlen in Klammern: Maßzahl 1950; Quelle: STAT. BUNDESAMT 1983: Tab. 3-1 und 3-14

Tab. 9-2: Familien (in 1000) in der Bundesrepublik Deutschland, 1961, 1970, 1982

	1961			1970			1982		
	a	%	%	a	%	%	a	%	%
Familien, insgesamt	19.845	100		23.930	100		22.882	100	
Ehepaare ohne Kinder	4.622	23,3		5.256	22,0		5.924	25,9	
Familien mit Kindern, insgesamt	10.717	54,0		10.938	45,6		10.852	47,4	
Kernfamilien	8.812	44,4		9.317	38,9		9.193	40,2	
Alleinerziehende Elternteile	2.050	10,3	100	1.562	6,5	100	1.658	7,2	100
alleinerz. Väter	206		10,0	231		14,8	270		16,3
alleinerz. Mütter	2.044		90,0	1.331		85,2	1.388		83,7
Familien mit 1 Kind u. 18 J.	5.329	26,9		3.878	16,2		4.245	18,6	
Familien mit 2 Kindern u. 18 J.	3.326	16,8		2.869	12,0		2.879	12,6	
Familien mit 3+ Kindern u. 18. J.	2.059	10,4		1.834	7,7		1.043	4,6	

Quelle: 1961 - Wirtschaft und Statistik 1965:431f; 1970 - STAT. BUNDESAMT 1972:23;
        1982 - STAT. BUNDESAMT 1983:67

Auf der Ebene der Familien-Struktur läßt sich ein ähnlicher Wandel feststellen, hinter dem nicht nur eine abnehmende Fertilität steht, sondern
auch ein anderes Familien-Verhalten (Tab. 9-2). Die Zahl der kinderlosen
Ehepaare wuchs zwischen 1961 und 1982 um 28,2 %, ihr Anteil um 2,6 Prozentpunkte; die Zahl der Familien mit Kindern stieg um 1,3 %, ihr Anteil sank
um 6,6 Prozentpunkte; die Zahl der Kernfamilien stieg um 4,3 %, ihr Anteil
sank um 4,2 Prozentpunkte; die Zahl der alleinerziehenden Elternteile sank
absolut wie relativ, aber der Anteil der alleinerziehenden Väter stieg um
16 Prozentpunkte. Die Zahl der Familien mit 1, 2, 3 oder mehr als 3 Kindern unter 18 Jahren sank absolut wie relativ. Dieses veränderte Familien-
Verhalten ließe sich auch mit anderen Indikatoren dokumentieren, wie z.B.
Scheidungsrate, Zahl der Frauen, die nicht heiraten oder keine Kinder
haben, oder auch durch die veränderte Erwerbstätigkeitsquote bei Frauen.

Kleinere Haushalte und kleinere Familien, so läßt sich der Trend grob bewerten, konsumieren mehr Wohnraum pro Person als große Haushalte und große
Familien. Hinzutritt die Veränderung der individuellen Ansprüche an Wohnfläche und Wohnungsausstattung. Dies bedeutet aber tendentiell steigender
Wohnflächenbedarf pro Person. Diese Tendenz könnte die absolut sinkende
Wohnraumnachfrage der geburtenschwachen Jahrgänge zumindest teilweise kom-
pensieren. Damit könnte der in jenen Jahren entstehende überdurchschnittliche Wohnflächenkonsum der Bevölkerung mittlerer bis höherer Sozialschichten und späterer Stellung im Lebenszyklus nicht in das sonst leerstehende
Wohnungsüberangebot gelenkt werden (mittels Zusammenlegung von Wohnungen,
up-grading oder gentrification von Wohnquartieren, Luxus- Sanierung) mit
der Folge, daß diese Nachfrage durch Neubau befriedigt werden muß. Leer-
stand, Lenkung in den sonst leerstehenden Wohnraum oder aber Neubau haben
gleichermaßen stadtstrukturell verändernde Wirkung.

Zusammenfassend: In den Veränderungen von Alters-, Haushalts- und Familien-
struktur zeigt sich ein demographischer Wandel, der die Struktur der Stadt
nachhaltig beeinflussen wird. Anzeichen, die darauf hindeuten, daß die kom-
menden Veränderungen in der demographischen Zusammensetzung der Bevölkerung 9nd die sich daraus ergebenden Veränderungen der Wohnbedürfnisse die
gegenwärtige Wohnungsstruktur der Städte und damit die gegenwärtige Struktur der Städte überhaupt unverändert lassen, sind nicht zu erkennen.

LITERATURVERZEICHNIS

Abkürzungen:

AfK   Archiv für Kommunalwissenschaften
AJS   American Journal of Sociology
ASR   American Sociological Review
HiZ   Hamburg in Zahlen
JG   Journal of Gerontology
SF   Social Forces
UAQ   Urban Affairs Quarterly
US   Urban Studies

ABU-LUGHOD, J., 1975: The Legitimacy of Comparisons in Comparative Urban Studies. A Theoretical Position and an Application to North African Cities. In: UAQ 11, 13-35.

ABU-LUGHOD, J., & FOLEY, M.M., 1960: Consumer Strategies. In: N.N.Foote et al.: Housing Choices And Housing Constraints. New York.

AKADEMIE FÜR RAUMFORSCHUNG UND LANDESPLANUNG (Hgb.), 1975: Beiträge zum Problem der Suburbanisierung. Hannover.

AKADEMIE FÜR RAUMFORSCHUNG UND LANDESPLANUNG (Hgb.), 1978: Beiträge zum Problem der Suburbanisierung (2.Teil), Ziele und Instrumente der Planung im suburbanen Raum. Hannover.

ALONSO, W., 1964: Location and Land Use. Cambridge.

ALONSO, W., 1980: The Population Factor and Urban Structure. In: A.P. Solomon (ed.): The Prospective City. Cambridge, Mass.

ARCHITEKTEN- UND INGENIEUR-VEREIN HAMBURG E.V. (Hgb.), 1953: Hamburg und seine Bauten 1929-1953. Hamburg.

BAATZ, R., 1978: Einflußfaktoren der innerstädtischen Bevölkerungsverluste. In: Der Städtetag NF 31, 272-274.

BACH, H.-J., 1977: Zur Messung der Wohnqualität von Stadtteilen. In: HiZ, 5-10.

BAUBEHÖRDE HAMBURG (Hgb.), 1973: Flächennutzungsplan 1973 Hamburg. Erläuterungsbericht. Hamburg.

BERRY, B.J.L., & HORTON, F., (eds.), 1970: Geographic Perspectives on Urban Systems. Englewood Cliffs, N.J.

BILLETER, E.P., 1954: Eine Masszahl zur Beurteilung der Altersverteilung einer Bevölkerung. In: Schweizerische Zeitschrift für Volkswirtschaft und Statistik 90, 496-505.

BOUSTEDT, O., 1972: Der Altersaufbau der Wanderer und ihr Einfluß auf die Struktur der Hamburger Bevölkerung. In: HiZ, 389-395.

BRATZEL, P., 1981: Stadträumliche Organisation in einem komplexen Faktorensystem. Dargestellt am Beispiel der Sozial- und Wirtschaftsraum-Struktur von Karlsruhe (= Karlsruher Manuskripte zur Mathematischen und Theoretischen Wirtschafts- und Sozialgeographie, Heft 53). Karlsruhe.

BRUNSWIG, H., 1982: Feuersturm über Hamburg. Die Luftangriffe auf Hamburg im Zweiten Weltkrieg und ihre Folgen. Stuttgart. 5. Aufl.

BUNDESMINISTERIUM FÜR BILDUNG UND WISSENSCHAFT (Hgb.), 1976:
Arbeiterkinder im Bildungssystem. Bayreuth.

BURGESS, E.W., 1925: The Growth of the City: An Introduction to a Research
Project. In: PARK, BURGESS & MCKENZIE 1925.

BURGESS, E.W., 1929: Urban Areas. In: T.V. Smith & L. White (eds.):
Chicago - An Experiment in Social Science Research. Chicago.

BURGESS, E.W., & LOCKE, H.J., 1953: The Family. New York. 2nd ed.

CHEVAN, A., 1971: Family Growth, Household Density, and Moving. In:
Demography 8, 451-458.

CHEVAN, A., 1982: Age, Housing Choice, and Neighborhood Age Structure. In:
AJS 87, 1133-1149.

CLARK, L.H. (ed.), 1955: Consumer Behavior. Vol. 2: The Life Cycle And Consumer Behavior. New York.

CORTESE, C.F., FALK, R.F., & COHEN, J.K., 1976: Further Considerations on
the Methodological Analysis of Segregation Indices. In: ASR 41, 630-637.

COULSON, M.R.C., 1968: The Distribution of Population Age Structures in
Kansas City. In: Annals of the Association of American Geographers 58,
155-176.

COWGILL, D.O., 1978: Residential Segregation by Age in American Metropolitan Areas. In: JG 33, 446-453.

COX, H., & BHAK, A., 1980: Determinants of Age Based Residential Segregation. In: Sociological Symposium No. 29, 27-41.

CZEIKE, F., 1981: Geschichte der Stadt Wien. Wien.

DESOYE, H., 1982: Revision 1981 der statistischen Zählsprengel. In: Statistische Nachrichten (Wien) 37, 448-455.

DOLING, J., 1976: The Family Life Cycle and Housing Choice. In: US 13,
55-58.

DUMAS, L., 1972: Die Altersstruktur der Hamburger Wohnbevölkerung nach
Familienstand und Erwerbstätigkeit. In: HiZ, 375-388.

DUNCAN, O.D., 1959: Human Ecology and Population Studies. In: HAUSER &
DUNCAN 1959.

DUNCAN, O.D., 1966: Path Analysis: Sociological Examples. In: AJS 72,
1-15.

DUNCAN, O.D., & DUNCAN, B., 1955: Residential Distribution and Occupational Stratification. In: AJS 60, 493-503.

DUNCAN, O.D., & REISS, A.J., 1956: Social Characteristics of Urban and
Rural Communities 1950. New York.

ECKEY, H.F., 1978: Das Suburbanisierungsphänomen in Hamburg und seinem
Umland. In: AKADEMIE 1978.

EDWARDS, O.L., 1970: Patterns of Residential Segregation within A Metropolitan Ghetto. In: Demography 7, 185-193.

EKLUND, K.E., & WILLIAMS, O.P., 1978: The Changing Spatial Distribution of
Social Classes in An Metropolitan Area. In: UAQ 13, 313-339.

FIREY, W., 1945: Sentiment And Symbolism As Ecological Variables. In: ASR
10, 140-148.

FISCHER, M.M., & DROTH, W., 1984: Factorial Ecology versus Cluster
Analysis: The Intra-Urban Residential Structure of the City of Hamburg. Im
Druck.

FORD, R., 1950: Population Succession In Chicago. In: AJS 56, 156-160.

FRANZ, P., & VASKOVICS, L., 1982: Die räumliche Segregation alter Menschen in bundesdeutschen Städten. In: Zeitschrift für Gerontologie 15, 280-287.

FREYSSENET, M., 1971: Ségrégation spatiale et déplacements sociaux dans l'agglomeration parisienne de 1954 à 1958. Paris.

FRIEDRICHS, J., 1975: Soziologische Analyse der Bevölkerungs-Suburbanisierung. In: AKADEMIE 1975.

FRIEDRICHS, J., 1978: Grundlagen und Probleme des Vergleichs von Stadtentwicklungen. In: J. Friedrichs (Hgb.): Stadtentwicklungen in kapitalistischen und sozialistischen Ländern. Reinbek.

FRIEDRICHS, J., 1981: Stadtanalyse. Soziale und räumliche Organisation der Gesellschaft (1. Aufl. Reinbek 1977). Opladen. 2. Aufl.

FRIEDRICHS, J., & KAMP, K., 1978: Methodologische Probleme des Konzeptes "Lebenszyklus". In: KOHLI 1978.

FRIELING, H.D.v., 1980: Räumlich soziale Segregation in Göttingen - Zur Kritik der Sozialökologie (= Kasseler Schriften zur Geographie und Planung, Bde. 19 u. 20). Kassel.

GALLE, O.R., GOVE, W.R., & MCPHERSON, J.M., 1973: Bevölkerungsdichte und Pathologie. In: Bauwelt 64, 13-19.

GERHARDT, J., 1979: Wanderungen zwischen der Region Hamburg und Großräumen sowie Großstadt-Regionen des Bundesgebietes 1974-1977. In: HiZ, 259-265.

GESKE, G., 1975: Eindimensionale Grundauszählung und Normalverteilungstest. In: K. Holm (Hgb.): Die Befragung, Band 2: Datenaufbereitung, Tabellenanalyse, Korrelationsmatrix. München.

GEWOS, 1978: Intraregionale Wanderungen in ihrem Einfluß auf die Entwicklung in Verdichtungsräumen - Erklärungsansätze und Trendszenarien (= Schriftenreihe "Raumordnung" des Bundesministers für Raumordnung, Bauwesen und Städtebau). o.O. (Bonn).

GISSER, R., 1969: Ökologische Segregation der Berufsschichten in Großstädten. In: L. Rosenmayr & S. Höllinger (Hgb.): Soziologie. Forschung in Österreich. Wien.

GLICK, P.C., 1947: The Family Cycle. In: ASR 12, 164-174.

GLICK, P.C., 1957: American Families. New York.

GLICK, P.C., 1961: The Life Cycle of the Family. In: S.M. Lipset & N.J. Smelser (eds.): Sociology - The Progress of A Decade. Englewood Cliffs, N.J. 4th ed.

GLICK, P.C., 1978: Neue Entwicklungen im Lebenszyklus der Familie. In: KOHLI 1978.

GÖB, R., 1977: Die schrumpfende Stadt. In: AfK 16, 149-168.

GÖSCHEL, A., et al., 1980: Verteilungen von Infrastruktureinrichtungen auf verschiedene Bevölkerungsgruppen. In: U. Herlyn (Hgb.): Großstadtstrukturen und ungleiche Lebensbedingungen in der BRD. Verteilung und Nutzung sozialer Infrastruktur. Frankfurt/M.

GOLANT, S.M., 1972: The Residential Location and Spatial Behavior of the Elderly: A Canadian Example. Chicago.

GOLDSCHEIDER, C., VAN ARSDOL, M.D., & SABAGH, G., 1966: Residential Mobility of Older People. In: F.M. Carp (ed.): Patterns of Living and Housing of Middle Aged and Older People. Washington.

GOODMAN, J.L., 1978: Urban Residential Mobility: Places, People, and Policy. Washington, D.C.

GUEST, A.M., 1972: Patterns of Family Location. In: Demography 9, 159-171.

HANSELY, H.-G., 1978: Bevölkerung. Probleme, Entwicklungstendenzen, Ziele (= Stadtentwicklungsplan Wien, hgb. v. Magistrat der Stadt Wien). Wien.

HAUSER, P.M., & DUNCAN, O.D., (eds.), 1959: The Study of Population: An Inventory and Appraisal. Chicago.

HAWLEY, A., 1950: Human Ecology: A Theory of Community Structure. New York.

HELMERT, U., 1982: Konzentrations- und Segregationsprozesse der ausländischen Bevölkerung in Frankfurt/M. In: H.-J. Hoffmann-Nowotny & K.O. Hondrich (Hgb.): Ausländer in der Bundesrepublik Deutschland und in der Schweiz. Frankfurt/M.

HEMPEL, C.G., 1973: The Meaning of Theoretical Terms: A Critic of the Standard Empiristic Construal. In: G. Moisil & A. Joja (eds.): Logic, Methodology, and Philosophy of Science, vol. 4. Amsterdam.

HENRY, L., 1960: Villes nouvelles et grands enterprises: structure de la population. In: Population 15, 583-612.

HERBERT, D., 1972: Urban Geography. A Social Perspective. Newton Abbot.

HERVEY, J.L., 1966: A Regional Analysis of the Effects of Age, Education and Occupation on Median Income. In: Journal of Regional Science 6, 35-48.

HEUER, H., & SCHÄFER, R., 1976: Möglichkeiten der Beeinflussung kleinräumiger Wanderungsprozesse in großstädtischen Verdichtungsgebieten. In: Raumforschung und Raumordnung 34, 157-167.

HILL, F.I., 1976: Metropolitan Perspective. In: RAY 1976, vol. 2.

HOOVER, E.M., & VERNON, R., 1959: Anatomy of a Metropolis. The Changing Distribution of People and Jobs within the New York Metropolitan Region. Cambridge, Mass.

JÖRESKOG, K.G., & SÖRBOM, D., 1981: LISREL V. Analysis of Linear Structural Relationships by Maximum Likelihood and Least Squares Methods. Uppsala.

JOHNSTON, R.J., 1971: Urban Residential Patterns. London.

KAINRATH, W., 1978: Wohnungswesen. Probleme, Entwicklungstendenzen, Ziele (= Stadtentwicklungsplan Wien, hgb.v. Magistrat der Stadt Wien). Wien.

KAINRATH, W., 1979: Stadterneuerung und Bodenordnung. Probleme, Entwicklungstendenzen, Ziele (= Stadtentwicklungsplan Wien, hgb.v. Magistrat der Stadt Wien). Wien.

KAINRATH, W., & KOTYZA, G. (Bearb.), 1981: Siedlungsstruktur. Probleme, Entwicklungstendenzen, Ziele (= Stadtentwicklungsplan Wien, hgb.v. Magistrat der Stadt Wien). Wien.

KAUFMANN, A., 1975: Umfang und Strukturen der Wohnungsmobilität. Statistische Erfassung der Wohnungswechsler der sechs österreichischen Großstadtregionen (= Schriften des Instituts für Stadtforschung 25). Wien.

KAUFMANN, A., 1978: Sozialräumliche Gliederung der österreichischen Großstadtregionen. Kleinräumige Analyse der Wohnverhältnisse in den Stadtregionen Wien, Graz, Linz, Salzburg, Innsbruck, Klagenfurt; 2 Bde. (= Schriften des Instituts für Stadtforschung 58) Wien.

KENNEDY, J.M., & DE JONG, G.F., 1977: Aged in Cities: Residential Segregation in 10 USA Central Cities. In: JG 32, 97-102.

KESTENBAUM, B., 1980: Notes on the Index of Dissimilarity: A Research Note. In: SF 59, 275-280.

KNAUSS, E., 1981: Räumliche Strukturen als Determinanten der städtischen Bevölkerungsverteilung. Hamburg.

KOCH, F., 1983: Innerregionale Wanderungen und Wohnungsmarkt. Frankfurt/M.

KOHLI, M. (Hgb.), 1978: Soziologie des Lebenslaufes. Darmstadt.

KOHLSCHE, A., 1983: Wählerverhalten und Sozialstruktur in Schleswig-Holstein und Hamburg von 1947 bis 1983. Diss. phil. Hamburg.

KUNZMANN, K.R., & MCLOUGHLIN, B., 1982: Stuctural Change in Old Industrial Agglomerations. First Experiences From a Comparative Research Project. In: G.-M. Hellstern, F. Spreer & H. Wollmann (eds.), Applied Urban Research. Vol. 1. Bonn.

LA GORY, M., WARD, R., & JURAVICH, T., 1980: The Age Segregation Process. Explanation for American Cities. In: UAQ 16, 59-80.

LA GORY, M., WARD, R., & MUCATEL, M., 1981: Patterns of Age Segregation. In: Sociological Focus 14, 1-13.

LANSING, J.B., & KISH, L., 1957: Family Life Cycle as an Independent Variable. In: ASR 22, 512-519.

LANSING, J.B., & MORGAN, J.N., 1955: Consumer Finances Over the Life Cycle. In: CLARK 1955.

LANSING, J.B., & MUELLER, E., 1964: Residential Location And Urban Mobility. Ann Arbor.

LAZERWITZ, B., 1960: Metropolitan Community Residential Belts, 1950 and 1956. In: ASR 25, 245-252.

LONG, J.S., 1983: Covariance Structure Models. An Introduction to LISREL. Beverly Hills.

LONG, L.H., 1972: The Influence of Number and Ages of Children on Residential Mobility. In: Demography 9, 371-382.

LOOMIS, C.P., 1936: The Study of the Life Cycle of Families. In: Rural Sociology 1, 180-199.

LYDALL, H., 1955: The Life Cycle in Income, Saving, and Asset Ownership. In: Econometrica 23, 131-150.

MAGISTRAT DER STADT WIEN (Hgb.), 1965: Die Wiener Wohnbevölkerung nach Zählbezirken. Ergebnisse der Volkszählung vom 21.3.1961, Hefte 1 und 4. Wien.

MAGISTRAT DER STADT WIEN (Hgb.), 1971: Die Häuser- und Wohnungszählung vom 12.5.1971 in Wien, Heft 1. Wien.

MAGISTRAT DER STADT WIEN (Hgb.), 1973: Dicht bebautes Stadtgebiet. Abgrenzung der Magistratsabteilung 18, Stadtstrukturplanung. Wien.

MANHART, M., 1977: Die Abgrenzung homogener städtischer Teilgebiete. Hamburg.

MATTHES, J., 1978: Wohnverhalten, Familienzyklus und Lebenslauf. In: KOHLI 1978.

MCKENZIE, R.D., 1933: The Metropolitan Community. New York.

MCLEOD, P.B., & ELLIS, J.R., 1982: Housing Consumption Over the Family Life Cycle: An Empirical Analysis. In: US 19, 177-185.

MICHELSON, W., 1970: Man And His Urban Environment. Reading, Ma.

MILGRAM, S., 1970: The Experience of Living in Cities. In: Science 167, 1461-1468.

MÜLLER, J., 1976: Mobilität der Bevölkerung und Stadtteilstrukturen in Hamburg. In: HiZ, 3-22.

MUSIL, J., 1974: Die Entwicklung der ökologischen Struktur Prags. In: U. Herlyn (Hgb.): Stadt- und Sozialstruktur. München.

MYERS, D., 1978: A New Perspective on Planning for More Balanced Metropolitan Growth. In: Growth and Change 9 (1), 8-13.

NEUGARTEN, B.L., & MOORE, J.W., 1968: The Changing Age-Status System. In: B.L. Neugarten (ed.): Middle Age and Aging. Chicago.

NIE, N.H., et al., 1975: SPSS - Statistical Package for the Social Sciences. New York. 2nd ed.

OPPENHEIMER, V.K., 1974: The Life-Cycle Squeeze: The Interaction of Men's Occupational and Family Life Cycles. In: Demography 11, 227-245.

OSTERWOLD, M., 1976: Sozialwissenschaftliche Erklärung der internen Migration. Unveröffentlichte Diplomarbeit Universität Hamburg, Institut für Soziologie. Hamburg.

PAMPEL, F.C., & CHOLDIN, H.M., 1978: Urban Location and Segregation of the Aged: A Block-Level Analysis. In: SF 56, 1121-1139.

PARK, R.E., BURGESS, E.W., & MCKENZIE, R.D., 1925: The City. Chicago.

PFEIL, E., SCHMIDT-RELENBERG, N., & FRIEDRICHS, J., 1967: Die Kommerzialisierung von Harvestehude. In: Hamburger Jahrbuch für Wirtschafts- und Gesellschaftspolitik Bd. 12. Tübingen.

PICKVANCE, C.G., 1973: Life Cycle, Housing Tenure, and Intra-Urban Residential Mobility: A Causal Model. In: The Sociological Review 21, 279-297.

POPENOE, D., 1973: Urban Residential Differentiation: An Overview of Patterns, Trends, and Problems. In: Sociological Inquiry 43 (3-4), 35-56.

PROGNOS, 1975: Qualitativer und quantitativer Wohnungsbedarf und Wanderungen in der Freien und Hansestadt Hamburg. 3 Bände und Tabellenband. Hamburg.

QUINN, J.A., 1950: Human Ecology. New York.

RATCLIFF, R.V., 1949: Urban Economics. New York.

RAY, D.M. (ed.), 1976: Canadian Urban Trends. 3 vols. Toronto.

RHODA, R., 1977: Analysis of Urban Residential Location Behavior. In: Review of Public Data Use 5 (4), 11-19.

RHODE, B., 1977: Die Verdrängung der Wohnbevölkerung durch den tertiären Sektor. Hamburg.

RIESMAN, D., 1957: The Suburban Dislocation. In: Annals of the American Academy of Political and Social Science 314, 123-146.

ROBSON, B.T., 1975: Urban Social Areas. London.

ROOF, W.C., & VAN VALEY, T.L., 1972: Residential Segregation and Social Differentiation in American Urban Areas. In: SF 51, 87-91.

ROSSI, P.H., 1955: Why Families Move. A Study in the Social Psychology of Urban Residential Mobility. Glencoe.

SABAGH, G., VAN ARSDOL, M.D., & BUTLER, E.W., 1969: Some Determinants of Intrametropolitan Residential Mobility: Conceptual Considerations. In: SF 48, 88-98.

SALINS, P.D., 1971: Household Location Patterns in American Metropolitan Areas. In: Economic Geography 47, Suppl., 234-248.

SANDEFUR, G.D., & SCOTT, W.J., 1981: A Dynamic Analysis of Migration: An Assessment of the Effects of Age, Family, and Career Variables. In: Demography 18, 355-368.

SAUBERER, M., & CSERJAN, K., 1972: Sozialräumliche Gliederung Wien 1961. In: Der Aufbau 27, 284-306.

SCHMID, C.F., 1950: Generalizations Concerning the Ecology of the American City. In: ASR 15, 264-281.

SCHMID, C.F., 1968: Age and Sex Composition of Urban Subareas. In: C.B. Nam (ed.): Population and Society. Boston.

SCHMIDT, P., 1983a: LISREL V - Ein Programm zur Analyse komplexer Kausalstrukturen bei experimentellen und nicht-experimentellen Forschungsdesigns. In: H. Wilke et al. (Hgb.): Statistik-Software in der Sozialforschung. Berlin/W.

SCHMIDT, P., 1983b: Messung von Arbeitsorientierungen: Theoretische Fundierung und Test alternativer kausaler Meßmodelle. In: Analyse und Kritik 5, 115-152.

SCHMUCKER, H., 1956: Der Lebenszyklus in Erwerbstätigkeit, Einkommensbildung und Einkommensverwendung. In: Allgemeines Statistisches Archiv 40, 1-18.

SCHMUTZER, E., 1982: Bevölkerungsentwicklung 1971-1981 nach Geburten- und Wanderungsbilanz sowie nach politischen Bezirken und Gemeindebezirken von Wien. In: Statistische Nachrichten (Wien) 37, 112-118.

SCHÜTZ, M.W., 1982a: Altersspezifische Segregation und Wohnstandort in Hamburg. In: AfK 21, 290-306.

SCHÜTZ, M.W., 1982b: Residential Segregation of Age Groups in Hamburg 1961, 1970, 1977. In: J. Friedrichs (ed.): Spatial Disparities and Social Behaviour. Hamburg.

SCHWEITZER, R., 1976: Räumliche Strukturanalyse, Baulandreserven und Wohnqualität der österreichischen Großstädte und ihrer Umlandgebiete. Wien, Graz, Linz, Salzburg, Innsbruck, Klagenfurt (= Schriften des Instituts für Stadtforschung 41). Wien.

SCHWIRIAN, K.P., 1974: Some Recent Trends and Methodological Problems in Urban Ecological Research. In: K.P. Schwirian (ed.): Comparative Urban Structure. Lexington, Mass.

SCLAR, E.D., 1976: Aging and Residential Location. In: M.P. Lawton, R.J. Newcomer & T.O. Byerts (eds.): Community Planning for An Aging Society: Designing Services and Facilities. Stroudsburg, Penn.

SHELDON, H.D., 1958: The Older Population of the United States. New York.

SHEPHERD, J., WESTAWAY, J., & LEE, T., 1974: A Social Atlas of London. Oxford.

SHEVKY, E., & BELL, W., 1955: Social Area Analysis. Stanford, Calf.

SHEVKY, E., & WILLIAMS, M., 1949: The Social Areas of Los Angeles. Analysis and Typology. Berkeley, Calf.

SIMMONS, J.W., 1968: Changing Residence in the City: A Review of Intra-Urban Mobility. In: The Geographical Review 58, 622-651.

SLUPETZKY, W., 1974: Bevölkerungsentwicklung im Raum Wien 1951-1961-1971 (= Schriften des Instituts für Stadtforschung 17). Wien.

SMITH, B.W., & HILTNER, J., 1975: Intraurban Location of the Elderly. In: JG 30, 473-478.

SPEARE, A., 1970: Home Ownership, Life Cycle Stage, and Residential Mobility. In: Demography 7, 449-458.

STAHURA, J.M., 1980: Ecological Determinants of the Aging of Suburban Populations. In: The Sociological Quarterly 21, 107-118.

STAPLETON, C.M., 1980: Reformulation of the Family Life-Cycle Concept: Implications for Residential Mobility. In: Environment and Planning A 12, 1103-1118.

STAT. BUNDESAMT (Hgb.), 1972: Fachserie A, Bevölkerung und Kultur: Volkszählung vom 27.5.70, Heft 9. Stuttgart.

STAT. BUNDESAMT (Hgb.), 1983: Statistisches Jahrbuch 1983 für die Bundesrepublik Deutschland. Stuttgart.

STAT. LANDESAMT HAMBURG (Hgb.), 1965: Die Volks- und Berufszählung in Hamburg am 6.6.1961 (= Statistik des hamburgischen Staates, Heft 71). Hamburg.

STAT. LANDESAMT HAMBURG (Hgb.), 1972: Die Volks- und Berufszählung in Hamburg am 27.5.1970 (= Statistik des hamburgischen Staates, Heft 101). Hamburg.

STEINBACH, J., & FEILMAYR, W., 1983: Analysen der Wiener Stadtstruktur (= Beiträge zur Stadtforschung, Stadtentwicklung und Stadtgestaltung, Band 13). Wien.

TAEUBER, K.E., & TAEUBER, A.F., 1965: Negroes in Cities. Residential Segregation and Neighborhood Change. Chicago.

VAN VALEY, T., & ROOF, W.C., 1976: Measuring Residential Segregation in American Cities: Problems of Intercity Comparison. In: UAQ 11, 453-468.

VASKOVICS, L., FRANZ, P., & UELTZEN, W., 1983: Ursachen der räumlichen Segregation alter Menschen in bundesdeutschen Städten (= Forschungsbericht der sozialwissenschaftlichen Forschungsstelle Bamberg, Heft 12). Bamberg.

VASKOVICS, L., & UELTZEN, W., 1983: Methodische Probleme der Segregationsforschung. Referat, gehalten auf der Frühjahrssitzung der Methodensektion der DGS 8./9.4.83 in Essen. Unveröffentlicht.

WAGNER, M., 1982: Die Konzepte "Stellung im Lebenszyklus" und "Stellung im Familienzyklus". Eine Kritik und einige empirische Tests. Unveröffentlichte Diplomarbeit Universität Hamburg, Institut für Soziologie. Hamburg.

WALTON, J., 1975: Problems of Method and Theory in Comparative Urban Studies. In: UAQ 11, 3-12.

WESTERGAARD, J.H., 1964: The Structure of Greater London. In: Centre for Urban Studies (ed.): London. Aspects of Change. London.

WESTPHAL, H., 1978: Die Filtering-Theorie des Wohnungsmarktes und aktuelle Probleme der Wohnungsmarktpolitik. In: Leviathan 6, 536-557.

WHYTE, W.H., 1956: The Organization Man. New York.

WILLIE, C.V., 1960: Age Status and Residential Stratification. In: ASR 25, 260-264.

WIRTH, L., 1938: Urbanism As a Way of Life. In: AJS 44, 1-24.

WISHART, D., 1978: CLUSTAN. Cluster Analysis Package, User Manual. Edinburgh. 3th ed.

ANHANG

ANHANG A: Empirische Werte der Cluster-Analyse der Teilgebiete nach Wohnungsmerkmalen

HAMBURG	SAM	NEU	W6R	WIN	RAU	Cluster-Typ		SAM	NEU	W6R	WIN	RAU	WIEN
F-ratio	0.20	0.24	0.50	0.59	0.91	Cluster A		0.24	0.45	0.50	0.15	0.11	F-ratio
T-value	1.16	-0.86	1.77	0.15	2.50	9 TG	31 TG	0.84	0.94	0.08	0.02	-0.09	T-value
mean	0.66	0.27	0.25	0.31	19.68			0.23	0.55	0.07	0.22	25.66	mean
std-dev	0.09	0.13	0.06	0.24	1.14			0.07	0.15	0.04	0.11	1.29	std-dev
F-ratio	0.26	0.26	0.91	0.10	0.26	Cluster B		0.48	0.40	1.20	0.38	6.66	F-ratio
T-value	-0.64	-0.80	1.66	1.81	-0.08	19 TG	19 TG	0.18	-0.74	2.00	-0.48	1.65	T-value
mean	0.29	0.29	0.24	0.83	16.58			0.15	0.19	0.18	0.06	32.46	mean
std-dev	0.10	0.14	0.09	0.10	0.61			0.09	0.13	0.06	0.18	10.08	std-dev
F-ratio	0.15	0.20	0.94	0.46	0.16	Cluster C		0.23	0.45	0.54	0.20	0.52	F-ratio
T-value	1.11	0.46	1.07	1.46	1.19	14 TG	29 TG	0.26	0.33	0.91	2.20	-0.52	T-value
mean	0.65	0.63	0.18	0.72	18.10			0.16	0.42	0.12	0.87	23.98	mean
std-dev	0.08	0.12	0.09	0.21	0.48			0.06	0.14	0.04	0.13	2.83	std-dev
F-ratio	0.33	0.32	0.07	0.28	0.19	Cluster D		0.76	0.48	0.24	0.11	0.11	F-ratio
T-value	0.66	0.59	-0.19	0.48	-0.15	33 TG	9 TG	3.71	1.71	-0.49	-0.22	-0.21	T-value
mean	0.55	0.66	0.07	0.41	16.50			0.62	0.72	0.03	0.14	25.18	mean
std-dev	0.11	0.15	0.02	0.16	0.52			0.12	0.15	0.03	0.10	1.29	std-dev
F-ratio	0.40	0.45	0.14	0.08	0.61	Cluster E		0.11	0.75	0.11	0.06	0.20	F-ratio
T-value	0.41	-0.50	-0.22	-0.66	0.61	25 TG	28 TG	-0.48	1.00	-0.75	-0.55	0.09	T-value
mean	0.50	0.37	0.06	0.06	17.41			0.06	0.56	0.02	0.04	26.33	mean
std-dev	0.12	0.18	0.03	0.09	0.93			0.04	0.19	0.02	0.07	1.75	std-dev
F-ratio	0.74	0.25	0.02	0.03	0.21	Cluster F		0.07	0.22	0.23	0.01	0.22	F-ratio
T-value	0.05	1.14	-0.80	-0.72	-0.29	40 TG	86 TG	-0.62	-0.78	-0.54	-0.65	-0.08	T-value
mean	0.43	0.81	0.01	0.03	16.33			0.04	0.17	0.03	0.02	25.68	mean
	0.17	0.14	0.01	0.05	0.55			0.04	0.10	0.03	0.04	1.76	std-dev
F-ratio	0.16	0.32	0.13	0.06	0.29	Cluster G		0.14	0.18	0.34	0.27	0.15	F-ratio
T-value	-1.23	-0.93	-0.47	-0.69	-0.93	39 TG	28 TG	-0.16	-0.03	0.18	0.63	-0.27	T-value
mean	0.17	0.25	0.04	0.05	15.56			0.10	0.34	0.07	0.40	24.96	mean
std-dev	0.08	0.15	0.03	0.07	0.65			0.05	0.09	0.04	0.15	1.49	std-dev

SAM = Anteil Wohnungen mit Sammelheizung, Bad und WC
NEU = Anteil der nach 1948 erstellten Wohnungen (Wien: nach 1944)
W6R = Anteil Wohnungen mit sechs und mehr Räumen (Wien 5+),
WIN = Anteil Wohnungen in Gebäuden mit ein oder zwei Wohnungen
RAU = durchschnittliche Raumgröße im Ortsteil

ANHANG B: Wohnbevölkerung Hamburgs und Wiens nach Teilgebieten

Tabelle B6-7: Wohnbevölkerung Hamburgs in Ortsteilen mit dem Wohnungsmerkmal A,
9 Ortsteile, 1961, 1970, 1981

Altersgruppe* Nr.		1961	%	1970	%	1981	%	Veränderung 1961 = 100	
								1970	1981
1	0 - 6	5.463	5	5.409	6	3.124	4	99	57
2	6 - 20**	17.497	17	10.913	13	10.827	14	62	62
3	20 - 25**	7.537	7	6.389	7	5.218	7	85	69
4	25 - 35	12.771	12	15.318	18	11.855	15	120	93
5	35 - 45	12.387	12	8.864	10	14.762	19	72	119
6	45 - 65	32.413	31	22.295	26	16.087	21	69	50
7	65 u.ä.	17.793	17	16.450	19	14.881	19	92	84
gesamt		105.861	101	85.638	100	76.754	99	81	73

* von ... bis unter ... Jahren
** 1961: 6-21, 21-25
Quelle: siehe Abschnitt 5.6.

Tabelle B6-8: Wohnbevölkerung Hamburgs in Ortsteilen mit dem Wohnungsmerkmal B,
19 Ortsteile, 1961, 1970, 1981

Altersgruppe* Nr.		1961	%	1970	%	1981	%	Veränderung 1961 = 100	
								1970	1981
1	0 - 6	3.952	9	3.403	9	1.977	6	86	50
2	6 - 20**	8.837	21	7.269	20	7.489	21	82	85
3	20 - 25**	3.237	8	2.430	7	2.725	8	75	84
4	25 - 35	6.605	15	5.879	16	4.837	14	89	73
5	35 - 45	4.781	11	5.043	14	5.668	16	105	119
6	45 - 65	10.776	25	8.128	22	8.104	23	75	75
7	65 u.ä.	4.786	11	4.941	13	4.921	14	103	103
gesamt		42.974	100	37.093	101	35.721	102	86	83

* von ... bis unter ... Jahren
** 1961: 6-21, 21-25
Quelle: siehe Abschnitt 5.6.

Tabelle B6-9: Wohnbevölkerung Hamburgs in Ortsteilen mit dem Wohnungsmerkmal C,
14 Ortsteile, 1961, 1970, 1981

Altersgruppe* Nr.		1961	%	1970	%	1981	%	Veränderung 1961 = 100	
								1970	1981
1	0 - 6	6.640	7	8.821	8	5.227	4	133	79
2	6 - 20**	17.937	19	18.563	17	23.206	19	103	129
3	20 - 25**	6.531	7	5.667	5	7.115	6	87	109
4	25 - 35	11.280	12	16.040	15	13.024	11	142	115
5	35 - 45	11.404	12	13.820	13	20.908	17	121	183
6	45 - 65	27.330	28	27.259	25	28.754	24	100	105
7	65 u.ä.	14.944	16	18.711	17	22.614	19	125	151
gesamt		96.066	101	108.881	100	120.848	100	113	126

* von ... bis unter ... Jahren
** 1961: 6-21, 21-25
Quelle: siehe Abschnitt 5.6.

Tabelle B6-10: Wohnbevölkerung Hamburgs in Ortsteilen mit dem Wohnungsmerkmal D,
33 Ortsteile, 1961, 1970, 1981

Altersgruppe* Nr.		1961	%	1970	%	1981	%	Veränderung 1961 = 100	
								1970	1981
1	0 - 6	45.149	8	67.910	9	31.592	4	150	70
2	6 - 20**	103.342	19	130.938	18	138.314	19	127	134
3	20 - 25**	39.871	7	39.522	6	50.284	7	104	132
4	25 - 35	76.702	14	128.064	18	88.685	12	167	116
5	35 - 45	65.233	12	96.578	13	120.920	17	149	186
6	45 - 65	144.571	27	158.815	22	175.873	24	110	122
7	65 u.ä.	65.836	12	95.649	13	121.307	17	145	184
gesamt		540.704	99	717.476	99	726.975	100	133	135

* von ... bis unter ... Jahren
** 1961: 6-21, 21-25
Quelle: siehe Abschnitt 5.6.

Tabelle B6-11: Wohnbevölkerung Hamburgs in Ortsteilen mit dem Wohnungsmerkmal E,
25 Ortsteile, 1961, 1970, 1981

Altersgruppe* Nr.		1961	%	1970	%	1981	%	Veränderung 1961 = 100 1970	1981
1	0 - 6	13.637	5	13.872	7	6.712	4	102	49
2	6 - 20**	40.851	16	25.803	12	23.306	13	63	57
3	20 - 25**	17.824	7	13.659	6	13.457	7	77	75
4	25 - 35	30.193	12	33.828	16	29.114	16	112	96
5	35 - 45	29.273	11	21.894	10	28.307	16	75	97
6	45 - 65	80.271	31	56.943	27	38.865	21	71	48
7	65 u.ä.	44.986	18	46.451	22	42.559	23	103	95
gesamt		257.035	100	212.450	100	182.320	100	83	71

* von ... bis unter ... Jahren
** 1961: 6-21, 21-25
Quelle: siehe Abschnitt 5.6.

Tabelle B6-12: Wohnbevölkerung Hamburgs in Ortsteilen mit dem Wohnungsmerkmal F,
40 Ortsteile, 1961, 1970, 1981

Altersgruppe* Nr.		1961	%	1970	%	1981	%	Veränderung 1961 = 100 1970	1981
1	0 - 6	26.618	7	19.688	6	11.262	4	74	42
2	6 - 20**	71.319	18	47.294	14	39.802	13	66	56
3	20 - 25**	23.586	6	19.425	6	23.986	8	82	102
4	25 - 35	52.520	13	45.250	13	42.473	14	86	81
5	35 - 45	53.302	14	41.419	12	38.491	13	78	72
6	45 - 65	115.778	29	99.335	30	73.863	25	86	64
7	65 u.ä.	49.749	13	63.582	19	67.203	23	128	135
gesamt		392.872	100	335.993	100	297.080	100	86	76

* von ... bis unter ... Jahren
** 1961: 6-21, 21-25
Quelle: siehe Abschnitt 5.6.

Tabelle B6-13: Wohnbevölkerung Hamburgs in Ortsteilen mit dem Wohnungsmerkmal G,
39 Ortsteile, 1961, 1970, 1981

Altersgruppe* Nr.		1961	%	1970	%	1981	%	Veränderung 1961 = 100 1970	1981
1	0 - 6	24.173	6	19.831	7	11.942	5	82	49
2	6 - 20**	66.789	17	39.355	13	35.827	14	59	54
3	20 - 25**	27.171	7	19.971	7	22.696	9	74	84
4	25 - 35	50.604	13	46.236	16	47.258	19	91	93
5	35 - 45	43.206	11	34.006	11	39.373	16	79	91
6	45 - 65	124.842	32	79.670	27	50.463	20	64	40
7	65 u.ä.	59.016	15	57.182	19	44.802	18	97	76
gesamt		395.801	101	296.251	100	252.361	101	75	64

* von ... bis unter ... Jahren
** 1961: 6-21, 21-25
Quelle: siehe Abschnitt 5.6.

Tabelle B6-14: Wohnbevölkerung Hamburgs in der Inneren Stadt,
87 Ortsteile, 1961, 1970, 1981

Altersgruppe* Nr.		1961	%	1970	%	1981	%	Veränderung 1961 = 100 1970	1981
1	0 - 6	45.630	6	37.050	6	20.472	4	81	45
2	6 - 20**	129.325	16	76.747	12	64.858	12	59	50
3	20 - 25**	52.008	7	40.632	6	44.302	8	78	85
4	25 - 35	100.374	13	94.796	15	93.422	17	94	93
5	35 - 45	96.551	12	70.232	11	79.671	15	73	83
6	45 - 65	249.833	31	179.334	28	117.773	22	72	47
7	65 u.ä.	123.366	15	131.017	21	116.482	22	106	94
gesamt		797.087	100	629.808	99	536.980	100	79	67

* von ... bis unter ... Jahren
** 1961: 6-21, 21-25
Quelle: siehe Abschnitt 5.6.

Tabelle B6-15: Wohnbevölkerung Hamburgs in der Äußeren Stadt,
92 Ortsteile, 1961, 1970, 1981

Altersgruppe* Nr.	1961	%	1970	%	1981	%	Veränderung 1961 = 100 1970	1981
1 0 - 6	80.002	8	101.884	9	51.364	4	127	64
2 6 - 20**	197.247	19	203.388	17	213.913	19	103	108
3 20 - 25**	73.749	7	66.431	6	81.179	7	92	113
4 25 - 35	140.301	14	195.819	17	143.824	12	140	102
5 35 - 45	123.035	12	151.392	13	188.758	16	123	154
6 45 - 65	286.148	28	273.111	23	274.236	24	95	96
7 65 u.ä.	133.744	13	171.949	15	201.805	17	129	151
gesamt	1.034.226	101	1.163.974	100	1.155.079	99	113	112

* von ... bis unter ... Jahren
** 1961: 6-21, 21-25
Quelle: siehe Abschnitt 5.6.

Tabelle B6-16: Wohnbevölkerung Hamburgs in der inneren Zone,
85 Ortsteile, 1961, 1970, 1981

Altersgruppe* Nr.	1961	%	1970	%	1981	%	Veränderung 1961 = 100 1970	1981
1 0 - 6	42.288	6	34.924	6	20.434	4	83	48
2 6 - 20**	115.597	16	73.196	13	64.783	13	63	56
3 20 - 25**	47.054	7	37.042	7	39.941	8	79	85
4 25 - 35	92.881	13	87.860	16	84.632	17	95	91
5 35 - 45	84.913	12	65.840	12	74.819	15	78	88
6 45 - 65	218.708	31	155.630	28	106.970	22	71	49
7 65 u.ä.	105.375	15	109.578	19	95.590	20	104	91
gesamt	706.816	100	564.070	101	487.169	99	80	69

* von ... bis unter ... Jahren
** 1961: 6-21, 21-25
Quelle: siehe Abschnitt 5.6.

Tabelle B6-17: Wohnbevölkerung Hamburgs in der mittleren Zone,
54 Ortsteile, 1961, 1970, 1981

Altersgruppe* Nr.	1961	%	1970	%	1981	%	Veränderung 1961 = 100 1970	1981
1 0 - 6	51.839	7	57.846	8	29.838	4	112	58
2 6 - 20**	134.567	18	116.335	16	116.965	17	86	87
3 20 - 25**	51.106	7	42.773	6	52.183	7	87	106
4 25 - 35	95.108	13	118.773	16	94.849	14	125	100
5 35 - 45	87.351	12	90.906	12	109.268	16	104	125
6 45 - 65	211.749	29	185.226	25	163.684	23	87	77
7 65 u.ä.	100.559	14	123.172	17	135.165	19	122	134
gesamt	732.279	100	735.031	100	701.952	100	101	96

* von ... bis unter ... Jahren
** 1961: 6-21, 21-25
Quelle: siehe Abschnitt 5.6.

Tabelle B6-18: Wohnbevölkerung Hamburgs in der äußeren Zone,
40 Ortsteile, 1961, 1970, 1981

Altersgruppe* Nr.	1961	%	1970	%	1981	%	Veränderung 1961 = 100 1970	1981
1 0 - 6	31.505	8	46.164	9	21.564	4	147	68
2 6 - 20**	76.408	19	9.604	18	97.023	19	119	127
3 20 - 25**	27.597	7	27.248	6	33.357	7	99	121
4 25 - 35	52.686	13	83.982	17	57.765	11	159	110
5 35 - 45	47.322	12	64.878	13	84.342	17	137	178
6 45 - 65	105.524	27	111.589	23	121.355	24	106	115
7 65 u.ä.	51.176	13	70.216	14	87.532	17	137	171
gesamt	392.218	99	494.681	100	502.938	99	126	128

* von ... bis unter ... Jahren
** 1961: 6-21, 21-25
Quelle: siehe Abschnitt 5.6.

Tabelle B6-22: Wohnbevölkerung Wiens in Zählbezirken mit dem Wohnungsmerkmal A,
31 Zählbezirke, 1961, 1971, 1982

Altersgruppe* Nr.	1961	%	1971	%	1982	%	Veränderung 1961 = 100	
							1971	1982
1 0 - 6	6.484	7	15.702	11	9.158	5	242	141
2 6 - 20	15.653	16	21.466	15	35.424	21	137	226
3 20 - 25	6.285	6	9.362	7	10.980	6	149	175
4 25 - 35	11.487	12	24.216	17	20.124	12	153	175
5 35 - 45	13.241	14	17.594	12	32.318	19	133	244
6 45 - 65	30.219	31	33.284	23	38.027	22	110	126
7 65 u.ä.	14.409	15	20.085	14	24.784	15	139	172
gesamt	97.778	101	141.709	99	170.815	100	145	175

* von ... bis unter ... Jahren
Quelle: siehe Abschnitt 5.6.

Tabelle B6-23: Wohnbevölkerung Wiens in Zählbezirken mit dem Wohnungsmerkmal B,
1961 (15 Zählbezirke), 1971, 1982 (19 Zählbezirke)

Altersgruppe* Nr.	1961	%	1971	%	1982	%	Veränderung 1961 = 100	
							1971	1982
1 0 - 6	3.975	4	5.737	6	3.656	5	144	92
2 6 - 20	13.100	15	10.277	11	10.643	14	78	81
3 20 - 25	6.494	7	7.244	8	4.357	6	112	67
4 25 - 35	8.340	9	12.433	14	9.317	12	149	112
5 35 - 45	11.243	13	8.199	9	11.734	16	73	104
6 45 - 65	30.168	34	27.079	30	17.401	23	90	58
7 65 u.ä.	15.042	17	20.425	22	17.650	24	136	117
gesamt	88.362	99	91.394	100	74.758	100	103	85

* von ... bis unter ... Jahren
Quelle: siehe Abschnitt 5.6.

Tabelle B6-24: Wohnbevölkerung Wiens in Zählbezirken mit dem Wohnungsmerkmal C,
29 Zählbezirke, 1961, 1971, 1982

Altersgruppe* Nr.	1961	%	1971	%	1982	%	Veränderung 1961 = 100	
							1971	1982
1 0 - 6	3.518	8	3.727	9	2.429	5	106	69
2 6 - 20	8.347	18	6.833	16	10.093	20	82	121
3 20 - 25	3.435	7	2.684	6	2.899	6	78	84
4 25 - 35	5.614	12	5.755	13	6.112	12	103	109
5 35 - 45	5.265	11	5.444	12	8.831	17	103	168
6 45 - 65	14.297	30	11.533	26	11.629	23	81	81
7 65 u.ä.	6.428	14	7.666	18	8.562	17	119	133
gesamt	46.904	100	43.642	100	50.555	100	93	108

* von ... bis unter ... Jahren
Quelle: siehe Abschnitt 5.6.

Tabelle B6-25: Wohnbevölkerung Wiens in Zählbezirken mit dem Wohnungsmerkmal D,
9 Zählbezirke, 1961, 1971, 1982

Altersgruppe* Nr.	1961	%	1971	%	1982	%	Veränderung 1961 = 100	
							1971	1982
1 0 - 6	654	5	6.506	15	3.781	6	995	578
2 6 - 20	2.033	17	6.874	16	14.663	24	338	721
3 20 - 25	804	7	2.762	6	4.045	7	344	503
4 25 - 35	1.332	11	10.260	24	8.487	14	770	637
5 35 - 45	1.531	13	5.403	13	13.670	22	353	893
6 45 - 65	3.905	33	7.357	7	11.435	19	188	293
7 65 u.ä.	1.692	14	3.456	8	5.047	8	204	298
gesamt	11.951	100	42.618	99	61.128	100	357	511

* von ... bis unter ... Jahren
Quelle: siehe Abschnitt 5.6.

Tabelle B6-26: Wohnbevölkerung Wiens in Zählbezirken mit dem Wohnungsmerkmal E,
1961 (27 Zählbezirke), 1971, 1982 (28 Zählbezirke)

Altersgruppe* Nr.		1961	%	1971	%	1982	%	Veränderung 1961 = 100 1971	1982
1	0 - 6	15.049	6	22.592	8	10.597	4	150	70
2	6 - 20	40.116	17	40.376	15	40.421	16	101	101
3	20 - 25	14.252	6	17.564	7	17.566	7	123	123
4	25 - 35	29.584	13	39.304	15	28.523	12	133	96
5	35 - 45	33.309	14	34.491	13	38.856	16	104	117
6	45 - 65	70.014	30	71.350	26	64.919	26	102	93
7	65 u.ä.	31.718	14	44.081	16	46.502	19	139	147
gesamt		234.042	100	269.758	100	247.384	100	115	106

* von ... bis unter ... Jahren
Quelle: siehe Abschnitt 5.6.

Tabelle B6-27: Wohnbevölkerung Wiens in Zählbezirken mit dem Wohnungsmerkmal F,
1961 (79 Zählbezirke), 1971, 1982 (86 Zählbezirke)

Altersgruppe* Nr.		1961	%	1971	%	1982	%	Veränderung 1961 = 100 1971	1982
1	0 - 6	51.155	5	67.134	7	44.053	5	131	86
2	6 - 20	147.920	14	101.452	11	121.760	15	69	82
3	20 - 25	70.020	7	64.662	7	57.433	7	92	82
4	25 - 35	109.545	10	134.744	15	115.010	14	123	105
5	35 - 45	126.947	12	95.180	10	127.842	16	75	101
6	45 - 65	360.492	34	256.698	28	178.956	22	71	50
7	65 u.ä.	190.983	18	207.735	22	177.451	22	109	93
gesamt		1.057.062	100	927.605	100	822.505	101	88	78

* von ... bis unter ... Jahren
Quelle: siehe Abschnitt 5.6.

Tabelle B6-28: Wohnbevölkerung Wiens in Zählbezirken mit dem Wohnungsmerkmal G,
28 Zählbezirke, 1961, 1971, 1982

Altersgruppe* Nr.		1961	%	1971	%	1982	%	Veränderung 1961 = 100 1971	1982
1	0 - 6	4.970	6	7.252	8	5.677	5	146	114
2	6 - 20	13.614	16	12.917	14	20.066	19	95	147
3	20 - 25	5.590	7	5.417	6	6.391	6	97	114
4	25 - 35	8.671	10	12.311	14	13.675	13	142	158
5	35 - 45	10.447	12	10.073	11	17.398	17	96	167
6	45 - 65	26.263	31	23.191	26	22.301	21	88	85
7	65 u.ä.	16.003	19	19.393	21	19.590	19	121	122
gesamt		85.558	101	90.554	100	105.098	100	106	123

* von ... bis unter ... Jahren
Quelle: siehe Abschnitt 5.6.

Tabelle B6-29: Wohnbevölkerung Wiens im Inneren Gebiet,
1961 (127 Zählbezirke), 1971, 1982 (138 Zählbezirke)

Altersgruppe* Nr.		1961	%	1971	%	1982	%	Veränderung 1961 = 100 1971	1982
1	0 - 6	70.603	5	98.799	8	62.031	5	140	88
2	6 - 20	199.808	14	155.808	12	180.718	15	78	90
3	20 - 25	90.694	7	90.799	7	82.011	7	100	90
4	25 - 35	147.195	11	193.101	15	159.600	13	131	108
5	35 - 45	170.901	12	141.172	11	186.301	16	83	109
6	45 - 65	462.048	33	357.612	27	267.475	23	77	58
7	65 u.ä.	238.732	17	273.579	21	244.265	21	115	102
gesamt		1.379.981	99	1.310.870	101	1.182.401	100	95	86

* von ... bis unter ... Jahren
Quelle: siehe Abschnitt 5.6.

Tabelle B6-30: Wohnbevölkerung Wiens im Äußeren Gebiet,
1961 (91 Zählbezirke), 1971, 1982 (92 Zählbezirke).

Altersgruppe* Nr.	1961	%	1971	%	1982	%	Veränderung 1961 = 100 1971	1982
1 0 - 6	15.665	6	30.938	10	17.897	5	197	114
2 6 - 20	42.032	17	45.642	15	74.264	21	109	177
3 20 - 25	16.520	7	19.662	6	22.283	6	119	135
4 25 - 35	28.192	11	48.278	16	43.347	12	171	154
5 35 - 45	31.831	13	36.442	12	66.408	18	116	212
6 45 - 65	74.814	30	74.686	24	79.209	22	100	106
7 65 u.ä.	38.224	15	50.206	16	56.543	16	131	148
gesamt	247.278	99	305.854	99	359.951	100	124	146

* von ... bis unter ... Jahren
Quelle: siehe Abschnitt 5.6.

Tabelle B6-32: Wohnbevölkerung Wiens in der inneren Zone,
1961 (89 Zählbezirke), 1971, 1982 (99 Zählbezirke)

Altersgruppe* Nr.	1961	%	1971	%	1982	%	Veränderung 1961 = 100 1971	1982
1 0 - 6	57.206	5	74.243	7	46.764	5	130	82
2 6 - 20	163.297	14	119.313	12	134.126	15	73	82
3 20 - 25	75.121	7	72.566	7	62.599	7	97	83
4 25 - 35	120.098	11	149.090	14	122.528	14	124	102
5 35 - 45	140.613	12	109.393	11	139.688	15	78	99
6 45 - 65	378.410	34	287.146	28	206.511	23	76	55
7 65 u.ä.	194.079	17	220.065	21	193.088	21	113	99
gesamt	1.128.824	100	1.031.816	100	905.304	100	91	80

* von ... bis unter ... Jahren
Quelle: siehe Abschnitt 5.6.

Tabelle B6-33: Wohnbevölkerung Wiens in der mittleren Zone,
1961 (110 Zählbezirke), 1971, 1982 (112 Zählbezirke)

Altersgruppe* Nr.	1961	%	1971	%	1982	%	Veränderung 1961 = 100 1971	1982
1 0 - 6	26.504	6	51.711	10	31.223	5	195	118
2 6 - 20	72.495	16	76.096	14	112.813	19	105	156
3 20 - 25	29.660	6	35.392	7	39.068	7	119	132
4 25 - 35	51.066	11	86.165	16	75.645	13	169	148
5 35 - 45	57.798	13	63.279	12	105.355	18	109	182
6 45 - 65	147.639	32	134.641	25	129.782	22	91	88
7 65 u.ä.	76.566	17	96.057	18	99.804	17	125	130
gesamt	461.728	101	543.341	102	593.690	101	118	129

* von ... bis unter ... Jahren
Quelle: siehe Abschnitt 5.6.

Tabelle B6-34: Wohnbevölkerung Wiens in der äußeren Zone,
19 Zählbezirke, 1961, 1971, 1982

Altersgruppe* Nr.	1961	%	1971	%	1982	%	Veränderung 1961 = 100 1971	1982
1 0 - 6	2.558	7	3.783	9	1.941	4	148	76
2 6 - 20	6.048	16	6.041	15	8.043	19	100	133
3 20 - 25	2.433	7	2.503	6	2.627	6	103	108
4 25 - 35	4.223	12	6.124	15	4.774	11	145	113
5 35 - 45	4.321	12	4.942	12	7.666	18	114	177
6 45 - 65	10.813	29	10.511	25	10.391	24	97	96
7 65 u.ä.	6.311	17	7.663	18	7.916	18	121	125
gesamt	36.707	100	41.567	100	43.358	100	113	118

* von ... bis unter ... Jahren
Quelle: siehe Abschnitt 5.6.

ANHANG C: Korrelationsmatrizen der LISREL-Analyse für Hamburg und Wien

HAMBURG

	AG1	AG2	AG3	AG4	AG5	AG6	AG7	ENTFERNG	DICHTE	NRAUM
AG1	1.0000	0.6854**	-0.1743*	0.4870**	0.3078**	-0.7876**	-0.6615**	0.4770**	-0.5503**	0.4054**
AG2	0.6854**	1.0000	-0.2831**	-0.0030	0.5562**	-0.5485**	-0.7050**	0.5988**	-0.6021**	0.4061**
AG3	-0.1743*	-0.2831**	1.0000	0.3130**	-0.1811*	-0.2112*	0.0353	-0.1495	0.0864	0.1297
AG4	0.4870**	-0.0030	0.3130**	1.0000	0.1434	-0.6648**	-0.4619**	-0.0127	-0.2181*	0.2164*
AG5	0.3078**	0.5562**	-0.1811*	0.1434	1.0000	-0.2438**	-0.8000**	0.1571	-0.4700**	0.0461
AG6	-0.7876**	-0.5485**	-0.2112*	-0.6648**	-0.2438**	1.0000	0.5035**	-0.2943**	0.5908**	-0.5055**
AG7	-0.6615**	-0.7050**	0.0353	-0.4619**	-0.8000**	0.5035**	1.0000	-0.2943**	-0.5206**	-0.2469*
ENTFERNG	0.4770**	0.5988**	-0.1495	-0.0127	0.1571	-0.2943**	-0.2943**	1.0000	-0.5739**	0.5730**
DICHTE	-0.5503**	-0.6021**	0.0864	-0.2181*	-0.4700**	0.5908**	-0.5206**	-0.5739**	1.0000	-0.5439**
NRAUM4	0.4054**	0.4061**	0.1297	0.2164*	0.0461	-0.5055**	-0.2469*	0.5730**	-0.5439**	1.0000
FLAWO	0.3319**	0.3274**	-0.0701	0.2103*	0.0617	-0.3722**	-0.2501*	0.5739**	-0.5156**	0.9061**
NEUBAU	0.0032	0.2184*	-0.3850**	-0.1254	-0.3019**	-0.1196	-0.2011*	-0.0164	-0.2017*	-0.3477**
KOMF	-0.0807	-0.0908	-0.2920**	-0.0843	-0.1736	0.1627	0.0906	0.0581	0.1171	-0.1813*
ARB	0.0966	0.1270	0.1788*	0.0840	-0.1105	-0.2026*	0.1036	0.1121	-0.1304	0.3477**
MIETE	-0.0862	-0.0651	0.1170	0.0721	-0.2437**	-0.1225	-0.2699**	-0.1076	-0.2699**	0.3920**
ABT	-0.1238	-0.2012*	0.0195	0.1186	-0.3194**	-0.0331	-0.2343*	0.1062	-0.0740	0.4375**
AUSL	-0.0809	-0.1694	-0.5062**	-0.4525**	-0.3042**	-0.2201*	-0.2352*	-0.2209*	-0.1076	0.0120
ANST	-0.1532	-0.1470	0.2368*	0.1899*	-0.0658	-0.2046*	0.1113	0.0470	-0.0667	0.0790

	FLAWO	NEUBAU	KOMF	ARB	MIETE	ABT	AUSL	ANST
AG1	0.3319**	0.0032	-0.0807	0.0966	-0.0862	-0.1238	-0.0809	-0.1532
AG2	0.3274**	0.2184*	-0.0908	0.1270	-0.0631	-0.2012*	-0.1604	-0.1470
AG3	-0.0701	-0.3850**	-0.2920**	0.1788*	0.1170	0.0195	-0.2368**	0.1046
AG4	0.2103*	-0.1254	-0.0843	0.0840	0.1736	0.0721	-0.4525**	0.1899*
AG5	0.0617	-0.3019**	-0.1736	-0.1105	-0.1196	-0.3194**	-0.3042**	-0.0658
AG6	-0.3722**	-0.1196	0.1627	-0.2026*	-0.1225	-0.0331	-0.2201*	-0.2046*
AG7	-0.2501*	-0.2011*	0.0906	0.1036	-0.2699**	-0.2343*	-0.2352*	0.1113
ENTFERNG	0.5739**	-0.0164	0.0581	0.1121	-0.1076	0.1062	-0.2209*	0.0470
DICHTE	-0.5156**	-0.2017*	0.1171	-0.1304	-0.2699**	-0.0740	-0.1076	-0.0667
NRAUM4	0.9061**	-0.3477**	-0.1813*	0.3477**	0.3920**	0.4375**	0.0120	0.0790
FLAWO	1.0000	-0.2551**	-0.1813*	-0.6753**	0.5742**	0.0343	-0.4320**	-0.0323
NEUBAU	-0.2551**	1.0000	0.7356**	-0.2741**	0.1905*	0.0343	-0.2763**	-0.1046
KOMF	-0.1813*	0.7356**	1.0000	-0.5108**	-0.4753**	-0.4329**	-0.3236**	-0.0288
ARB	-0.6753**	-0.2741**	-0.5108**	1.0000	-0.6623**	-0.7695**	-0.4857**	0.0503
MIETE	0.5742**	0.1905*	-0.4753**	-0.6623**	1.0000	-0.7614**	-0.0937	0.0850
ABT	0.0343	0.0343	-0.4329**	-0.7695**	-0.7614**	1.0000	-0.1170	0.0055
AUSL	-0.4320**	-0.2763**	-0.3236**	-0.4857**	-0.0937	-0.1170	1.0000	0.4021**
ANST	-0.0323	-0.1046	-0.0288	0.0503	0.0850	0.0055	0.4021**	1.0000

W I E N

Korrelationsmatrix (Teil 1)

	AG1	AG2	AG3	AG4	AG5	AG6	AG7	ENTFERNG	DICHTE	NRAUM
AG1	1.0000	0.4280**	0.0355	0.7835**	0.3104**	-0.8287**	-0.7033**	0.3274**	-0.2167**	-0.0873
AG2	0.4280**	1.0000	-0.2193**	0.1260	-0.7085**	-0.5136**	-0.7181**	0.5214**	-0.5132**	0.0725
AG3	0.0355	-0.2193**	1.0000	-0.2031**	-0.2692**	-0.0098	-0.1449	-0.1517	-0.0169	0.0825
AG4	0.7835**	0.1260	-0.2031**	1.0000	0.1442	-0.7102**	-0.6024**	0.0747	-0.0198	-0.1554*
AG5	0.3104**	-0.7085**	-0.2692**	0.1442	1.0000	-0.4198**	-0.6550**	-0.4595**	0.2587**	-0.1578*
AG6	-0.8287**	-0.5136**	-0.0098	-0.7102**	-0.4198**	1.0000	0.5394**	-0.3868**	0.3974**	-0.0151
AG7	-0.7033**	-0.7181**	-0.1449	-0.6024**	-0.6550**	0.5394**	1.0000	-0.3667**	-0.3974**	-0.3194**
ENTFERRNG	0.3274**	0.5214**	-0.1517	0.0747	-0.4595**	-0.3868**	-0.3667**	1.0000	-0.7628**	0.1634*
DICHTE	-0.2167**	-0.5132**	-0.0169	-0.0198	0.2587**	0.3974**	-0.3974**	-0.7628**	1.0000	0.2973**
NRAUM4	-0.0873	0.0725	0.0825	-0.1554*	-0.1578*	-0.0151	-0.3194**	0.1634*	0.2973**	1.0000
FLAWO	0.0139	-0.1610*	-0.0284	-0.0435	-0.0690	-0.0691	-0.1135	0.1392	-0.2584**	0.8859**
NEUBAU	0.5405**	0.5899**	-0.1283	0.3620**	0.5961**	-0.4306**	-0.6907**	0.4193**	-0.2165**	-0.0643
KOMF	0.3967**	0.4637**	-0.1102	0.2759**	0.2926**	-0.2277**	-0.5300**	-0.3005**	0.3386**	-0.3842**
ARR	0.1545*	-0.0391	0.0557	0.0397	-0.3861**	-0.1609*	-0.2121**	0.2028*	0.1966**	-0.0404
MIETE	0.2319**	-0.3035**	-0.1283	-0.2462**	-0.3211**	-0.0769	-0.1609*	-0.2544**	-0.2562**	-0.2904**
ART	-0.2725**	-0.1210	-0.1737*	-0.3005**	-0.1801*	-0.3888**	0.2121**	-0.2811**	0.0185	-0.6173**
AUSL	-0.1845*	-0.2020*	-0.2418**	-0.1497	0.0572	0.1203	-0.0273	-0.0103	0.0010	-0.3353**
ANST	-0.2360**	-0.1802*	0.0972	-0.0087	-0.1693*	0.0288	0.3751**	0.0340	0.0185	-0.0321

Korrelationsmatrix (Teil 2)

	FLAWO	NFURAU	KOMF	ARB	MIFTE	ARI	AUSL	ANST
AG1	0.0139	0.5405**	0.3967**	0.1545*	0.2319**	-0.2725**	-0.1845*	-0.2360**
AG2	-0.1610*	0.5899**	0.4637**	-0.0391	-0.3035**	-0.1210	-0.2020*	-0.1802*
AG3	-0.0284	-0.1283	-0.1102	0.0557	-0.1283	-0.1737*	-0.2418**	0.0972
AG4	-0.0435	0.3620**	0.2759**	0.0397	-0.2462**	-0.3005**	-0.1497	-0.0087
AG5	-0.0690	0.5961**	0.2926**	-0.3861**	-0.3211**	-0.1801*	0.0572	-0.1693*
AG6	-0.0691	-0.4306**	-0.2277**	-0.1609*	-0.0769	-0.3888**	0.1203	0.0288
AG7	-0.1135	-0.6907**	-0.5300**	-0.2121**	-0.1609*	0.2121**	-0.0273	0.3751**
ENTFERRNG	0.1392	0.4193**	-0.3005**	0.2028*	-0.2544**	-0.2811**	-0.0103	0.0340
DICHTE	-0.2584**	-0.2165**	0.3386**	0.1966**	-0.2562**	0.0185	0.0010	0.0185
NRAUM4	0.8859**	-0.0643	-0.3842**	-0.0404	-0.2904**	-0.6173**	-0.3353**	-0.0321
FLAWO	1.0000	0.0540	-0.5932**	0.5766**	-0.4922**	-0.7042**	0.2020*	0.0646
NEUBAU	0.0540	1.0000	0.0030	0.2185**	-0.1634*	-0.2418**	-0.1497	-0.0972
KOMF	-0.5932**	0.0030	1.0000	-0.4815**	0.5897**	-0.3879**	-0.0323	-0.0087
ARR	0.5766**	0.2185**	-0.4815**	1.0000	-0.6617**	-0.8248**	0.0572	-0.0323
MIETE	-0.4922**	-0.1634*	0.5897**	-0.6617**	1.0000	0.7069**	-0.2358**	0.0471
ART	-0.7042**	-0.2418**	-0.3879**	-0.8248**	0.7069**	1.0000	0.2358**	-0.0343
AUSL	0.2020*	-0.1497	-0.0323	0.0572	-0.2358**	0.2358**	1.0000	0.0010
ANST	0.0646	-0.0972	-0.0087	-0.0323	0.0471	-0.0343	0.0010	1.0000

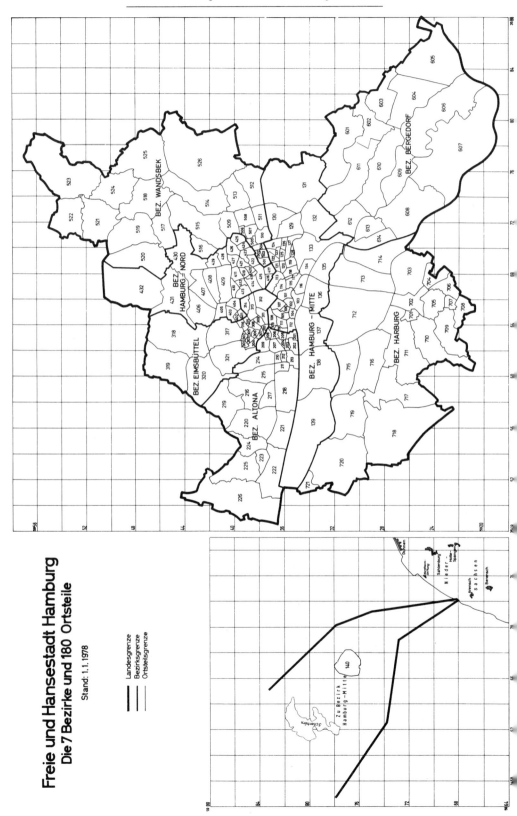

Freie und Hansestadt Hamburg
Die 7 Bezirke und 180 Ortsteile

Stand: 1.1.1978

Landesgrenze
Bezirksgrenze
Ortsteilsgrenze

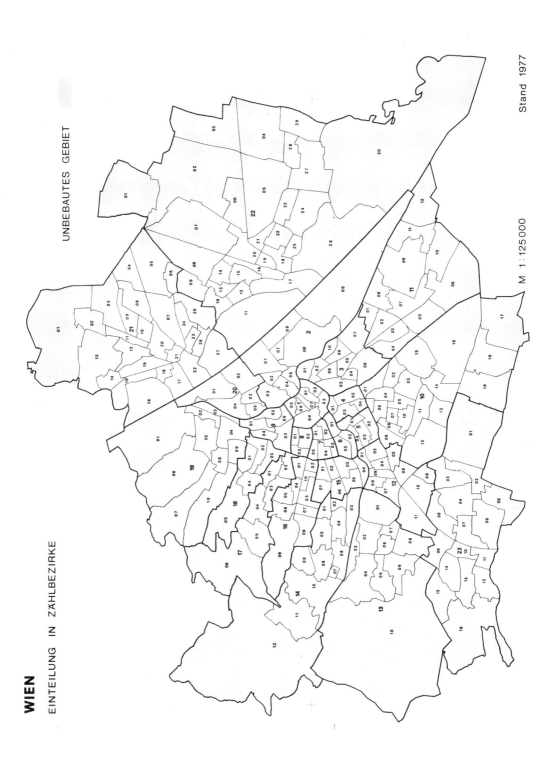

WIEN

EINTEILUNG IN ZÄHLBEZIRKE

UNBEBAUTES GEBIET

Stand 1977

M 1:125000

ANHANG E: FORTRAN-Programm für die Berechnung des Index' der Segregation,
des Index' der Dissimilarität und des Index' der Abweichung

```
*  FORTRAN
C  FORTRAN-PROGRAMM für Index der Abweichung vom Typ A,B,C,D,E
C                     Index der Segregation von Duncan und Duncan
C                     Index der Dissimilarität von Duncan und Duncan
C
C  EINGABE
C  1. KARTE ENTHAELT DAS FORMAT FUER DIE DATENKARTEN, BEGINNEND MIT
C     DER FALLNUMMER IM I4- ,GEFOLGT VON DEN DATEN IM F-FORMAT
C  2. KARTE ENTHAELT IN DEN ERSTEN 4 SPALTEN DIE ANZAHL DER
C     BEVOELKERUNGSGRUPPEN (MAX. 8), AUF DEN NAECHSTEN 4 SPALTEN
C     DIE ANZAHL DER TEILGEBIETE (MAX. 1297)
C  DIE WEITEREN KARTEN ENTHALTEN DIE DATEN, WIE UNTER 1. UND 2. ANGEGEBEN
C
       REAL*8 A,B,C,D
       CHARACTER*4 KH(20)
       DIMENSION A(11,1300),B(11,1300),C(11,1300),N(1300),D(8,8)
       INTEGER Y,YY,YYY,YYYY,Z,ZZ,ZZZ,ZZZZ

       DO 30 I=1,1300
   30  N(I)=0
       READ(5,1) KH
    1  FORMAT(20A4)
       READ(5,2) Y,Z
    2  FORMAT(2I4)
       YY=Y+1
       YYY=Y+2
       YYYY=Y+3
       ZZ=Z+1
       ZZZ=Z+2
       ZZZZ=Z+3

       DO 40 J=1,Z
   40  READ(5,KH)N(J),(A(I,J),I=1,Y)

       DO 50 I=1,Y
       DO 50 J=1,Z
       A(YY,ZZ)=A(YY,ZZ)+A(I,J)
       A(YY,J)=A(YY,J)+A(I,J)
   50  A(I,ZZ)=A(I,ZZ)+A(I,J)

       PRINT 9
    9  FORMAT(1H1,///,4X,'EMPIRISCHE VERTEILUNG'/////)
       PRINT 5,(I,I=1,Y)
    5  FORMAT(' ORTSTEIL',5X,8('AG',I1,6X))
       DO 55 J=1,ZZ
   55  PRINT 4,N(J),(A(I,J),I=1,YY)


    4  FORMAT(4X,I4,1X,11F9.0)

       DO 70 I=1,Y
       DO 70 J=1,Z
   70  B(I,J)=A(YY,J)*A(I,ZZ)/A(YY,ZZ)

       PRINT 8

    8  FORMAT(1H1,///,4X,'THEORETISCHE VERTEILUNG'/////)
       PRINT 13,(I,I=1,Y)
   13  FORMAT(' ORTSTEIL',8X,8('AG',I1,7X))

       DO 75 J=1,Z
   75  PRINT 11,N(J),(B(I,J),I=1,Y)
   11  FORMAT(4X,I4,4X,11F10.1)
```

```
  79   DO 80 I=1,Y
       DO 80 J=1,Z
       C(I,J)=ABS(A(I,J)-B(I,J))
       C(YY,J)=C(YY,J)+C(I,J)
       C(I,ZZ)=C(I,ZZ)+C(I,J)
  80   C(YY,ZZ)=C(YY,ZZ)+C(I,J)

       DO 90 I=1,Y
       C(I,ZZZ)=C(I,ZZ)/2
  90   C(I,ZZZZ)=C(I,ZZZ)/A(I,ZZ)*100

       DO 100 J=1,Z
       C(YYY,J)=C(YY,J)/2
       C(YYYY,J)=C(YYY,J)/A(YY,J)*100
 100   C(YYY,ZZZ)=C(YYY,ZZZ)+C(YYY,J)
       C(YYYY,ZZZZ)=C(YYY,ZZZ)/A(YY,ZZ)*100

       PRINT 7
   7   FORMAT(1H1,///,4X,'DIFFERENZVERTEILUNG'/////)
       PRINT 14,(I,I=1,Y)
  14   FORMAT('    ORTSTEIL',3X,8('AG',I1,6X))

       DO 105 J=1,ZZZZ
 105   PRINT 6,N(J),(C(I,J),I=1,YYYY)
   6   FORMAT(4X,I4,1X,11F9.1)

       DO 110 I=1,Y
       DO 110 J=1,Z
       B(I,J)=50 *ABS(A(I,J)/A(I,ZZ)-(A(I,J)-A(YY,J))/(A(I,ZZ)-A(YY,ZZ)))
       B(I,ZZ)=B(I,ZZ)+B(I,J)
       B(YY,J)=B(YY,J)+B(I,J)
 110   B(YY,ZZ)=B(YY,ZZ)+B(I,J)

       PRINT 12
  12   FORMAT(1H1,///,4X,'SEGREGATIONSINDEX',///)
       PRINT 15,(I,I=1,Y)
  15   FORMAT(' ORTSTEIL',6X,8('AG',I1,3X))
       DO 115 J=ZZ,ZZ
 115   PRINT 10,N(J),(B(I,J),I=1,YY)
  10   FORMAT(4X,I4,4X,11F6.1)

       DO 130 I=1,Y
       DO 130 J=1,Y
       D(I,J)=0
       DO 120 K=1,Z
 120   D(I,J)=D(I,J)+DABS(A(I,K)/A(I,ZZ)-A(J,K)/A(J,ZZ))
 130   D(I,J)=D(I,J)*50
       PRINT 16
       PRINT 17,(I,I=1,Y)
       DO 140 I=1,Y
 140   PRINT 18,I,(D(I,J),J=1,Y)
  16   FORMAT(///////5X,'DISSIMILARITÄTS-INDEX'////)
  17   FORMAT(7X,8('AG',I1,3X))


  18   FORMAT(1X,'AG',I1,11F6.1)
       STOP
       END
/*
//GO.SYSIN DD *
(10X,I4,8F5.0)
   8    2
          00100020000400002000040000200004000020000400
          00200010000100008000040000050003000060000200
```

BEITRÄGE ZUR STADTFORSCHUNG

Herausgegeben von Prof. Dr. Jürgen Friedrichs, Institut für Soziologie, Universität Hamburg
Soziale Probleme in der Stadt machen planerische Eingriffe erforderlich. Auf die hierfür notwendigen sozialwissenschaftlichen Grundlagen zielen diese Beiträge zur Stadtforschung. Es sind vorwiegend Studien, in denen die theoretische Tradition der Sozialökologie aufgenommen und fortgeführt wird.

Band 1
Jürgen Hoffmeyer-Zlotnik
Gastarbeiter im Sanierungsgebiet
Das Beispiel Berlin-Kreuzberg
192 Seiten, mit Abbildungen, Karten und Tabellen, kart.
ISBN 3-7672-0508-4
Am Beispiel der Gastarbeiter in Berlin-Kreuzberg wird in dieser Studie untersucht, wie sich der Prozeß des Austausches von Bevölkerungsgruppen in Wohngebieten (Sukzession) vollzieht. Auf der Basis nordamerikanischer Theorien zum Entstehen solcher Unterwanderung und der Getto-Bildung werden die Probleme der Gastarbeiter und deren Zusammenhang mit der Sanierung city-naher Stadtgebiete analysiert. Die Studie stützt sich auf ein umfangreiches empirisches Material, das aus amtlichen Statistiken, systematischen Beobachtungen in Straßen, Gaststätten, Läden und Schulen sowie Befragungen von Gastarbeitern gewonnen wurde.

Band 2
Barbara Rhode
Die Verdrängung der Wohnbevölkerung durch den tertiären Sektor
Strukturwandel in citynahen Stadtgebieten in Hamburg und Frankfurt/M. 1961–1970
180 Seiten, mit Abbildungen, Karten und Tabellen, kart.,
ISBN 3-7672-0509-2
Seit Beginn der siebziger Jahre wird von Stadtplanern und Kommunalpolitikern das city-nahe Wohnen propagiert. Dennoch wird auch weiterhin Wohnbevölkerung aus den city-nahen Gebieten durch den tertiären Sektor (Büros, Läden) verdrängt. Diese Studie untersucht, welche Ursache diese Verdrängung hat und welche Gebiete von ihr am stärksten betroffen sind. Denn erst wenn die Abhängigkeit des Verdrängungsprozesses von den Strukturmerkmalen der Gebiete bekannt ist, kann der Entwicklung mit zielgerechten Maßnahmen begegnet werden.

Band 3
Michael Manhart
Die Abgrenzung homogener städtischer Teilgebiete
Eine Clusteranalyse der Baublöcke Hamburgs
80 Seiten, mit Abbildungen, Karten, Tabellen und Rechenprogrammen, kart., ISBN 3-7672-0510-6
Bisherige Analysen innerstädtischer Differenzierung beruhen meist auf Ortsteildaten. Die vorliegende Arbeit untersucht auf der Basis von Baublockdaten die kleinräumige Verteilung von Wohnbevölkerungs- und Wohnungsmerkmalen, weiter den Zusammenhang dieser Merkmale sowie die soziale und bauliche Homogenität von Ortsteilen. Für die Analyse der Daten zur Klassifikation wird eine Clusteranalyse verwendet. Deren Arbeitsweise und Interpretation wird ausführlich dargestellt.

Band 4
Sozialwissenschaftliche Arbeitsgruppe Stadtforschung
Zeitbudget und Aktionsräume von Stadtbewohnern
176 Seiten, mit Abbildungen, Karten und Tabellen, kart., ISBN 3-7672-0530-0
Wie benutzen Stadtbewohner ihre Stadt? Welcher Zusammenhang besteht zwischen der Lage des Wohngebietes, seiner Ausstattung und den Aktivitäten der Bewohner? Wie verteilen sich die Aktivitäten nach Zeitpunkt und Dauer über die Stadt? Diese Fragen beantwortet die empirische Untersuchung von drei Siedlungen in Hamburg. Sie gibt zugleich einen Überblick über den Stand und die Anwendungsmöglichkeiten der aktionsräumlichen Forschung.

Band 5
Dirk Heuwinkel
Aktionsräumliche Analysen und Bewertung von Wohngebieten
Ein verhaltensorientiertes Verfahren, entwickelt am Beispiel von Berlin (West)
228 Seiten, mit Abbildungen, Karten und Tabellen, kart., ISBN 3-7672-0713-3
Tägliche Wege und Fahrten spiegeln die Reaktion der Bewohner auf die vorgefundene Ausstattung ihrer Stadt wider. Eine Analyse solcher aktionsräumlichen Verhaltensweisen ist deshalb nicht nur von wissenschaftlichem, sondern vor allem auch von planerischem Nutzen. Sie kann bereits im Vorfeld von Planungsvorhaben Informationen für die zukünftigen Nutzer bereitstellen, wo Formen einer unmittelbaren Bürgerbeteiligung bisher nicht

einsetzbar erscheinen, so z. B. bei der gruppenbezogenen Analyse von Nutzungspräferenzen oder bei der Erstellung von alternativen Entwicklungskonzepten.

Band 6
Erich Knauss

Räumliche Strukturen als Bedingungen der Bevölkerungsverteilung
Einflüsse von Gebäude- und Nutzungsstruktur auf die Verteilung der Bevölkerung nach sozialen und demographischen Merkmalen in Stuttgart
176 Seiten, mit Abbildungen, Karten und Tabellen, kart., ISBN 3-7672-0727-3
Die Studie untersucht die räumliche Verteilung der Bevölkerung und einzelner sozialer Gruppen über den Raum der Stadt. Es wird geprüft, in welchem Ausmaß planerisch bedeutsame Raumstrukturen, vor allem die Art der Bausubstanz und der Wohnungen, die Verteilung erklären können. Dieser Zusammenhang von Bevölkerungsverteilung und Raumstruktur wird theoretisch erörtert und dann am Beispiel der Stadt Stuttgart untersucht. Die Ergebnisse dürften grundlegend für Stadtentwicklungsplanung und Städtecharakteristik sein.

Band 7
Annemarie Haack

Die Trennung von Arbeiten und Wohnen
Eine Analyse der Berufspendlerströme in Hamburg 1939 bis 1970
328 Seiten, mit Abbildungen, Karten und Tabellen, kart., ISBN 3-7672-0728-1
Eine Ursache des steigenden Berufsverkehrsaufkommens in den Großstädten ist die Entfernung von Arbeits- und Wohnstandorten der erwerbstätigen Bevölkerung. Diese Arbeit analysiert am Beispiel

Hamburg die sich aus den individuellen Arbeitswegen ergebenden Berufspendlerströme. Als empirisches Datenmaterial wurden vier Volkszählungen sekundär-analytisch ausgewertet. Ausgehend von der Annahme, daß ein Zusammenhang zwischen gesellschaftlichen und räumlichen Prozessen besteht, werden zur Erklärung der Veränderungen im Untersuchungszeitraum verschiedene allgemeinere, theoretische Ansätze zur Verteilung von Arbeits- und Wohnungsnutzungen auf der Stadtfläche herangezogen.

Band 8
Jürgen Friedrichs (Hrsg.)

Spatial Disparities and Social Behaviour
A Reader in Urban Research
240 Seiten, mit vielen Abbildungen und Tabellen, in englischer Sprache, kart., ISBN 3-7672-0775-3

Der Band versammelt 13 Aufsätze zum Zusammenhang zwischen räumlichen Disparitäten und sozialem Verhalten in der Stadt. Es geht hier nicht nur um die ungleiche Verteilung von Bodenwert, Wohnungsbestand und Nutzungen innerhalb des metropolitanen Gebietes, sondern auch um deren Effekte auf das Verhalten der Stadtbewohner. Die hier vorgestellten empirischen Arbeiten beziehen sich überwiegend auf die Region Hamburg als großem metropolitanen Gebiet und als Ausgangsort einer Tradition in der Stadtforschung.

In Vorbereitung
Band 10 · Jens Dangschat

Zur sozialräumlichen Analyse Warschaus
Anwendung der Sozialökologie auf eine Großstadt eines sozialistischen Landes in Osteuropa